heraus-arbeiten	Lautet deine Aufgabe, dass du bestimmte Informationen z. B. aus einem Text herausarbeiten sollst, musst du aus dem Material Sachverhalte herausfinden. In der Regel steht in der Aufgabe, um welche Informationen es sich dabei handelt. Wenn du die einzelnen Informationen herausgearbeitet hast, musst du abschließend Zusammenhänge zwischen ihnen herstellen. Formuliere in eigenen Worten und in sinnvoller Reihenfolge.
analysieren	Wenn du Materialien wie Texte oder Grafiken analysieren sollst, geht es nicht nur darum, alle Besonderheiten des Materials aufzuzählen. Du musst die Informationen, die du dem Material entnimmst, ordnen, auswerten und in einen logischen Zusammenhang bringen.
darstellen	Deine Aufgabe ist es, Informationen zu einem Begriff oder Thema in einem logischen Zusammenhang wiederzugeben. Dabei sollst du auch Fachwörter verwenden. Das Darstellen von zusammenhängenden Informationen kann auch anhand eines Schaubilds erfolgen.
vergleichen	Vergleichen bedeutet, dass du Sachverhalte bzw. Informationen gegenüberstellen sollst, um Gemeinsamkeiten, Ähnlichkeiten bzw. Unterschiede herauszufinden.

Anforderungsbereich III:

Arbeitsanweisung in der Aufgabe	Was ist genau zu tun?	Was dir zusätzlich helfen kann
begründen	Etwas zu begründen heißt, zu einer Aussage passende, logische Argumente zu formulieren.	Folgende Formulierungen können dir bei einer Begründung helfen: *„Dafür/dagegen spricht ...“* *„Ein Grund dafür ist ...“*
Stellung nehmen	Du sollst Stellung nehmen zu einer Aussage von anderen oder zu einem bestimmten Sachverhalt. Dabei geht es darum herauszufinden, ob die Aussage überzeugend und somit logisch oder z. B. gerecht ist. Gib dabei die Gründe für dein Urteil an.	Folgende Formulierungen kannst du verwenden: *„Ich halte die Aussage für überzeugend, weil ...“* *„Weniger/nicht überzeugend ist, dass ...“* *„Ich halte das für richtig (bzw. falsch), weil ...“*
diskutieren	Im Unterricht setzt du dich mit verschiedenen Sachverhalten, Problemstellungen oder Konzepten auseinander. Beim Diskutieren geht es um einen Austausch von Argumenten bzw. verschiedenen Sichtweisen zu bestimmten Dingen, um sich am Schluss eine begründete Meinung dazu bilden zu können.	Diese Formulierungen kannst du verwenden: *„Dafür spricht ...“* *„Dagegen spricht ...“* *„Ich bin der Meinung, dass ...“* *„Bei diesem Punkt muss ich dir widersprechen, weil ...“*
(über)prüfen	Überlege dir auf Grundlage deiner Kenntnisse oder mithilfe zusätzlicher Materialien, ob du eine Aussage, eine Vermutung oder einen bestimmten Sachverhalt richtig findest oder teilst, oder nicht. Begründe dein Ergebnis mit Fachwissen.	

#Politik

Politik für die Realschule,
Gesamtschule und Sekundarschule

Band 9/10

Bearbeitet von
Barbara Hansen
Nicola Huhn
André Kost
Oliver Schulz
Veronika Simon
Teresa Tuncel

UpdateCodes
Aktualisierung von Grafiken,
Statistiken und Tabellen

Mit digitalen Aufgabenkästen
Digitale Hilfen für Operatoren
und Methoden, Zusatzmaterialien,
interaktive Anwendungen (Quizze,
Rankings, Abstimmungen, ...)

Erklärfilm

73000-521

Nordrhein-Westfalen

C.C.BUCHNER

#Politik – Nordrhein-Westfalen

Politik für die Realschule, Gesamtschule und Sekundarschule

Band 9/10

Bearbeitet von Barbara Hansen, Nicola Huhn, André Kost, Oliver Schulz, Veronika Simon, Teresa Tuncel

Zu diesem Lehrwerk sind erhältlich:
- Digitales Lehrermaterial **click & teach** Einzellizenz, WEB-Bestell-Nr. 700681
- Digitales Lehrermaterial **click & teach** Box (Karte mit Freischaltcode), ISBN 978-3-661-70068-7

Weitere Lizenzformen (Einzellizenz flex, Kollegiumslizenz) und Materialien unter www.ccbuchner.de

Dieser Titel ist auch als digitale Ausgabe **click & study** unter www.ccbuchner.de erhältlich.

1. Auflage, 1. Druck 2023

Alle Drucke dieser Auflage sind, weil untereinander unverändert, nebeneinander benutzbar.

Dieses Werk folgt der reformierten Rechtschreibung und Zeichensetzung. Ausnahmen bilden Texte, bei denen künstlerische, philologische oder lizenzrechtliche Gründe einer Änderung entgegenstehen.

Die Mediencodes enthalten ausschließlich optionale Unterrichtsmaterialien. An keiner Stelle im Schülerbuch dürfen Eintragungen vorgenommen werden. Auf verschiedenen Seiten dieses Buches finden sich Verweise (Links) auf Internetadressen. Haftungshinweis: Trotz sorgfältiger inhaltlicher Kontrolle wird die Haftung für die Inhalte externer Seiten ausgeschlossen.

Redaktion: Tabea Schüller-Ruhl
Layout, Satz und Illustrationen: Wildner + Designer GmbH, Fürth
Druck und Bindung: Firmengruppe Appl, aprinta Druck, Wemding

www.ccbuchner.de

ISBN 978-3-661-**70063**-2

Inhalt

Übersicht: Gemeinsam Aktiv

Übersicht: Methoden

Übersicht: Methodenglossar

Zur Arbeit mit dem Buch

1 Auftaktdoppelseite:

Jedes Kapitel beginnt mit einer Auftaktdoppelseite. Material und offene Aufgaben ermöglichen euch eine erste Annäherung an die Inhalte des neuen Kapitels. Dabei könnt ihr auch zeigen, was ihr schon über das Thema wisst. Außerdem hilft euch ein kleiner Einführungstext, einen Überblick zu bekommen. Über welches Wissen und Können ihr am Ende des Kapitels verfügt, könnt ihr ebenfalls nachlesen.

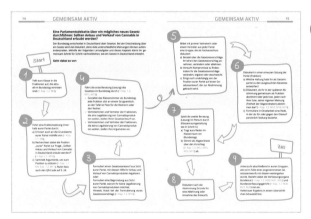

2 Gemeinsam aktiv:

Auf den ersten zwei Seiten im Kapitel wird euch immer ein Weg vorgestellt, über den ihr weitgehend selbstständig das Kapitel bearbeiten könnt. Dazu müsst ihr euch projektartig mit den Materialien und Inhalten des Kapitels auseinandersetzen und abschließend ein Produkt dazu erstellen.

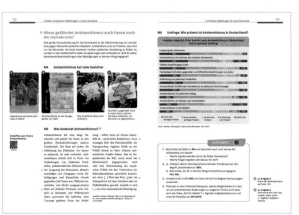

3 Aufbau eines Unterkapitels:

Aufgebaut sind die einzelnen Unterkapitel ganz einfach: Das Thema wird in der Überschrift und wenige Zeilen darunter erläutert.

Die Materialien sind immer mit „M" gekennzeichnet und durchnummeriert.

Am Ende jeder Unterrichtseinheit ist ein Aufgabenblock platziert. Die Aufgaben zeigen euch, wie ihr mit den Materialien arbeiten könnt.

Natürlich lernt und arbeitet nicht jeder gleich schnell. Deswegen gibt es in der Randspalte oft Hilfen **H** oder auch Forderaufgaben **F** zu den einzelnen Aufgaben.

4 **Grundbegriffe und Grundwissen:**

Ausgewählte wichtige Begriffe eines Themas werden in blauen Kästen als Grundbegriffe erklärt und mit einem # gekennzeichnet: Die Kernaussage findet ihr jeweils gleich zu Anfang, ergänzt um Details, Beispiele und Fachbegriffe.

Das ebenfalls blaue Grundwissen schließt jedes Unterkapitel ab. Hier werden die wesentlichen Inhalte zusammengefasst. Ihr könnt zur Nacharbeit oder zur Vorbereitung einer mündlichen oder schriftlichen Prüfung das Wichtigste nachlesen.

5 **Methodentraining:**

Im Fach Politik sollt ihr nicht einfach Fakten auswendig lernen und wiedergeben. Ihr sollt euch kritisch und selbstständig mit Problemstellungen auseinandersetzen. Mithilfe der Methoden lernt ihr Schritt für Schritt, wie ihr strukturiert und selbstständig arbeitet.

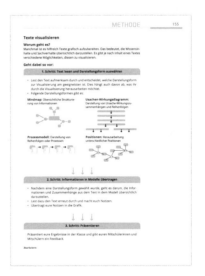

6 **Abschluss eines Großkapitels:**

Die Doppelseite Training und Selbsteinschätzung schließt ein Großkapitel ab. Hier könnt ihr euch selbst überprüfen und zeigen, ob ihr die erlernten Kompetenzen in einer konkreten Situation sinnvoll anwenden könnt.

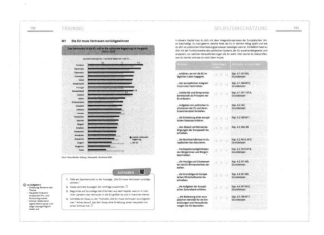

Differenzierungs-material zum Schulbuch

70079-126

7 **Differenzierung:**
Zusätzlich zum Schulbuch finden sich im Differenzierungsheft #Politik Arbeitsblätter, die das Lernen in heterogenen Gruppen vereinfachen. Das Symbol ⟳ kennzeichnet im Buch, zu welchen Materialien oder Aufgaben ein Zusatzangebot zur Verfügung steht. Dies können sein:
- Texte in einfacher Sprache
- Strukturierungshilfen
- Argumentationshilfen
  zu Aufgaben
- Vertiefungsangebote zur Kapitelfrage
- und vieles mehr...

Mithilfe des nebenstehenden QR- bzw. Mediencodes können die jeweiligen Materialien online eingesehen, heruntergeladen und ausgedruckt werden.

Aufgaben

1. Erstellt eine Mindmap zu den Aufgaben/Funktionen von Parteien (**M2**).

   | Methode: Eine Mindmap erstellen

2. Vergleicht die Daten mit euren Ergebnissen der Ballonfahrt von der Auftaktseite. Berücksichtigt dabei das „Engagement in einer Partei".

3. Wiederholt die Positionslinie oder die digitale Abfrage aus der Einstiegsaufgabe und vergleicht die Ergebnisse sowie Begründungen.

   | Hier finden Sie die Vorlage für die digitale Positionslinie, die Sie in Ihrer Lerngruppe verwenden können.

   | Hier können Sie an einer öffentlichen digitalen Positionslinie, in den Jahrgangsstufen 9/10 in NRW (ab 11/2023) teilnehmen → Ergebnisse der Positionslinie[1]

¹ Die Abstimmung erfüllt keine wissenschaftlichen Standards. Alle Personen mit dem entsprechenden Link können daran teilnehmen. Die Anzahl der Teilnehmenden lässt sich unten rechts auf der Ergebnisfolie ablesen.

8 **Digitale Aufgabenkästen:**
#Politik gibt allen Aufgabenkästen einen „digitalen Zwilling". Mithilfe der QR- und Mediencodes in den Kopfzeilen der Aufgabenkästen könnt ihr die jeweiligen Aufgaben digital abrufen. Diese digitalen Aufgaben sind identisch mit den jeweiligen Aufgaben im Schulbuch, bieten aber folgenden Mehrwert:
- Aufgaben aus dem Schulbuch werden um digitale, interaktive Anwendungen (z. B. Abstimmungen, Wortwolken, Rankings, ...) erweitert. Diese digitalen Anwendungen sind sowohl im Klassenraum (z. B. moderiert durch die Lehrkraft) als auch im ganzen Bundesland Nordrhein-Westfalen (moderiert durch den Verlag) möglich. Mit anderen Worten: Die digitalen interaktiven Anwendungen ermöglichen euch einen anonymen Vergleich in der Klasse – und im Bundesland.
- Operatoren- und Methodenkarten werden zu den jeweils passenden Operatoren und Methoden verlinkt. Mithilfe von digitalen Endgeräten könnt ihr wichtige Verständnis-, Strukturierungs- und Formulierungshilfen für einzelne Operatoren oder Methoden anschauen und direkt an der Aufgabe nutzen.

Erklärfilm zum digitalen Aufgabenkasten

73000-521

9 **UpdateCodes:**

Zahlreiche Grafiken, Schaubilder und Tabellen mit dem Icon ↻ werden regelmäßig für euch aktualisiert und stehen mithilfe eines QR- und Mediencodes neben der jeweiligen Grafiküberschrift kostenfrei zum Download zur Verfügung. Die Grafiken sind wie folgt konzipiert:

- Unter der Grafiküberschrift findet sich der jeweilige Stand der Grafik-Aktualisierung, z. B. „Stand: 2023". Dieser Stand zeigt immer die letzte Datenüberprüfung an.
- Die Quellenangabe unter der Grafik informiert über den jeweiligen Datenerhebungszeitpunkt.

Lesebeispiel zur nebenstehenden Grafik: Die Daten stammen von UNCTAD Statistics aus dem Jahr 2022. Die letzte Datenüberprüfung, ob es neuere Daten gibt, fand im Jahr 2023 statt.

Weitere Informationen zu den UpdateCodes findet ihr im nebenstehenden QR- und Mediencode

73000-520

Letzte Überprüfung, ob es neuere Daten gibt

73000-573

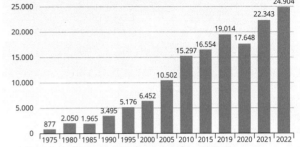

73000-573

Entwicklung der weltweiten Exporte im Warenhandel (in Milliarden US-Dollar) (Stand: 2023) ↻

Jahr	Wert
1975	877
1980	2.050
1985	1.965
1990	3.495
1995	5.176
2000	6.452
2005	10.502
2010	15.297
2015	16.554
2019	19.014
2020	17.648
2021	22.343
2022	24.904

©C.C. Buchner Verlag, Daten nach: UNCTAD Statistics: Merchandise: Total trade and share (Datenerhebung: 2022 (jährlich); Grafikerstellung: 2023)

Datenerhebungszeitraum

10 **Allgemeine Hinweise:**

- Das Schulbuch bietet für jedes Kapitel weitere Zusatzmaterialien, die eine vertiefte Behandlung des jeweiligen Themenbereichs ermöglichen. Sie können auf der Verlagshomepage (www.ccbuchner.de/medien) jederzeit kosten- und werbefrei abgerufen werden. Mithilfe von Mediencodes könnt ihr sie entweder direkt über das Scannen des QR-Codes mit einem Smartphone/Tablet oder durch die Eingabe des jeweiligen Mediencodes in das Suchfeld der Verlagshomepage beziehen.
- Nordrhein-Westfalen hat einen sogenannten **Medienkompetenzrahmen (MKR)** erstellt. Das vorliegende Schulbuch setzt diesen Schritt für Schritt um. Das eigens entwickelte Icon ⌐MK⌐ zeigt euch an den entsprechenden Stellen im Schulbuch an, wo ihr Medienkompetenzen trainieren könnt. Der nebenstehende QR-Code listet alle Medienkompetenzen sortiert nach Seitenzahl auf.
- Die Reihe #Politik – NRW lebt Vielfalt und Gleichheit unabhängig von Alter, Herkunft, Handicap, sexueller Orientierung, Geschlecht und individueller Identität. Daher wurde auch eine geschlechtergerechte Sprache verwendet. Häufig werden Paarformulierungen wie „Bürgerinnen und Bürger" oder neutrale Formen wie „Lehrkraft" verwendet. Ausnahmen davon bilden z. B. layouttechnische Gründe (Platzmangel), dann wird der Doppelpunkt verwendet, wie „Politiker:innen" oder Quellen, die in ihrer original-sprachlichen Form belassen wurden. Sie beziehen aber selbstverständlich alle Menschen mit ein.
- Materialien ohne Quellenangaben sind von den Autorinnen und Autoren verfasst.
- Sofern bei Materialien aus dem Internet kein Verfasserdatum ermittelt werden konnte, wird das „Abrufdatum" genannt.

Umsetzung des Medienkompetenzrahmens

70079-130

Geflüchtete

Geflüchtete aus der Ukraine am Berliner Hauptbahnhof im Frühjahr 2022

Armut

Ein Obdachloser sucht nach Pfandflaschen im Mülleimer.

Nachhaltigkeit

Erneuerbare Energien werden immer wichtiger.

Rassismus

Neonazis, Rechtspopulisten und Anwohner demonstrieren gegen Container für Flüchtlinge.

Pandemie

Im Zuge der Corona-Pandemie mussten viele Geschäfte für Monate schließen.

Cannabisfreigabe

Viele Menschen fordern seit langer Zeit eine Legalisierung von Cannabis.

Was weißt du schon?

1. Tauscht euch über die auf den Bildern gezeigten Probleme aus.
2. Sammelt arbeitsteilig in einer Mindmap euer Vorwissen dazu.
3. Diskutiert Einflussmöglichkeiten unserer Politik auf die dargestellten Herausforderungen.

#Geteilte Macht: Wie funktioniert unsere Demokratie?

Die Bilder auf der linken Seite zeigen Probleme. Um sie zu lösen, müssen Entscheidungen getroffen und durchgesetzt werden. Aber wie muss eine Entscheidung getroffen werden, damit nachher möglichst viele zustimmen? Wer ist zuständig? Wer ist mächtig genug, Entscheidungen dann auch durchzusetzen und wer passt auf, dass die Macht nicht missbraucht wird?

Was lernst du in diesem Kapitel?

... Partizipationsmöglichkeiten innerhalb unserer Gesellschaft zu diskutieren.

... Aufgaben und Positionen von Parteien zu untersuchen.

... Ablauf und Wahlverfahren bei einer Bundestagswahl zu erklären.

... Einfluss von Interessenverbänden (Lobbyisten) zu untersuchen.

... die Funktionsweise des Bundestags zu erklären.

... zu beschreiben, wie eine Regierung gebildet wird und funktioniert.

... die Arbeit der Opposition und des Bundesrats zu bewerten.

... zur Notwendigkeit des Amtes der Bundespräsidentin bzw. des Bundespräsidenten Stellung zu beziehen.

... das Bundesverfassungsgericht und seinen Einfluss auf die Politik zu beurteilen.

... die Möglichkeiten von mehr direkter Demokratie zu diskutieren.

Eine Parlamentsdebatte über ein mögliches neues Gesetz durchführen: Sollten Anbau und Verkauf von Cannabis in Deutschland erlaubt werden?

Der Bundestag entscheidet in Deutschland über Gesetze. Bei der Entscheidung über ein Gesetz wird viel diskutiert, denn viele unterschiedliche Meinungen können aufeinanderprallen. Mithilfe der folgenden Lernaufgabe und dieses Kapitels könnt ihr gemeinsam Schritt für Schritt nachvollziehen, wie ein Gesetz in Deutschland entsteht.

Geht dabei so vor:

Start

1 Teilt eure Klasse in die Fraktionen auf, die aktuell im Bundestag vertreten sind (→ Kap. 1.2: M4).

2 Führt eine Fraktionssitzung innerhalb eurer Partei durch:
a) Erinnert euch an die Grundwerte eurer Partei mithilfe von (→ Kap. 1.1: M8).
b) Recherchiert dabei die Position „eurer" Partei zur Frage: „Sollten Anbau und Verkauf von Cannabis in Deutschland erlaubt werden?" (→ Kap. 1.1: M10)
c) Sammelt Argumente, um eure Position zu stützen (→ Kap. 1.1: M9, Kap. 1.2: M11). Nutzt dazu auch den QR-Code auf S. 24.

3 Formuliert einen Gesetzesentwurf aus Sicht eurer Partei, mit dessen Hilfe ihr Anbau und Verkauf von Cannabisprodukten legalisiert.
oder:
Formuliert eine Begründung aus Sicht eurer Partei, warum ihr keine Legalisierung von Cannabisprodukten möchtet.
Hinweis: Nutzt bei der Formulierung eures Gesetzesvorschlags (→ Kap. 1.2: M11).

4 Führt die erste Beratung (Lesung) des Gesetzes im Bundestag durch (→ Kap. 1.2: M11, M13):
– Gestaltet das Klassenzimmer als Bundestag: Jede Fraktion sitzt an einem Gruppentisch, an der Tafel ist Platz für die Rednerin oder den Redner.
– Vertreterinnen und Vertreter der Fraktionen, die eine Legalisierung von Cannabisprodukten wollen, stellen ihren Gesetzentwurf vor.
– Vertreterinnen und Vertreter der Fraktionen, die keine Legalisierung von Cannabisprodukten wollen, stellen ihre Argumente vor.

5

Bildet mit je einer Vertreterin oder einem Vertreter aus jeder Partei eine Gruppe, die als Fachausschuss diskutiert:

a) Beratet über die Gesetzesvorschläge. Ihr könnt den Gesetzesvorschlag annehmen, verändern oder ablehnen.

b) Versucht Kompromisse zu finden, indem ihr die Gesetzesvorschläge verändert, ergänzt oder abschwächt.

c) Einigt euch unabhängig von der Position eurer Partei auf einen Gesetzesentwurf, der zur Abstimmung gebracht wird.

6

Diskutiert in einer erneuten Sitzung der Partei (Fraktion):

a) Welche Haltung habt ihr als Gesamtpartei zu den ausgesuchten Gesetzesentwürfen?

b) Diskutiert, ob ihr in der späteren Abstimmung gemeinsam als Fraktion abstimmt oder jede bzw. jeder nach ihrer bzw. seiner eigenen Meinung (Freiheit der Abgeordneten) abstimmen darf (→ Kap. 1.2: M15, M16, M17).

c) Formuliere in Einzelarbeit eine Rede, in der du für oder gegen den Entwurf persönlich Stellung beziehst.

7

Spielt die zweite Beratung (Lesung) im Plenum durch (Klassenraumgestaltung wie in Schritt 4.)

a) Tragt eure Reden im Klassenraum vor (Bundestag).

b) Stimmt als Abgeordnete über den Vorschlag (→ Kap. 1.2: M12, M15, M16, M17) ab.

Ziel

8

Diskutiert nach der Abstimmung Gründe für eine Ablehnung oder Annahme des Entwurfs.

9

Untersucht abschließend in euren Gruppen, wie es im Falle eines angenommenen Gesetzesentwurfs mit diesem weitergehen würde. Bezieht dabei die Verfassungsorgane Bundesrat (→ Kap. 1.2: M20, M21, M22) und Bundesverfassungsgericht (→ Kap. 1.2: M26, M27, M28) mit ein.

Haltet euer Ergebnis in einem übersichtlichen Schaubild fest.

1.1 Einfluss von Parteien und Interessengruppen auf politische Entscheidungen

▶ Mitmachen in der Demokratie: Wie kann ich meine Interessen einbringen?

Im Schulleben kannst du bei manchen Entscheidungen mitbestimmen: Wohin soll der nächste Ausflug gehen? Was machen wir auf der Klassenfahrt? Wen wählen wir zur Klassensprecherin oder zum Klassensprecher? Du kannst deine Interessen aber auch im alltäglichen Leben als Bürgerin oder Bürger einbringen. Welche Möglichkeiten es dazu gibt, erfährst du im folgenden Kapitel.

M1   **Ich wäre bereit mich zu beteiligen, indem ich …**

wählen gehe, sobald ich darf.

in einer Bürgerinitiative mitwirke.

eine Beschwerde/ einen Brief mit einer Bitte an die Bürgermeisterin bzw. den Bürgermeister schreibe.

an einem Gestaltungswettbewerb für die Schule teilnehme.

einem Sportverein beitrete.

mit meinen Freund:innen über politische Themen diskutiere.

regelmäßig anderen Kindern bei den Hausaufgaben helfe.

ehrenamtlich im Tierheim Hunde ausführe.

einen Infostand organisiere (z. B. zu Naturschutzprojekten vor Ort).

eine Zeitung lese.

an einer Demonstration teilnehme.

Unterschriften für ein bestimmtes Projekt sammle.

eine Spendenaktion für Geflüchtete in der Schule mitorganisiere.

eine Online-Petition unterschreibe.

regelmäßig Nachrichten im Fernsehen schaue.

mich in sozialen Netzwerken informiere und mit anderen austausche.

Nach: Korte, Karl-Rudolf/ Schiffers, Maximilian: Wer wählt und warum? In: WOCHENSCHAU Themenhefte Nr. 1/2021. Wochenschau Verlag, S.3

M2 Wie kann ich mich politisch einbringen?

a) Welche Formen von politischer Partizipation werden von jungen Erwachsenen wahrgenommen?

Formen der politischen Partizipation von 16- bis 33-Jährigen (in Prozent)

An Wahlen beteiligt	63,0
Aus politischen, ethischen oder Umweltgründen Waren boykottiert oder gekauft	40,4
Beteiligung an einer Unterschriftensammlung	32,5
An einer Online-Protestaktion beteiligt	23,6
Auf Facebook, Twitter oder in anderen sozialen Netzwerken Ihre Meinung zu politischen Themen geäußert	17,7
Teilnahme an einer Demonstration	17,4
In Versammlungen an öffentlichen Diskussionen beteiligt	15,4
Im Internet aktiv an politischen Diskussionen beteiligt	12,5
Mitarbeit in einer Bürgerinitiative	2,3
In einer Partei aktiv mitgearbeitet	2,3
Selbst eine Online-Petition gestartet	0,9

Anzahl der Befragten = 4,641, Aussagen der 16-33-Jährigen (gewichtete Daten). Die Frage lautete: Was haben Sie in den letzten 12 Monaten gemacht, um in politischer Hinsicht Ihren Standpunkt zur Geltung zu bringen bzw. Einfluss zu nehmen?

Interaktive Abstimmung zum Thema

70079-20

Quelle: Deutsches Jugendinstitut: „Aufwachsen in Deutschland 2019" (AID:A 2019), Anzahl der Befragten = 4,641, Aussagen der 16-33-Jährigen (gewichtete Daten). Die Frage lautete: Was haben Sie in den letzten 12 Monaten gemacht, um in politischer Hinsicht Ihren Standpunkt zur Geltung zu bringen bzw. Einfluss zu nehmen?

b) Welche Formen von politischer Beteiligung werden von den Bürger:innen praktiziert und sind erstrebenswert? Welche kommen nicht in Frage?

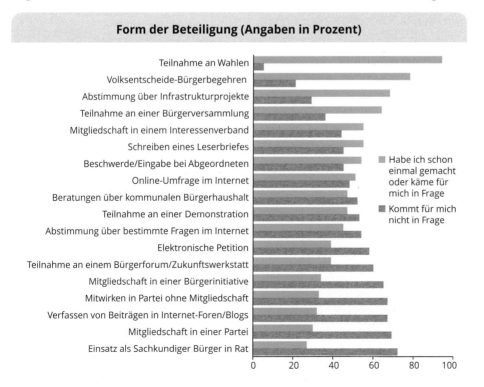

Form der Beteiligung (Angaben in Prozent)

- Teilnahme an Wahlen
- Volksentscheide-Bürgerbegehren
- Abstimmung über Infrastrukturprojekte
- Teilnahme an einer Bürgerversammlung
- Mitgliedschaft in einem Interessenverband
- Schreiben eines Leserbriefes
- Beschwerde/Eingabe bei Abgeordneten
- Online-Umfrage im Internet
- Beratungen über kommunalen Bürgerhaushalt
- Teilnahme an einer Demonstration
- Abstimmung über bestimmte Fragen im Internet
- Elektronische Petition
- Teilnahme an einem Bürgerforum/Zukunftswerkstatt
- Mitgliedschaft in einer Bürgerinitiative
- Mitwirken in Partei ohne Mitgliedschaft
- Verfassen von Beiträgen in Internet-Foren/Blogs
- Mitgliedschaft in einer Partei
- Einsatz als Sachkundiger Bürger in Rat

■ Habe ich schon einmal gemacht oder käme für mich in Frage

■ Kommt für mich nicht in Frage

Erklärfilme zur politischen Partizipation in Deutschland

70079-21

Quelle: Bertelsmann Stiftung / Umfrage TNS-Emnid, 2011

Partizipation (lat.: Teilhabe) **bezeichnet die aktive Beteiligung der Bürger und Bürgerinnen bei der Erledigung der gemeinsamen (politischen) Angelegenheiten** bzw. der Mitglieder einer Organisation, einer Gruppe, eines Vereins etc. an den gemeinsamen Angelegenheiten.

Klaus Schubert, Martina Klein, Politiklexikon, Bonn 2006, S. 226

M3   Welche Partizipationsmöglichkeiten gibt es auf Bundesebene?

Die Demokratie lebt vom Mitmachen. Wie sich Bürgerinnen und Bürger in Deutschland politisch beteiligen können, wird im Grundgesetz geregelt.

Artikel 5: Meinungsfreiheit/ Informationsfreiheit
Jeder hat das Recht, seine Meinung in Wort, Schrift und Bild frei zu äußern und zu verbreiten und sich aus allgemein zugänglichen Quellen ungehindert zu unterrichten. [...]

Artikel 8: Versammlungsfreiheit
Alle Deutschen haben das Recht, sich ohne Anmeldung oder Erlaubnis friedlich und ohne Waffen zu versammeln. [...]

Artikel 9: Vereinigungsfreiheit
Alle Deutschen haben das Recht, Vereine und Gesellschaften zu bilden. [...]

Artikel 17: Petitionsrecht
Jedermann hat das Recht, sich einzeln oder in Gemeinschaft mit anderen schriftlich mit Bitten oder Beschwerden an die zuständigen Stellen und an die Volksvertretung zu wenden.

Artikel 20: Staatstrukturprinzip
Alle Staatsgewalt geht vom Volke aus. Sie wird vom Volke in Wahlen und Abstimmungen und durch besondere Organe der Gesetzgebung, der vollziehenden Gewalt und der Rechtsprechung ausgeübt. [...]

Artikel 21: Parteien
Die Parteien wirken bei der politischen Willensbildung des Volkes mit. Ihre Gründung ist frei. [...]

Artikel 38: Wahlgrundsätze
Die Abgeordneten des Deutschen Bundestages werden in allgemeiner, unmittelbarer, freier, gleicher und geheimer Wahl gewählt. Sie sind Vertreter des ganzen Volkes, an Aufträge und Weisungen nicht gebunden und nur ihrem Gewissen unterworfen. [...]

Grundgesetz der Bundesrepublik Deutschland

M4 Fallbeispiel: Die Letzte Generation – Klimaaktivismus

Die sog. "Letzte Generation" ist eine Bewegung von Aktivist/-innen, die mehr Klimaschutz von Politik und Gesellschaft fordern. Dabei setzt die Bewegung auf gewaltfreie Aktionen zivilen Ungehorsams. Sie blockieren bspw. große Straßen oder verunreinigen medienwirksam öffentliche Kulturgüter. Im Gegensatz zu Fridays for Future beschränkt sich die letzte Generation zur Durchsetzung ihrer Ziele also nicht auf legale Mittel wie Demonstrationen und Streiks. [...] Ob die Proteste aufgrund ihres Anliegens dennoch legitim sind, wird kontrovers diskutiert.

Nach: bpb Social Media Redaktion: Die Letzte Generation – Klimaaktivismus. In: www.bpb.de, 17.03.2023

Aktivistinnen und Aktivisten der Letzten Generation blockieren eine Kreuzung.

Mitglieder der Letzten Generation haben in Potsdam ein Gemälde mit Kartoffelbrei beschmiert und sich an der Wand festgeklebt.

Kulturgüter
Materielle oder immaterielle Objekte, die von einer Gesellschaft als bedeutsam und wertvoll erachtet werden und eine kulturelle Bedeutung haben.

legitim
rechtmäßig

AUFGABEN

1. a) Sucht euch aus den Vorschlägen in **M1** drei bis fünf Aspekte aus, für die ihr euch persönlich einsetzen würdet, tauscht euch darüber in der Tischgruppe aus.

b) Vergleicht eure Ergebnisse in der Klasse und diskutiert, welche der Aspekte eurer Meinung nach als politische Beteiligung angesehen werden können und welche eher nicht.

2. Aufgaben zu den Grafiken (**M2**): ○

a) Führt mit eurer Klasse die Umfrage (**M2a**) durch (→ **QR-Code, S. 17**).

b) Untersucht die Grafiken in arbeitsteiliger Tandemarbeit und notiert die Ergebnisse in einem Venn-Diagramm.

c) Vergleicht die Kernaussagen der Grafiken mit den Ergebnissen eures Klassenrankings.

3. Das Grundgesetz sieht die politische Mitwirkung der Bürger:innen vor. Lest die Gesetzesartikel arbeitsteilig und stellt euch die Mitwirkungsmöglichkeiten gegenseitig vor. (**M3**) ○

4. a) Informiere dich über die Forderungen und Aktionen der „Letzten Generation" (**M4**). ⌐**MK**⌐

b) Verfasse ein Statement, in dem du begründet darlegst, ob die Protestaktionen der „Letzten Generation" für dich als Partizipationsmöglichkeit in Betracht kämen.

5. Schreibe einen Kommentar zu folgender Aussage: Die Jugend von heute interessiert sich nicht für politische Themen. (**M1-M4**)

H **zu Aufgabe 2**
Beispiel für ein Venn-Diagramm:

▶ Keine Demokratie ohne Parteien?

Auf der folgenden Doppelseite beschäftigst du dich mit der Frage, welche Rolle und Aufgaben Parteien in der Demokratie haben. Sind sie wichtig in unserer Demokratie oder brauchen wir sie eigentlich gar nicht?

M5   Was sind Parteien?

A

Wahlkampfstände von Parteien in der Innenstadt

B

Parteimitglieder sitzen als Abgeordnete im deutschen Bundestag.

C

Was ist eine Partei?

Menschen schließen sich zu einer Partei zusammen oder treten einer Partei bei, weil sie ähnliche politische Meinungen oder Ziele vertreten. Diese Vorstellungen werden in Parteiprogrammen festgeschrieben. Die Mitglieder einer Partei sind überzeugt, dass sie zusammen mehr erreichen, als wenn jeder für sich alleine arbeitet. Deswegen versucht jede Partei, auch andere Menschen, die in keiner oder einer anderen Partei sind, von ihrem Programm zu überzeugen. [...] Alle Parteien wollen gewählt werden. Je mehr Stimmen sie bei Wahlen gewinnen, desto mehr Einfluss haben sie später im Parlament.

Toyka-Seid, Christiane/ Schneider, Gerd: Parteien. In: www. hanisauland.de, Abruf am 08.02.2023

M6   Welche Aufgaben haben Parteien?

Politische Beteiligung vollzieht sich in erster Linie über die Mitarbeit in Parteien. Sie wirken zwar nicht allein an der politischen Meinungs- und Willensbildung mit, bestimmen aber das politische Leben in einem Maße, dass das politische System der Bundesrepublik Deutschland als Parteienstaat oder Parteiendemokratie bezeichnet wird.

Dieser besonderen Rolle der Parteien trägt das Grundgesetz Rechnung, indem es in Art. 21 ihre Aufgaben und ihren Status festlegt. Nach Auffassung des Bundesverfassungsgerichts erhalten sie damit den „Rang einer verfassungsrechtlichen Institution". Parteien wirken bei der politischen Willensbildung mit, indem sie ...

artikulieren
sich Ausdruck verschaffen

... die unterschiedlichen politischen Vorstellungen und Interessen in der Gesellschaft artikulieren, sie zu politischen Konzepten und Programmen bündeln und Lösungen für politische Probleme suchen,

... in der Öffentlichkeit für ihre Vorstellungen werben und die öffentliche Meinung [...] beeinflussen,

... die Kandidaten für die Volksvertretungen [...] und das Führungspersonal für politische Ämter stellen,

... den Bürgerinnen und Bürgern Gelegenheit bieten, sich aktiv politisch zu betätigen und [...] politische Verantwortung übernehmen zu können,

... als Regierungsparteien die politische Führung unterstützen,

... als Oppositionsparteien die Regierung kontrollieren, kritisieren und politische Alternativen entwickeln.

Nach: Pötzsch, Horst: Parteien. In: www.bpb.de, 15.12.2009

Art. 21 GG
(1) Die Parteien wirken bei der politischen Willensbildung des Volkes mit. Ihre Gründung ist frei. Ihre innere Ordnung muss demokratischen Grundsätzen entsprechen. Sie müssen über die Herkunft und Verwendung ihrer Mittel sowie über ihr Vermögen öffentlich Rechenschaft geben.

 PARTEIEN

Parteien sind Zusammenschlüsse von Bürgerinnen und Bürgern, die gemeinsame Interessen und politische Vorstellungen haben.
Durch Wahlen können Parteien politische Macht in Parlamenten und Regierungen gewinnen, um ihre politischen Ziele zu verwirklichen. Durch ihre Stimme geben Bürgerinnen und Bürger Parteien die Legitimation zur Teilhabe an der politischen Willensbildung auf Zeit. Je mehr Wählerinnen- und Wählerstimmen Parteien gewinnen, desto größer ist ihr politischer Einfluss.
Im Unterschied zu Interessenverbänden und Bürgerinitiativen übernehmen Parteien politische Verantwortung, indem ihre Mitglieder Ämter in Parlamenten und Regierungen bekleiden oder in der Opposition Politik betreiben.

Thurich, Eckart: pocket politik. Demokratie in Deutschland. www.bpb.de, Abruf am 15.6.2018

Legitimation
Erlaubnis, Berechtigung

AUFGABEN

1. a) Beschreibt die Bilder (**M5**) und tauscht euch mithilfe der Placemat-Methode darüber aus, was ihr schon über Parteien wisst.
    b) Haltet die wichtigsten Informationen in einer gemeinsamen Mindmap (analog oder digital) fest (→ **Methodenglossar**), so dass ihr diese nach und nach ergänzen könnt. ⌐**MK**⌐

2. a) Erläutere deiner Sitznachbarin / deinem Sitznachbarn, was eine Partei ist und welche Aufgaben Parteien haben (**#Parteien**, **M5**, **M6**). ⟳
    b) Ergänze die Mindmap aus Aufgabe 1b.

3. Eine Parteiendemokratie ist ein demokratisches System, in dem die Parteien eine wichtige Rolle bei politischen Entscheidungen spielen. Erläutere, warum Deutschland als Parteiendemokratie bezeichnet wird.

4. Nimm kritisch Stellung zu folgender These: „Ohne Parteien kann eine Demokratie nicht funktionieren."

H **zu Aufgabe 1**
Eine Anleitung zur Placemat-Methode findest du im **Methodenglossar**.

▶ Die Qual der Wahl: Wie unterscheiden sich die Parteien?

An der letzten Bundestagswahl (2021) haben 47 verschiedene Parteien teilgenommen. Am Beispiel der im Deutschen Bundestag vertretenen Parteien gehst du nun der Frage nach, für welche Werte, Themen und Ziele die Parteien stehen. Inwiefern unterscheiden sich die Parteien, insbesondere auch im Hinblick auf die Leitfrage dieses Kapitels: Soll Cannabis legalisiert werden?

M7   Die Qual der Wahl

Karikatur: Roger Schmidt

M8   Wofür stehen die verschiedenen Parteien?

Parteien, die seit 1990 im Bundestag vertreten waren	
	Die Christlich Demokratische Union (CDU) ist die konservative Volkspartei in Deutschland. Zusammen mit ihrer bayerischen Schwesterpartei Christlich-Soziale Union (CSU) bildet die CDU eine gemeinsame Bundestagsfraktion. Spricht man von der Union, meint man beide Parteien. Die CSU tritt nur in Bayern an, während die CDU dafür hier nicht zur Wahl steht. In der Wirtschaftspolitik bekennt sie sich zur Sozialen Marktwirtschaft. Sozialpolitisch setzt sie auf eine stärkere Eigenverantwortung, wobei Familien jedoch finanziell gefördert werden sollen.
	Die Sozialdemokratische Partei Deutschlands (SPD) ist mit ihrer über 150jährigen Geschichte die älteste deutsche Partei. Sie gründete sich als Arbeiterpartei, zählt in der Bundesrepublik aber neben der CDU zu den beiden Volksparteien, die den Anspruch erheben, das Volk als Ganzes zu vertreten. Sie stützt sich auf die Grundwerte Freiheit, Gerechtigkeit und Solidarität. In ihrem Wahlprogramm will sie hohe Einkommen und große Erbschaften stärker besteuern. Außerdem fordert sie Bildung bis zum Abschluss gebührenfrei anzubieten.

konservativ
bewahrend, eine bestehende Ordnung erhaltend

Volkspartei
Bezeichnung für Parteien, die Wählerinnen und Wähler in nahezu allen Gruppen der Bevölkerung hat. Seit den 1990er Jahren verlor der Begriff durch eine veränderte politische Landschaft an Aussagekraft.

Solidarität
Eintreten füreinander

	DIE LINKE tritt für einen demokratischen Sozialismus und einen umfassenden Ausbau des Sozialstaates ein. In ihrem Wahlprogramm fordert sie eine deutliche Erhöhung des Mindestlohns sowie eine Erhöhung der Renten. Finanziert werden soll dies über eine Umverteilung des Vermögens, z. B. durch höhere Steuern für Besserverdienende. Ferner setzt sich DIE LINKE für den Rückzug der Bundeswehr aus allen Auslandseinsätzen ein.
	Die Umwelt steht im Zentrum grüner Politik – heute eng mit dem Begriff der Nachhaltigkeit verbunden. Andere Ziele sind Gewaltfreiheit, Chancengleichheit und Menschenrechte. Neben der Verteilungsgerechtigkeit sind die Geschlechter- und Generationengerechtigkeit zentrale Anliegen der Partei.
	Die Freie Demokratische Partei (FDP) vertritt liberale Positionen wie die persönliche Freiheit und Verantwortung des Einzelnen. Die Bürgerin bzw. der Bürger soll ihre oder seine Interessen in einem Staat mit möglichst wenig Vorschriften und Bürokratie verfolgen können. Im Zweifel stimmen Liberale für Freiheit vor Regeln und Gleichheit, für Privat statt Staat, für das Individuum anstelle der Gemeinschaft.
AfD	Die Alternative für Deutschland (AfD) wendet sich gegen die aktuelle Europapolitik. Die Themen Asyl und Zuwanderung stehen dabei im Fokus. In diesem Zusammenhang fordert die AfD eine Schließung der Grenzen. Außerdem möchte sie die Ursachen des Klimawandels offen zur Diskussion stellen und lehnt viele Maßnahmen zum Klimaschutz ab.

Bearbeiter

Sozialismus
Die Grundgedanken dieser Gesellschaftsform sind Gemeinschaft und Gleichheit. Es soll keine Unterscheidung in "arm" und "reich" geben. Privateigentum wird größtenteils dem Staat übergeben.

Sozialstaat
ein Staat, der sich um soziale Gerechtigkeit bemüht und für die soziale Absicherung seiner Bürgerinnen und Bürger sorgt

liberal
hier: freiheitlich

AUFGABEN

1. Analysiere die Karikatur (**M7**) mithilfe der Drei-Schritt-Methode (→ **Methodenglossar**). ⟳

2. a) Tausche dich mit deiner Schulterpartnerin bzw. deinem Schulterpartner darüber aus, wofür die verschiedenen Parteien stehen (**M8**). ⟳
   b) Erstellt arbeitsteilig einen (analogen oder digitalen) Steckbrief für die sechs Parteien (→ **Vorlage im digitalen Aufgabenkasten**). Recherchiert dazu im Internet Informationen zu folgenden Punkten:
   • Name,
   • Gründungsjahr,
   • Mitgliederzahl,
   • bekannte Politiker:innen,
   • Parteivorsitzende:r,
   • zentrale Themen/Ziele.

3. Formuliere ein kurzes Statement, indem du begründest, mit welchen Grundpositionen der Parteien du dich am ehesten bzw. am wenigsten identifizieren kannst (**M8**).

Ⓗ **zu Aufgaben 2 und 3**
Nutzt die Internetseiten der jeweiligen Parteien sowie die folgenden Links: *www.mitmischen.de, www.bundestagswahl-bw.de, www.bundestagswahl-2021.de/parteien/, www.bpb.de*

▶ Parteien beziehen Stellung: „Sollten Anbau und Verkauf von Cannabis in Deutschland erlaubt werden?"

Ein interessantes Thema bei den Bundestagswahlen 2021 war die Frage der Legalisierung von Cannabis. Wie stehst du selbst dazu? Welche Pro- und Kontra-Argumente führen die Parteien dazu an? Einen Überblick über die Aussagen der sechs wichtigsten Parteien gibt dir die folgende Doppelseite.

M9   Kommentare im Internet: Soll Cannabis legalisiert werden?

Yusuf: „Der Chemiemix in Cannabis wird immer schlimmer und der THC-Gehalt immer höher. In kontrollierten Shops könnte man sich auf Qualität und Inhalt verlassen."

Ayla: „Eine Droge ist und bleibt eine Droge und ist schädlich. Die Schritte sind klein von einer Gewohnheit hin zu Missbrauch und Sucht. Die Zahl der Suchtkranken wird sich weiter erhöhen und damit die Kosten für die Gesellschaft."

Marlene: „Solange Alkohol an jeder Ecke gekauft werden darf, müsste Cannabis erlaubt werden. Wenn es in Apotheken ausgegeben wird, kann man das Alter kontrollieren. Außerdem hätten Polizei und Justiz weniger Arbeit."

Jonas: „Wer Cannabis nutzen will, tut es jetzt auch! Nur unterstützt er dabei Kriminelle, die damit handeln und gelangt an härtere Drogen. Außerdem könnte der Staat viel Geld durch hohe Steuern auf Cannabisprodukte einnehmen."

Marlon: „Nur weil man es nicht ganz unterbinden kann, muss man es nicht legalisieren. Fahrten mit dem Auto unter Cannabiseinfluss und schwere Unfälle würden zunehmen."

Bearbeiterin

M10   Wie stehen die Parteien zur Legalisierung von Cannabis?

Standpunkte der Parteien zur Bundestagswahl 2021:

SPD   Im Wahlprogramm der SPD heißt es in Bezug auf Cannabis, dass es wie Alkohol eine gesellschaftliche Realität sei, mit der man einen adäquaten politischen Umgang finden müsse. Da Verbot und Kriminalisierung den Konsum nicht gesenkt hätten und enorme Ressourcen bei der Justiz und Polizei einbinden, spricht sich die SPD für eine probeweise, regulierte Abgabe an Erwachsene in Modellprojekten von Bund und Ländern aus. Zudem will sich die SPD dafür einsetzen, dass der Besitz kleiner Mengen Cannabis in Deutschland nicht mehr strafrechtlich verfolgt wird.

5

Hintergrundinformationen zur Legalisierung von Cannabis

70079-64

FDP Die FDP hat in ihrem Wahlprogramm einen eigenen Abschnitt zum Thema Cannabis: „Kontrollierte Freigabe von Cannabis". Für diese kontrollierte Freigabe will sich die Partei einsetzen. Das heißt, der Besitz und Konsum von Cannabis soll für volljährige Personen erlaubt werden. Davon erhofft sich die FDP nicht nur mehr Kontrolle in Sachen Jugendschutz, sondern geschätzte Steuereinnahmen von bis zu einer Milliarde Euro im Jahr. Dieses Geld soll laut Parteiprogramm für Prävention, Suchtbehandlung und Beratung eingesetzt werden.

Grüne Die „grüne Drogenpolitik" beruht laut Wahlprogramm auf den vier Säulen Prävention, Hilfe, Schadensminimierung und Regulierung. Hierbei soll der Aspekt der Hilfe zur Selbsthilfe im Vordergrund stehen und nicht die Strafverfolgung. Beim Thema Cannabislegalisierung sprechen sich die Grünen für einen regulierten Verkauf in lizenzierten Fachgeschäften aus, um dem Schwarzmarkt den Boden zu entziehen. Es ist die Rede von einem Cannabiskontrollgesetz, das auf einem strikten Jugend- und Verbraucherschutz basiert.

CDU Die CDU geht in ihrem Wahlprogramm zwar nicht explizit auf Cannabis ein, spricht sich aber generell gegen eine Legalisierung illegaler Drogen aus. Die Auswirkungen auf den Einzelnen und die Gesellschaft seien zu groß, so die Begründung der Partei. Statt der Legalisierung will man mehr im Bereich der Suchtprävention tun.

AfD Für die AfD kommt Cannabis laut ihres Wahlprogramms nur in der Medizin unter ärztlicher Aufsicht in Frage. Die Partei befürwortet außerdem „den Ausbau der suchtpsychiatrischen Versorgung für eine dauerhafte Abstinenz von Drogen." Soll heißen, die AfD lehnt eine Legalisierung von Cannabis ab.

Linke Die Linke spricht sich in ihrem Wahlprogramm klar für eine Legalisierung von Cannabis aus. Man wolle „vorrangig nichtkommerzielle Bezugsmöglichkeit schaffen und den Besitz sowie Anbau zum eigenen Bedarf erlauben." Bis es soweit ist, will die Partei als befristete Übergangslösung Modellprojekte zur legalen Verfügbarkeit inklusive einer bundesweiten Entkriminalisierung der Konsumenten einführen. Insgesamt will man von einer strikten Verbotspolitik hin zu mehr Prävention, Aufklärung und Hilfsangeboten für Drogenabhängige.

Basierend auf den Wahlprogrammen der Parteien zur Bundestagswahl 2021

AUFGABEN

1. Sollte deiner Meinung nach der Anbau und Verkauf von Cannabis in Deutschland erlaubt werden? Bildet dazu eine (digitale) Positionslinie und diskutiert eure Positionen in der Klasse.

2. a) Notiere die Argumente aus **M9** in einer Pro- und Kontra-Tabelle.
   b) Diskutiert in der Klasse über die Vor- und Nachteile sowie mögliche Folgen einer Legalisierung.

3. a) Bildet Gruppen und stellt euch gegenseitig die verschiedenen Positionen der Parteien vor (**M10**). ○
   b) Vergleicht die Positionen der Parteien zum Thema „Cannabis".

4. Schreibe einen Post, indem du erläuterst, welche Partei du in Bezug auf das Thema „Cannabis- Legalize it!" unterstützen würdest (**M9-M10**).

F **zu Aufgabe 3**
Suche dir ein anderes Thema aus, dass dich persönlich interessiert und recherchiere dazu die Standpunkte der Parteien, z. B. Klimawandel, Bildung, Asylpolitik, …

Wahlwerbespots und Wahlplakate untersuchen ⌐MK⌐

Worum geht es?

In den Wochen vor einer anstehenden Wahl hängen die Parteien ihre Wahlplakate aus und in den Medien werden ihre Wahlwerbespots gesendet, um Wahlkampf zu machen. Sie versuchen dadurch die Stimmen der Wählenden für ihre Partei zu gewinnen.

Für euch als zukünftige Wählerinnen bzw. zukünftige Wähler ist es hilfreich, wenn ihr die Strategien, mit denen Wahlplakate und Wahlspots gemacht werden, durchschaut. Mit dieser Anleitung könnt ihr die Botschaften der Parteien analysieren und verstehen.

Geht dabei so vor:

1. Schritt: Gestaltung und Inhalt beschreiben

- Notiert, welche Hauptmotive („Eyecatcher"), sonstige Motive und Formen das Plakat/den Spot bestimmen. Was steht im Vordergrund? Was ist im Hintergrund zu sehen?
- Notiert, welche Schriftart und welche Farben benutzt wurden.
- Beschreibt, wie Text und Bild miteinander kombiniert sind.
- Beschreibt, welche(s) Thema/Themen das Wahlplakat/der Spot anspricht und welche politische Botschaft erkennbar ist.
- Formuliert mit eigenen Worten die Forderungen der Partei und was das Plakat/der Spot über die Partei selbst aussagt.

2. Schritt: Wirkung beschreiben

- Beschreibt, welches „Image" das Plakat/der Spot vermittelt, welches Gefühl es ggf. transportiert.
- Interpretiert, was das Plakat/der Spot bei (potentiellen) Wählenden bewirken soll (informieren, Emotionen erzeugen, provozieren, sensibilisieren, appellieren/auffordern, etc.)
- Begründet, wie das Plakat/der Spot auf euch wirkt. Fühlt ihr euch angesprochen? Warum bzw. warum nicht?

3. Schritt: Bewertung

- Bewertet, ob das Plakat/ der Spot in seiner Gesamtgestaltung gelungen ist.
- Begründet, ob euch das Plakat/ der Spot zum Wählen dieser Partei bewegen könnte.

Nach: Gnau, Christoph: Analyse von Wahlplakaten. In: WOCHENSCHAU Sekundarstufe I Nr. 2-3/2018. Wochenschau Verlag, S. 26 (von Bearbeiterin für Wahlspots angepasst)

M11 Wahlplakate zur Bundestagswahl 2021

Wahlwerbespots der Parteien

70079-26

AUFGABEN

1. a) Überlege zuerst allein, welche Ziele die Parteien mit ihren Wahlplakaten und Wahlwerbespots verfolgen (**M11 + QR-Code**).
   b) Tauscht euch darüber in der Klasse aus und sammelt eure Ideen an der (digitalen) Tafel.

2. a) Schaut Wahlplakate und Wahlwerbespots von mindestens fünf verschiedenen Parteien an.
   b) Tauscht euch über eure ersten Gedanken dazu in Kleingruppen aus.

3. a) Untersucht in arbeitsteiliger Gruppenarbeit mithilfe des Analyserasters aus der nebenstehenden Methode Wahlplakate oder Wahlwerbespots der verschiedenen Parteien.
   b) Präsentiert eure Ergebnisse im Galeriespaziergang (→ **Methodenglossar**).
   c) Diskutiert dann, welches Wahlplakat bzw. welcher Wahlwerbespot am wirkungsvollsten und innovativsten ist. Begründet eure Meinung.

H zu Aufgabe 3
Schau dir die Wahlplakate/Wahlwerbespots mehrere Male an. Mach dir zunächst Notizen in Stichpunkten. Teilt die Analysepunkte (→ Methode, S. 26) untereinander auf.

F Aufgabe
Gestaltet nach den Kriterien der Methodenkarte ein eigenes Wahlplakat oder einen Wahlspot für eure „Traumpartei".

▶ Wahltag: Können alle Bürgerinnen und Bürger in den Bundestag?

Jeden Tag triffst du Wahlentscheidungen in deinem privaten und schulischen Alltag: Welche Sneaker sind die richtigen? In welchen Kinofilm soll ich gehen? Wer soll unsere Klassensprecherin bzw. unser Klassensprecher werden? Welches Wahlpflichtfach, welche AG wähle ich in der Schule? Wenn du volljährig bist, darfst du auch an den Bundestagswahlen teilnehmen. Wie die Wahl funktioniert, lernst du in diesem Kapitel.

M12   Schaubild: Wie funktioniert die Bundestagswahl? ○

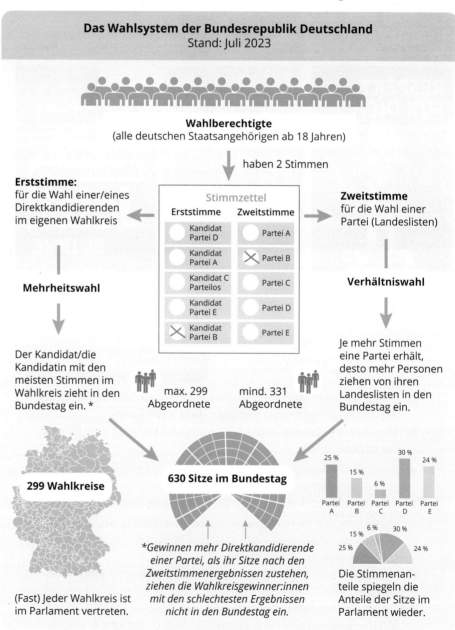

Bearbeitergrafik

M13   Mehrheitswahl vs. Verhältniswahl

Bei der Entscheidung für ein Verfahren gilt es abzuwägen: Das Wahlergebnis soll den politischen Willen der gesamten Wählerschaft im Parlament möglichst korrekt abbilden – es soll aber gleichzeitig eine regierungsfähige Mehrheit hervorbringen. Beides ist nicht gleichzeitig in idealer Weise zu erreichen.

Mehrheitswahl

Zu klaren Mehrheiten führt es meistens, wenn alle Abgeordneten direkt in den Wahlkreisen gewählt werden. Hier spricht man von einem Mehrheitswahlsystem. Wer im Wahlkreis die meisten Stimmen auf sich vereinigen konnte, ist gewählt. [...] Die Stimmen für alle nicht gewählten Kandidaten verfallen – sie wirken sich nicht auf die Zusammensetzung des Parlaments aus.

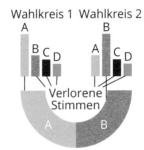

Die Mehrheitswahl begünstigt [...] immer die großen Parteien. Kleinere politische Strömungen haben kaum eine Chance, ihre Ideen in die parlamentarische Debatte einzubringen. Die Folge ist, dass sich große Gruppen der Bevölkerung mit ihren Überzeugungen politisch überhaupt nicht vertreten fühlen. Der Vorteil für das politische System: Eine klare absolute Mehrheit für eine Partei ist die Regel. Die Regierungsbildung ist meist kein Problem.

Verhältniswahl

Das Verhältniswahlsystem dagegen kennt überhaupt keine direkt gewählten Wahlkreiskandidaten. Die Stimmberechtigten entscheiden sich für die Kandidatenlisten einer Partei. Jede Partei schickt so viele Abgeordnete ins Parlament, wie es ihrem Anteil an den abgegebenen Wahlstimmen entspricht. Im reinen Verhältniswahlsystem sind deshalb auch sehr kleine Parteien vertreten. Wenn es keine Sperrklausel gibt, entspricht die Zusammensetzung des Parlaments genau der Verteilung der Stimmen auf die Listen, die zur Wahl standen.

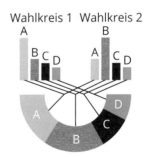

Ein reines Verhältniswahlsystem führt – wie es die Geschichte der Weimarer Republik gezeigt hat – leicht zur Zersplitterung der Parteienlandschaft. Ein in viele Fraktionen zerfallendes Parlament bringt schwache, wenig stabile Regierungen hervor, die sich auf Mehrparteienkoalitionen stützen müssen.

Woyke, Wichard: Bundestagswahlen, 2002, Bonn 2002, S. 3 f.

M14 Was passiert mit meiner Stimme?

In den letzten Jahren ist der Bundestag immer weiter gewachsen. Im März 2023 hat der Deutsche Bundestag darum eine Wahlrechtsreform für die nächsten Bundestagswahlen beschlossen.

Die Erststimme und ihre Bedeutung

Das Gebiet der Bundesrepublik ist in 299 Wahlkreise eingeteilt. Jede Wählerin bzw. jeder Wähler entscheidet sich für eine Kandidatin oder einen Kandidaten im eigenen Wahlkreis. Gewählt ist, wer mindestens eine Stimme mehr hat als jede andere Bewerberin bzw. jeder andere Bewerber (**relative Mehrheitswahl**). Gewählte Direktkandidierende kommen nur dann nicht ins Parlament, wenn der eigenen Partei nach den Zweitstimmenergebnissen weniger Plätze zustehen. Oder wenn die Partei weniger als 5 % der Stimmen insgesamt erhalten hat.

Die Zweitstimme und ihre Bedeutung

Nach der Gesamtzahl der Zweitstimmen, die für eine Partei bei der Wahl abgegeben werden, richtet sich die Anzahl der Sitze, die diese Partei im Bundestag erhält (**Verhältniswahl**). Die Wählenden geben ihre Stimme dabei der Landesliste einer Partei in ihrem Bundesland. Der Bundestag hat ab der Bundestagswahl 2025 immer 630 Abgeordnetensitze.

Verteilung der Sitze auf die Parteien

Bei der Vergabe der Sitze werden nur Parteien berücksichtigt, die bundesweit mindestens 5 % der Zweitstimmen errungen haben (Sperrklausel oder auch **Fünfprozenthürde** genannt). Es wird also zunächst errechnet, wie viele Sitze jede Partei aufgrund ihrer Zweitstimmen zustehen. Es kann vorkommen, dass eine Partei mehr Wahlkreise gewinnt als ihr Sitze nach Zweitstimmenanteil zustünden. In diesem Fall verfallen die Direktmandate, die im Vergleich mit den anderen den niedrigsten Stimmenanteil in ihrem Wahlkreis errungen haben.

Verteilung der Sitze auf die Landeslisten der Parteien

Der Landesverband einer Partei erhält die Anzahl an Sitzen, die dem Anteil an Zweitstimmen entspricht, der auf seine Landesliste entfiel. Die Anzahl der errungenen Bundestagssitze wird dann zunächst mit den in dem Bundesland direkt gewählten Wahlkreiskandidierenden dieser Partei besetzt (**Direktmandate**), die verbleibenden Sitze mit Kandidierenden der Landesliste (**Listenmandate**).

Bearbeiterin

 # PERSONALISIERTE VERHÄLTNISWAHL

Der Bundestag wird auf vier Jahre gewählt, und zwar nach dem Verfahren der sogenannten personalisierten Verhältniswahl. Danach wird [ein Teil] der Abgeordneten in einem Wahlkreis direkt gewählt [„personalisierte"], während [der andere Teil] über die Landeslisten der Parteien in den Bundestag einzieht [„Verhältniswahl"]. Jeder Wähler und jede Wählerin kann zu diesem Zweck zwei Stimmen vergeben.

Woyke, Wichard, in: Informationen zur politischen Bildung aktuell, Bundestagswahlen 2002, Bonn 2002, S. 3 f.

Juniorwahl

Projekt Juniorwahl
Mit dem Projekt Juniorwahl kann parallel zur aktuell stattfindenden Wahl (z. B. Landtagswahl, Bundestagswahl) eine Wahl in der Schule durchgeführt werden.

M15 Die Wahlrechtsreform 2023 in der Kritik

Nicht alle sind mit den Änderungen der Wahlrechtsreform zufrieden. Ein Hauptkritikpunkt ist, dass zukünftig nicht mehr automatisch alle Wahlkreise im Parlament vertreten sind.

Die CSU befürchtet, dass sie nach der nächsten Wahl weniger Sitze im Parlament hat. Bei den letzten Wahlen hat die CSU mehr Direktmandate durch die Erststimme gewonnen, als ihr durch die Zweistimmenergebnisse zugestanden hätten. Sie hatte also viele Überhangmandate. Mit dem Wegfall der Überhangmandate würde die CSU zukünftig weniger Sitze erhalten.

DIE LINKE befürchtet mit der Abschaffung der Grundmandatsklausel nicht mehr ins Parlament einzuziehen. Diese Klausel ermöglichte Parteien mit 3 gewonnen Direktmandaten in den Bundestag einzuziehen auch wenn die Partei bei der Zweistimme weniger als 5 Prozent erreicht hatte. Bei der Wahl 2021 wäre DIE LINKE mit 4,9 Prozent nicht in den Bundestag eingezogen.

Erklärfilme zur Bundestagswahl 2021 und zur Wahlrechtsreform 2023

70079-28

INFO

Die Kernpunkte der Wahlrechtsreform

- **Wegfall der Überhang- und Augleichsmandate:**
  Bisher ist jede gewählte bzw. jeder gewählter Direktkandidat:in ins Parlament eingezogen. Standen der Partei eigentlich trotzdem weniger Sitze zur Verfügung, dann wurden dieser Partei zusätzliche Sitze zugesprochen (Überhangmandate). Damit das Verhältnis der Parteien laut Zweistimme trotzdem stimmte, haben auch die anderen Parteien zusätzliche Sitze erhalten (Ausgleichsmandate).

- **Festlegung der Abgeordnetenzahl auf 630**
  Bisher ist der Bundestag durch die Überhang- und Ausgleichsmandate stetig gewachsen. Es gab keine Obergrenze.

- **Wegfall der Grundmandatsklausel**
  Bisher sind Parteien, die min. 3 Direktmandate gewinnen konnten, in den Bundestag eingezogen, auch wenn sie weniger als 5 % der Zweitstimmen erhalten haben.

Bearbeiterin

AUFGABEN

1. a) Schau dir das Schaubild (**M12**) an. Benenne 3-5 wichtige Begriffe und erstelle dazu (digital) Karteikarten. ○
   b) Erkläre mithilfe des Schaubildes (**M12**) in einem Partnerinterview, wie die Bundestagswahlen ablaufen.

2. Erstellt zu zweit eine Tabelle zur Funktionsweise, den Vor- und Nachteilen der beiden Wahlsysteme: „Mehrheitswahl" und „Verhältniswahl" (**M13**).

3. a) Erläutere, wie die Sitzvergabe im Bundestag nach den Wahlen funktioniert (**M12-M14**).
   b) Erkläre, was sich durch die Wahlrechtsreform geändert hat (**M14, M15**). Schau dir dazu auch die Erklärfilme (→ **QR-Code, S. 77**) zur Bundestagswahl 2021 und zur Wahlrechtsreform 2023 an.

4. Nimm Stellung zu folgender Aussage: „Wählen gehen ist ein wichtiges demokratisches Recht." Begründe deine Meinung!

F **zu Aufgabe 3**
Erstelle ein Quiz zum Thema „Wie funktioniert die Bundestagswahl?" (M12-M15) und präsentiere es in der Klasse. Nutze dazu deine Arbeitsergebnisse von Aufgabe 1 bis 3.

▶ Wer hat die Macht? Politikerinnen und Politiker oder Lobbyistinnen und Lobbyisten?

Neben den Parteien und Politikerinnen und Politikern wirken auch Interessengruppen, wie z. B. Verbände, Umweltschutzorganisationen, soziale Organisationen, Gewerkschaften, Unternehmensvertreter:innen, an der politischen Meinungsbildung mit. Als Interessenvertreter:innen beeinflussen sie politische Entscheidungen. Vielleicht hast du schon mal den Begriff „Waffenlobby" oder „Autolobby" gehört. In diesem Kapitel gilt es herauszufinden, wie Lobbyismus funktioniert.

M16   Karikatur: Lobbyismus in der deutschen Politik

Karikatur: Gerhard Mester, 2013

 LOBBYISMUS

Lobbyismus ist die Einflussnahme auf politische Entscheidungen oder die öffentliche Meinung durch Vertreter:innen von Interessenverbänden. Die Tätigkeit wird auch „Lobbying" genannt und findet in allen Politikfeldern statt. Der Begriff Lobbyismus kommt ursprünglich vom englischen Begriff der „Lobby". Dieser bezeichnet die Vorhalle des Parlaments, in der die Abgeordneten auf Vertreter:innen von Interessenverbänden oder Wählerinnen und Wähler treffen. Hier haben Lobbyistinnen und Lobbyisten die Möglichkeit im Gespräch mit Politiker:innen für ihre Interessen zu werben.
Lobbying kann einerseits transparent für alle in der Öffentlichkeit (z. B. bei Anhörungen von Expertinnen und Experten in Ausschüssen), aber auch intransparent hinter geschlossenen Türen (z. B. Telefonate) stattfinden.

Erklärfilm zum Lobbyismus

M17　Wie funktioniert Lobbyismus?

a) Ein Schaubild zum Lobbyismus

Unternehmen, Verbände, Organisationen, Konzerne
(z. B. ADAC, DFB, BMW, WWF, Siemens, Adidas, ver.di, VW, ...)

↓ beauftragen

Lobbyistinnen und Lobbyisten
(Unternehmensberater:innen, Anwältinnen und Anwälte, ehemalige Politiker:innen, ...)

Aufgaben

– Fachwissen und Informationen sammeln und bereitstellen
– Networking
– Parteispenden

– Meinungsbildung der Öffentlichkeit beeinflussen („Grassroots-Lobbying")
– ...

↓ nehmen damit Einfluss auf

Politiker:innen benötigen Fachwissen und Informationen

Politiker:innen benötigen Fachwissen und Informationen

Politiker:in:
„Ich habe mich überzeugen lassen, dass zu strenge Richtlinien hinderlich sind ..."

- - - - **Die Abgeordneten des Deutschen Bundestags** - - - -

Politiker:in:
„Ich habe mich überzeugen lassen, dass mehr getan werden muss ..."

b) Aussagen von Lobbyistinnen und Lobbyisten

„Heute Abend bin ich auf einem Empfang eingeladen, wo ich wichtige Leute aus Politik und Wirtschaft kennenlerne ..."

„Morgen wird ein Zeitungsartikel von mir veröffentlicht ..."

„Ich habe ein Gutachten zu dem geplanten Gesetz geschrieben und dabei die Meinung meines Verbandes deutlich gemacht ..."

„Heute konnte ich den Ausschuss mit meinen Argumenten überzeugen, das geplante Gesetz umzuformulieren ..."

Nach: Landeszentrale für politische Bildung Baden-Württemberg: Wie funktioniert Lobbyismus? In: mach's klar 3/2012, S. 2 (durch Bearbeiterin ergänzt)

M18　Zwei Beispiele für erfolgreiche Lobbyarbeit

Verbot von Tierversuchen für Kosmetik
1998 wurden in Deutschland Tierversuche für die Herstellung von Kosmetika verboten. Der deutsche Tierschutzbund hatte nach eigenen Angaben über 30 Jahre lang mit Protestaktionen, Unterschriftenlisten und Aufklärungsarbeit in der Öffentlichkeit gegen Tierversuche gekämpft.

B

Energielabel für Autos

Neuwagen bekommen in Deutschland seit 2011 Energielabels zugeteilt. Diese zeigen, wie viel CO_2 das Auto ausstößt, d. h. wie umweltfreundlich es ist. Allerdings wird nicht einfach gemessen, wie viel CO_2 ausgestoßen wird, sondern dieser Ausstoß wird in Beziehung zum Gewicht des Wagens gesetzt. Ein
5 schweres Auto darf mehr CO_2 ausstoßen und kann so in eine genauso gute Effizienzklasse eingeordnet werden wie ein benzinsparender Kleinwagen. Für diese Regelung, die von Verbraucherschützern heftig kritisiert wird, hatte sich der Verband der Automobilindustrie (VDA) stark eingesetzt.

Landeszentrale für politische Bildung Baden-Württemberg: Wie funktioniert Lobbyismus? In: mach's klar 3/2012, S. 4

M19   Lobbyismus kontrollieren – aber wie?

In Deutschland gibt es verschiedene Kontrollinstrumente, um transparent zu machen, welche Interessenvertreter:innen im Politikprozess versuchen Einfluss zu nehmen:

Lobbycontroll
Es ist ein gemeinnütziger Verein, der sich für Transparenz und demokratische Kontrolle von Lobbyisten einsetzt.

abgeordnetenwatch.de
Es ist eine überparteiliche Internetplattform für Bürger:innen, um mit Politiker:innen unkompliziert in Kontakt zu treten und ihnen Fragen zu stellen.

- Seit 2022 gibt es z. B. ein öffentlich einsehbares Lobbyregister, indem festgehalten ist, welche Interessenvertreter:innen Kontakt zu Mitgliedern des Bundestages aufgenommen haben.
5 - Parteispenden, die die Grenze von 10.000 € im Jahr überschreiten, müssen veröffentlicht werden.
- Seit 2021 müssen Bundestagsabgeordnete Unternehmensbeteiligungen oder Nebeneinkünfte jährlich öffentlich machen.
- „Drehtür-Effekt": Regierungsmitglieder:innen, die zu Unternehmen oder Verbänden wechseln wollen, können bis zu 18 Monate gesperrt werden.
10 - Eine wichtige Kontrollfunktion haben auch Organisationen wie **Lobbycontroll** oder **abgeordnetenwatch.de** sowie die Medien.

Basierend auf: Mause, Karsten: Lobbyismus. In: Spicker Politik Nr. 24. 1. Auflage. Bonn. Bundeszentrale für politische Bildung 2021

AUFGABEN

H **zu Aufgabe 2b**
Schau dir dazu auch das Erklärvideo an. **MK**

H **zu Aufgabe 3b**
Im **Methodenglossar** findet ihr Informationen zum Ablauf einer Fishbowl-Diskussion.

1. Analysiere die Karikatur (**M16**) (→ **Methodenglossar**). Erläutere dabei die Beziehungen der Lobbyistinnen und Lobbyisten zur Politik.
2. a) Erläutert euch in Tandemarbeit die Begriffe „Lobbyismus" und „Lobbying" gegenseitig mit eigenen Worten. (**#Lobbyismus**)
   b) Erkläre anhand der Grafik (**M17**), wie Lobbyismus funktioniert. ⟳
3. a) Sammelt Pro- und Kontra-Argumente zum Lobbying in Kleingruppen (**M16-M19**).
   b) Führt eine Fishbowl-Diskussion durch zu folgender These: „Lobbyismus ist eine Gefahr für die Demokratie und sollte verboten werden."

WIE NEHMEN PARTEIEN UND INTERESSENSGRUPPEN EINFLUSS AUF POLITISCHE EINTSCHEIDUNGEN?

 PARTEIEN

←·· M5, M6

Die Bundesrepublik Deutschland ist eine sogenannte Parteiendemokratie. In Artikel 21 Grundgesetz heißt es: „Die Parteien wirken bei der politischen Willensbildung des Volkes mit." Ihre Aufgaben bestehen darin, unterschiedliche Interessen in der Bevölkerung zu bündeln und in Politik umzusetzen.

In Deutschland sind seit 2021 acht Parteien im Bundestag vertreten: CDU, CSU, SPD, Die Linke, FDP, Die Grünen, die AfD und die SSW.

 BUNDESTAGSWAHLEN

←·· M11-M15

Die Abgeordneten des Deutschen Bundestages werden nach Art. 39 des Grundgesetzes alle vier Jahr von den Wählerinnen und Wählern gewählt. Der Bundestag wird nach dem Prinzip der personalisierten (Erststimme) Verhältniswahl (Zweitstimme) mit einer Fünf-Prozent-Hürde gewählt. Die Wahlberechtigten haben bei der Bundestagswahl insgesamt zwei Stimmen. Damit entscheiden sie über die Bundestagsmandate. Sie bestimmen, wie viele Sitze die einzelnen Parteien im Bundestag haben. Mit der Erststimme wird die Direktkandidatin oder der Direktkandidat des Wahlkreises nach dem Prinzip der relativen Mehrheitswahl gewählt. Gewählt ist also derjenige, der die meisten Stimmen erhalten hat.

Mit der Zweitstimme wählt man nach dem Prinzip der Verhältniswahl die andere Hälfte der Bundestagsmandate über die Landesliste einer Partei. Diese Stimme entscheidet darüber, wie viele Sitze die einzelnen Parteien im Bundestag erhalten.

 LOBBYISMUS

←·· M16-M19

Lobbyismus ist die Einflussnahme auf politische Entscheidungen oder die öffentliche Meinung durch Vertreter:innen von Interessenverbänden. Die Tätigkeit wird auch „Lobbying" genannt und findet in allen Politikfeldern statt. Der Begriff Lobbyismus kommt ursprünglich vom englischen Begriff der „Lobby". Dieser bezeichnet die Vorhalle des Parlaments, in der die Abgeordneten auf Vertreter:innen von Interessenverbänden oder Wählerinnen und Wähler treffen. Hier haben Lobbyistinnen und Lobbyisten die Möglichkeit im Gespräch mit Politikerinnen oder Politikern für ihre Interessen zu werben.

Lobbying kann einerseits transparent für alle in der Öffentlichkeit (z. B. bei Anhörungen von Expertinnen und Experten in Ausschüssen), aber auch intransparent hinter geschlossenen Türen (z. B. Telefonate) stattfinden.

1.2   Unsere Verfassung: Aufteilung der politischen Macht in Deutschland

▶ **Gewählt und was nun? Was sind die Aufgaben der Abgeordneten im Deutschen Bundestag?**

Das Volk hat den Bundestag gewählt, die gewählten Abgeordneten ziehen in den Bundestag ein. Im Sitzungssaal sitzen sie nun in ihren Parteigruppen (Fraktionen) zusammen. Welche Aufgaben kommen im Bundestag auf sie zu?

M1   Was macht der Deutsche Bundestag?

Vereidigung des Bundeskanzlers durch die Bundestagspräsidentin.

Abgeordnete stimmen über ein Gesetz ab.

Der Schriftzug über dem Eingangsportal des Bundestages.

Eine Diskussion im Deutschen Bundestag.

M2   Was sind die Aufgaben des Deutschen Bundestages?

Unsere Verfassung legt die Aufgaben für die Abgeordneten im Bundestag fest: Die wichtigste Aufgabe des Bundestages liegt in der Gesetzgebung.
5 Wird ein Gesetzentwurf im Bundestag vorgelegt, durchläuft dieser drei Lesungen. In diesen Lesungen wird der Entwurf im Bundestag diskutiert und in Ausschüssen, in denen Abgeordnete aller Parteien vertreten sind, überarbeitet
10 und schließlich in einer Mehrheitsabstimmung angenommen oder verworfen. Daneben obliegt es dem Bundestag, die Regierung zu kontrollieren. Diese Aufgabe übernimmt zu einem großen 15 Teil die Opposition, da diese aus den Parteien besteht, die nicht selbst an der Regierung beteiligt sind. Außerdem legt der Bundestag den Haushalt fest, also die Zuweisungen der Gelder an die Ministerien. 20 Überdies hat der Bundestag die Aufgabe neben der Bundeskanzlerin bzw. dem Bundeskanzler noch andere Organe per Wahl zu bestimmen.

Bearbeiter

M3 Was sind die Wahlfunktionen des Deutschen Bundestages?

Wahlfunktion des Deutschen Bundestages

Entsendung aller BT-Abgeordneten

Länderparlamente entsenden gleiche Anzahl von Wahlleuten

Wahl der Hälfte der Mitglieder des BVerfgG (Art. 94, 1 GG)

Entsendung von Abgeordneten

Wahl (Art. 63 GG)

(Art. 54 GG)

Bundesversammlung

Richterwahlausschüsse

Bundeskanzler

Wahl

Wahl der anderen Hälfte durch Bundesrat

Wahl (Art. 9, 5 GG)

Bundesregierung

Bundespräsident

Bundesverfassungsgericht

Oberstes Bundesgericht

Bearbeiter

M4 Wie arbeitet der Deutsche Bundestag?

Im Arbeitsparlament werden Gesetzentwürfe vor allem in Ausschüssen bearbeitet. Diese sind meist nicht öffentlich. So fällt es den Abgeordneten leichter, aufeinander einzugehen und Kompromisse zu finden.

Im Redeparlament bearbeiten die Abgeordneten öffentlich die Gesetzentwürfe. So bekommen die Wählerinnen und Wähler einen Eindruck von den Positionen und Argumenten der Abgeordneten.

Bearbeiter

AUFGABEN

1. Beschreibe die Bilder im Hinblick auf mögliche Aufgaben des Deutschen Bundestags (**M1**).
2. Nenne vier zentrale Aufgaben, die der Bundestag erfüllt (**M2**).
3. Erkläre die unterschiedlichen Wahlmöglichkeiten des Bundestages (**M3**).
4. Erklärt in Kleingruppen, weshalb der Bundestag als eine Mischform aus Rede- und Arbeitsparlament bezeichnet wird (**M4**). ⟳
5. Nimm auf einer (digitalen) Positionslinie zu folgenden Aussagen Stellung:
   a) In den Ausschüssen des Arbeitsparlaments werden Kompromisse geschlossen, die eigenen Wahlversprechen widersprechen können. Deshalb sind sie nicht öffentlich.
   b) Die Diskussionen im Bundestag (Redeparlament) über Gesetzesentwürfe dienen dem Austausch von Argumenten über geplante Gesetze.

▸ Kanzlermehrheit und Kompromisse: Wie wird eine Regierung gebildet?

Die Wahl zum deutschen Bundestag entscheidet auch darüber, wer Bundeskanzlerin oder Bundeskanzler wird, obwohl dieses Amt gar nicht direkt gewählt wird. Wenn einzelne Parteien nicht über die Mehrheit der Sitze im Bundestag verfügen, verhandeln sie über mögliche gemeinsame Regierungskoalitionen.

M5　Die Sitzverteilung im Deutschen Bundestag 2021 – wer soll regieren?

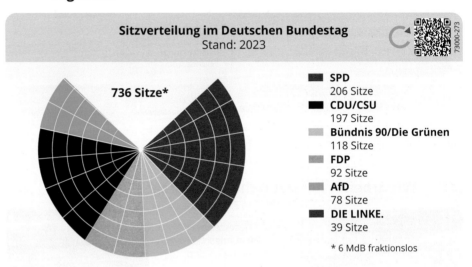

Sitzverteilung im Deutschen Bundestag
Stand: 2023

736 Sitze*

- SPD
  206 Sitze
- CDU/CSU
  197 Sitze
- Bündnis 90/Die Grünen
  118 Sitze
- FDP
  92 Sitze
- AfD
  78 Sitze
- DIE LINKE.
  39 Sitze

* 6 MdB fraktionslos

©C.C. Buchner Verlag, aktuelle Daten nach: Deutscher Bundestag (Datenerhebung: 2023; Grafikerstellung: 2023)

M6　Wie wird die Regierung gebildet?

Erklärfilm zur Regierungsbildung

70079-33

Die Bundeskanzlerin bzw. der Bundeskanzler wird von der Bundespräsidentin bzw. dem Bundespräsidenten vorgeschlagen und vom Bundestag gewählt. ⁵Danach werden auf ihren bzw. seinen Vorschlag alle Bundesminister:innen ernannt. Im Regelfall erreicht keine der Parteien eine absolute Mehrheit („Kanzlermehrheit") von mindestens 50 % der ¹⁰Mitglieder des Bundestages allein, um die Regierung zu stellen. Daher arbeiten Parteien zusammen. Nach der Wahl treffen sie sich zu sogenannten Sondierungsgesprächen, in denen sie herausfinden, ¹⁵ob überhaupt eine gemeinsame Basis für eine Zusammenarbeit vorhanden ist.

Wenn zwei oder mehr Parteien diese Basis zu haben glauben, finden Koalitionsverhandlungen statt, in denen der Koalitionsvertrag ausgehandelt wird. Dieser ²⁰legt neben den politischen Zielen auch die Verteilung der Posten und Regeln für die Zusammenarbeit fest. Die Kanzlerin bzw. der Kanzler muss bei der Besetzung der Ministerien folglich in der Praxis ²⁵auf mögliche Koalitionspartner oder auch Gruppierungen innerhalb der eigenen Partei und eine gerechte Verteilung der Ministerien auf die Bundesländer, auf Ost und West sowie die Geschlech-³⁰ter Rücksicht nehmen.

Bearbeiter

KOALITION

Die Vereinbarung zur Zusammenarbeit von unterschiedlichen Parteien, um eine Regierung zu bilden.

In gemeinsamen Koalitionsverhandlungen werden Kompromisse getroffen, um in einem Vertrag gemeinsame politische Ziele für die Regierungszeit bis zur nächsten Wahl festzulegen (= Koalitionsvertrag).

M7 Kann eine Regierung auch abgewählt werden?

Der Bundestag kann nach Art. 67 Grundgesetz (GG) den Bundeskanzler abwählen, indem er mit der absoluten Mehrheit seiner Mitglieder einen Nachfolger
5 wählt. Damit wird gesichert, dass der Bundeskanzler nur dann aus dem Amt entfernt werden kann, wenn sich im Bundestag eine neue Regierungsmehrheit zusammenfindet. [...] Diese Bestim-
10 mung wird als „konstruktives Misstrauensvotum" bezeichnet. Ein konstruktives Misstrauensvotum hat es im Bundestag bisher zweimal gegeben, das gescheiterte gegen Bundeskanzler Willy Brandt
15 1972 und das erfolgreiche gegen Bundeskanzler Helmut Schmidt 1982.

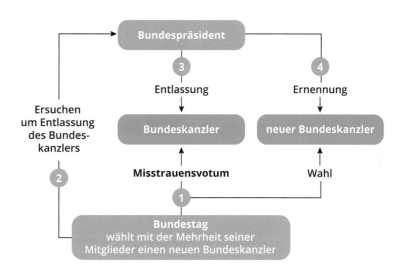

Pötzsch, Horst: Die Deutsche Demokratie. 5. Auflage. Bonn: Bundeszentrale für politische Bildung 2009, S. 73 f.

AUFGABEN

1. a) Benenne, welche Möglichkeiten einer Koalition sich aus **M5** ergeben könnten.
   b) Begründe unter Bezugnahme auf dein Wissen über Parteien, welche Koalitionsmöglichkeiten realistisch sind.

2. a) Erstellt ein (digitales) Flussdiagramm mit den wichtigsten Schritten von der Bundestagswahl zur Regierungsbildung. (**M6**).
   b) Erklärt euch in Tandemarbeit die Begriffe „Kanzlermehrheit", „Sondierungsgespräche" und „Koalitionsvertrag" aus **M6** und **#Koalition**. ⟳
   c) Begründet in Tandemarbeit, worauf der Bundeskanzler bei der Besetzung von Ministerien achten muss (**M6**).

3. Diskutiert in Kleingruppen, wann es zu einem konstruktiven Misstrauensvotum gegen die Bundeskanzlerin oder den Bundeskanzler kommen kann (**M7**).

▶ Die Machtzentrale: Wie arbeiten Bundeskanzlerin oder Bundeskanzler und Bundesregierung?

Die Bundeskanzlerin oder der Bundeskanzler und die Minister:innen sollen die wichtigsten politischen Probleme in der Gesellschaft lösen. Dabei richtet sich der Blick der Medien und der Bevölkerung besonders auf die Bundesregierung. Welche Aufgaben hat die Bundesregierung zu erfüllen und welche besondere Stellung genießt das Amt der Bundeskanzlerin bzw. des Bundeskanzlers?

M8　Mit welchen Problemen beschäftigt sich die Bundesregierung?

Das deutsche Verkehrsnetz muss in vielen Bereichen erneuert werden.

Geflüchtete müssen versorgt und in den Arbeitsmarkt integriert werden.

Eine der größten politischen Herausforderungen stellt der Klimawandel dar.

M9　Das Bundeskabinett – wer sitzt in der Bundesregierung?

Grafik: Das aktuelle Bundeskabinett

73000-603

Im Bundeskabinett, welches unter Kanzler Olaf Scholz nach der Wahl 2021 gebildet wurde, sitzen neben dem Kanzler noch folgende 16 Bundesminister:innen
5 (BM): BM der Justiz; BM des Auswärtigen; BM für Gesundheit; BM der Verteidigung; BM für Familien, Senioren, Frauen und Jugend; BM für Digitales und Verkehr; BM für wirtschaftliche
10 Zusammenarbeit und Entwicklung; BM für Umwelt, Naturschutz, nukleare Sicherheit und Verbraucherschutz; BM für Wohnen, Stadtentwicklung und Bauwesen; BM für Bildung und Forschung; BM der Finanzen; BM für Ernährung und Landwirtschaft; BM für Arbeit und Soziales; BM des Inneren und für Heimat; BM für besondere Aufgaben/Chef:in des Bundeskanzleramtes. 15

Bearbeiter

 # BUNDESREGIERUNG BZW. BUNDESKABINETT

Zur Bundesregierung (auch Bundeskabinett genannt) gehören Bundeskanzler:in und die Bundesminister:innen.
Jede Ministerin und jeder Minister hat ihre oder seine eigene Zuständigkeit. Die jeweiligen Aufgabenbereiche werden Ressorts genannt. So gibt es beispielsweise das Finanzressort oder das Ressort für Wirtschaft und Klimaschutz, für das jeweils eine Ministerin oder ein Minister zuständig ist.

M10 Arbeitsweise und Aufgaben der Bundesregierung

a) Arbeitsprinzipien

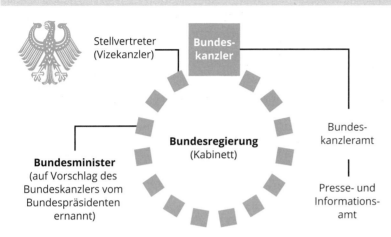

Arbeitsprinzipien der Bundesregierung nach Art. 65 GG

Stellvertreter (Vizekanzler)

Bundes-kanzler

Bundesregierung (Kabinett)

Bundeskanzleramt

Bundesminister (auf Vorschlag des Bundeskanzlers vom Bundespräsidenten ernannt)

Presse- und Informations-amt

Kanzlerprinzip
Der Bundeskanzler bestimmt die Richtlinien der Politik und trägt dafür die Verantwortung.

Ressortprinzip
Innerhalb der Richtlinien leitet jeder Minister sein Ressort selbstständig und in eigener Verantwortung.

Kollegialprinzip
Die Regierung berät und beschließt u. a. über alle Gesetzentwürfe und bei Streitfragen zwischen den Ministern.

Nach: Bergmoser + Höller Verlag AG, Zahlenbilder 67 123

b) Aufgaben der Bundesregierung und Stellung des Regierungsoberhaupts

Die Regierung zu stellen und Regierungsverantwortung zu übernehmen ist für Politiker:innen die beste Möglichkeit, die eigenen politischen Vorstellungen umzusetzen. Dies geschieht vor allem durch das Einreichen von Gesetzesvorschlägen. Da die Regierungsparteien im Bundestag eine Mehrheit haben, können viele Gesetzesvorhaben durchgesetzt werden. Die Bundesregierung ist auch dafür zuständig, dass die vom Bundestag beschlossenen Gesetze umgesetzt werden. Die Kanzlerin bzw. den Kanzler kann man als Chef:in der Regierung betrachten. Sie bzw. er bestimmt die Richtlinien der Politik, schlägt Minister:innen für die Regierung vor und bestimmt die zentralen Ziele der Bundesregierung. Gegenüber dem Bundestag kann das Regierungsoberhaupt die Vertrauensfrage stellen.

Bearbeiter

Vertrauensfrage
Eine Art von Abstimmung im Parlament, bei der die/der Regierungschef:in die Abgeordneten fragt, ob sie ihr/ihm und der Regierung noch vertrauen. Kommt in der Abstimmung keine Mehrheit für das Regierungsoberhaupt zusammen, tritt es und seine Regierung zurück.

AUFGABEN

1. Beschreibe die Fotos in **M8** und erkläre ausgehend davon, welche politischen Probleme die Bundesregierung lösen soll.

2. Begründet in Tandemarbeit, welche Ressorts (**M9**) für die Lösung der Probleme in **M8** und anderer aktueller Probleme zuständig sind?

3. Erläutere die Aufgaben der Bundesregierung auch mithilfe der Arbeitsprinzipien (**M10**).

4. Beurteile schriftlich die Macht der Kanzlerin bzw. des Kanzlers in der politischen Wirklichkeit. Nutze bei deiner Einschätzung auch die Fachwörter *Kanzlerprinzip*, *Ressortprinzip* und *Kollegialprinzip* aus **M10a**.

H **zu Aufgabe 4**
Überlege die Einschränkungen der Kanzlermacht auch am Beispiel der Regierungsbildung (→ S. 38, **M6**).

▶ Legalisierung von Cannabis: Wie entsteht ein mögliches Bundesgesetz?

Im Wahlkampf 2021 haben sich verschiedene Parteien die Legalisierung von Cannabis zum Ziel gesetzt. In Kapitel 1.1. hast du gelernt, dass dieses Ziel gesellschaftlich umstritten ist und unterschiedlich diskutiert und bewertet wird. Mit Gesetzen versucht die Politik gesellschaftliches Leben zu regeln und kontroverse Probleme wie dieses zu lösen. Der Weg zu einem Gesetz ist verbindlich vorgeschrieben.

M11   Ein möglicher Gesetzentwurf zur Legalisierung von Cannabis

Um das Wahlversprechen zur Freigabe von Cannabis zu verwirklichen, müssen die Regierungsparteien einen Gesetzentwurf schreiben. Vor-
5 schläge für Gesetze dürften auch die Regierungsvertreter:innen der Bundesländer im Bundesrat und Abgeordnete des Bundestags machen. Ein Gesetzentwurf ist immer gleich aufgebaut: Er be- schreibt das Problem, das gelöst werden 10 soll und nennt das Ziel, das mit dem Gesetz erreicht werden soll. Er nennt die Lösung, die vorgeschlagen wird und die Kosten, die durch das Gesetz anfallen würden. Beim Thema Cannabis- 15 legalisierung könnte ein Gesetzentwurf inhaltlich stark verkürzt so gegliedert werden:

Problem und Ziel

Legalisierung
Möglichkeit schaffen, es gesetzlich zu erlauben

Problem:
- Der Konsum von Cannabisprodukten ist überall in der Gesellschaft und besonders bei Jugendlichen verbreitet. Der Handel mit Cannabisprodukten ist in der Hand von Kriminellen.
- Eine Vielzahl von Strafverfahren wegen Cannabisvergehen bindet und behindert die Arbeit von Polizei und Justiz.

Ziel:
Eine Freigabe von Cannabisprodukten unter strenger Beachtung des Jugendschutzes könnte die Abgabe an Jugendliche erschweren, den Handel für Kriminelle unattraktiv werden lassen und Polizei und Justiz entlasten.

Lösung:
Der Anbau und Verkauf von Cannabisprodukten geschieht in lizensierten Anbaustätten, Geschäften und Apotheken unter strenger Beachtung des Jugendschutzgesetzes. Ein legal funktionierender Geschäftszweig entsteht.

Kosten:
Durch eine hohe Besteuerung der Cannabisprodukte (ähnlich wie bei Alkohol und Zigaretten) erzeugt der Staat sehr hohe Steuereinnahmen, die wiederum in die Drogenprävention, Suchthilfe und Unterstützungsprogramme für Suchtkranke fließen können.

Bearbeiter

M12 Welchen Weg nimmt ein Gesetz im Bundestag?

Zuerst wird der Gesetzentwurf den Abgeordneten im Bundestag vorgestellt (*1. Lesung*). In einem Ausschuss beraten anschließend ausgesuchte Abgeordnete (die Fachleute aus ihren Parteien) über den Entwurf (*Ausschussberatung*). Diese Abgeordneten können den Gesetzesvorschlag annehmen, verändern oder ablehnen. Die Empfehlung des Ausschusses geht wieder an den Bundestag, der öffentlich über das Gesetz debattiert (*2. Lesung*). Nach der Aussprache werden noch Änderungen diskutiert (*3. Lesung*), dann kommt es zu einer Schlussabstimmung, die öffentlich oder geheim stattfinden kann. Bei schwierigen ethischen Fragen können Parteien beschließen, dass ihre Mitglieder frei und ohne Zwang der Fraktion abstimmen können. Wenn die Mehrheit der anwesenden Abgeordneten dem Gesetz zugestimmt hat, ist das Gesetz beschlossen. Wenn der Entwurf komplett abgelehnt wurde, ist das Verfahren hier beendet.

Bearbeiter

M13 Was sind die Rollen von Bundesrat und Bundespräsident:in im Gesetzgebungsverfahren?

Beratung im Bundesrat

Bevor ein Gesetz endgültig verabschiedet ist, muss es auch im Bundesrat beraten werden. Bei manchen Gesetzen muss er sogar zustimmen (= Zustimmungsgesetz). Wenn das nicht passiert, wird versucht, im Vermittlungsausschuss einen Kompromiss zu finden. Bei welchen Gesetzen der Bundesrat nur angehört werden muss und bei welchen er auch mitbestimmen darf, ist im Grundgesetz (Art. 70-74 GG) geregelt.

Nach der Verabschiedung des Gesetzes wird es der bzw. dem zuständigen Minister:in und der bzw. dem Bundeskanzler:in zur Unterzeichnung vorgelegt. Anschließend muss noch die bzw. der Bundespräsident:in das Gesetz unterzeichnen. Sie oder er kann seine Unterschrift nur verweigern, wenn sie bzw. er der Auffassung ist, dass das Gesetz gegen die Verfassung (Grundgesetz) verstößt. Das Gesetz wird im Bundesgesetzblatt verkündet und tritt in Kraft.

Bearbeiter

Der Bundespräsident unterzeichnet ein Gesetz.

 VERMITTLUNGSAUSSCHUSS

Wenn Bundestag und Bundesrat uneinig über ein zu beschließendes Gesetz sind, kann der Vermittlungsausschuss angerufen werden.

In diesem sitzen je 16 Vertreter:innen aus Bundesrat und Bundestag. Der Vermittlungsausschuss versucht einen Kompromissvorschlag zu erarbeiten. Können sich die Vertreter:innen dabei nicht einigen, ist das Gesetz gescheitert.

M14   Wichtige Begriffe und Verfahren im Gesetzgebungsprozess

1 Ausschussberatung

a Das Gesetz wird im Bundesgesetzblatt veröffentlicht und ist damit gültig.

2 Bundeskanzler:in und Minister:innen

b Gesetzesentwürfe können von der Bundesregierung, aus dem Bundestag oder vom Bundesrat eingebracht werden.

c Das Gesetz wird von Bundeskanzler:in und Minister:innen unterzeichnet.

3 1. Lesung im Plenum des Bundestages

4 Bundespräsident:in

d Der Gesetzentwurf wird in einer ersten Lesung im Bundestag vorgestellt und es wird hier ein Ausschuss mit Fachleuten gebildet

5 Bundesrat

e Die Bundespräsidentin bzw. der Bundespräsident unterzeichnet das Gesetz.

f Im Ausschuss wird das Gesetz beraten. Die Ausschussmitglieder beschließen eine Annahme, Änderung oder die Ablehnung des Entwurfs.

6 2. Lesung im Plenum des Bundestages

7 Bundesgesetzblatt

h In der dritten Lesung werden nur noch Änderungen diskutiert und es kommt zur Schlussabstimmung im Bundestag.

i Über die Empfehlungen des Ausschusses wird beraten und dann im Bundestag abgestimmt. Wenn der Entwurf hier abgelehnt wird, ist das Gesetzverfahren beendet.

g Der Bundesrat stimmt dem Gesetz zu (falls er es nicht tut, wird ein Kompromiss im Vermittlungsausschuss erarbeitet).

8 3. Lesung im Plenum des Bundestages

9

Bundesregierug		
Bundesrat	Gesetzentwurf	Bundestag
Gesetzentwurf		Gesetzentwurf

Bearbeiter

AUFGABEN

1. Vergleiche und ergänze die Tabelle in **M11** mit Argumenten aus dem Kapitel 1.1, S. 24 f. **M9**, **M10**.

2. Formuliere mit eigenen Worten einen Gesetzentwurf für oder eine Begründung gegen die Legalisierung von Cannabis, indem du u. a. die Tabelle aus **M11** nutzt.

3. Begründet in Tandemarbeit, warum eine Aussprache über ein Gesetz im Bundestag öffentlich erfolgen muss und Schlussabstimmungen öffentlich oder geheim durchgeführt werden können (**M12**).

4. Ordne den farbigen Begriffen (1-9) in **M14** die grauen Beschreibungen (a-i) zu und erstelle mithilfe vom **M12** und **M13** eine richtige Reihenfolge, die den Weg eines Bundesgesetzes aufzeigt. ⟳

H zu Aufgabe 4
Folgendes Video kann dir bei der Bearbeitung der Frage helfen:

Erklärfilm zur Gesetzgebung

70079-37

▷ Bundestagsabgeordnete: nur dem Gewissen verpflichtet?

Die Abgeordneten des Bundestages werden in freien Wahlen bestimmt. Sie verfügen dadurch über eine hohe Legitimation. Im politischen Alltag müssen sie allerdings auch die Interessen ihrer Partei, der Wählerinnen und Wähler (vor allem des eigenen Wahlkreises) und eventuell sogar des Koalitionspartners berücksichtigen. Inwieweit können sich die Abgeordneten in dieser Situation behaupten?

M15 Abgeordnete unter Druck

Karikatur: Gerhard Mester, 1992

M16 Die Entscheidungsfreiheit von Abgeordneten

a) Das freie Mandat

„Die Abgeordneten des Deutschen Bundestages [...] sind Vertreter des ganzes Volkes, an Aufträge und Weisungen nicht gebunden und nur ihrem Gewis-
5 sen unterworfen." So heißt es in Artikel 38 des Grundgesetzes, der das sogenannte „freie Mandat" beinhaltet.
Das bedeutet, kein Mitglied des Bundestages kann z. B. von seiner Partei
10 zu einem bestimmen Abstimmungsverhalten gezwungen werden. Sie müssen stets so handeln, wie es ihrer persönlichen Überzeugung entspricht, um den Willen der Bevölkerung zu vertreten.
Das bedeutet aber auch, dass die Bun- 15 destagsabgeordneten nicht an Weisungen der Bevölkerung gebunden sind und es ihnen selbst obliegt, wie sie ihr Mandat ausfüllen.
Ihre Berechtigung dafür speist sich aus 20 der Wahl zur Vertretung des Volkes.
Bearbeiter

b) Fraktionsdisziplin / Fraktionszwang

Jede und jeder Abgeordnete ist nur seinem Gewissen verpflichtet. So steht es im Grundgesetz. Trotzdem wird bei manchen Abstimmungen erwartet, dass 5 die Mitglieder einer Fraktion einheitlich abstimmen. Das nennt man „Fraktionsdisziplin". Auf diese Weise soll sichergestellt werden, dass es nicht ständig wechselnde Mehrheiten gibt. [...] Wenn auf die Abgeordneten bei Abstimmungen durch die Fraktionsführung oder andere Fraktionsmitglieder Druck ausgeübt wird, dann spricht man auch von "Fraktionszwang". 10

Toyka-Seid, Christiane/ Schneider, Gerd: Fraktion. In. www.hanisauland.de, Abruf am 22.02.2023

M17   Bundestagsabstimmungen ohne Fraktionszwang

1

Entscheidung ohne Fraktionszwang

Warum es sinnvoll ist, bei der Impfpflicht das Gewissen entscheiden zu lassen

Kurz, Peter: Warum es sinnvoll ist, bei der Impfpflicht das Gewissen entscheiden zu lassen. In: wwww.wz.de, 02.12.2021

2

Es kommt vor, dass Abgeordnete im Bundestag bei gesellschaftlich bedeutsamen Problemen ohne Druck der eigenen Parteiführung nur aufgrund ihrer persönlichen Überzeugung abstimmen. Hierbei entfällt der Fraktionszwang. Zu diesen Entscheidungen gehören beispielsweise die in der Coronapandemie diskutierte Impfpflicht oder die 2017 beschlossene Öffnung der Ehe für gleichgeschlechtliche Paare.
Bearbeiter

**FRAKTION**

Eine „Fraktion" ist eine Gruppe von Abgeordneten mit ähnlichen politischen Ansichten. Meistens gehören die Mitglieder einer Fraktion derselben Partei an. [...] Um als Fraktion anerkannt zu werden, müssen [min. 5 % der] Abgeordneten gemeinsam eine Fraktion bilden wollen.
Toyka-Seid, Christiane/Schneider, Gerd: Fraktion. In: www-hanisauland.de, Abruf am 01.03.2023

H **zu Aufgabe 1**
Im **Methodenglossar** findet ihr Informationen zur Karikaturenanalyse.

AUFGABEN

1. Analysiere die Karikatur (**M15**) hinsichtlich der Freiheit Abgeordneter.
2. Erläutert in Kleingruppen das Spannungsverhältnis zwischen freiem Mandat und Fraktionsdisziplin (**M16a+b**). ◌
3. a) Erarbeitet und benennt in Gruppenarbeit mögliche Gründe für die Aufhebung der Fraktionsdisziplin bei der im Jahr 2022 diskutierten Corona-Impfpflicht (**M17**).
   b) Diskutiert und stimmt (digital) darüber ab, ob es bei den folgenden Themen einen Fraktionszwang geben sollte:
      – Legalisierung des Erwerbs von Cannabisprodukten
      – Staatliche Förderung von erneuerbaren Energien
      – Anrecht auf einen selbst gewählten Tod Schwerkranker

▶ Möglichkeiten der Opposition: Wie kann die Regierung kontrolliert werden?

Mit dem Begriff „Opposition" werden in der Politik die Parteien gemeint, die nicht Teil der Regierung sind, aber auch im Parlament vertreten sind. In einer Demokratie nimmt die Opposition als Kontrolleur der Regierung eine wichtige Rolle ein. In diesem Kapitel erfährst du welche Möglichkeiten sie dafür hat.

M18 Zu teure Mieten – die Opposition kontrolliert die Arbeit der Regierung?

1 Untersuchungsausschuss prüft Ministeraussagen

2 Bei Ausschussberatung fordern Oppositionspolitiker Änderungen des Gesetzes zur Mietpreisbremse

3 Teure Mieten
Der Fraktionsvorsitzende einer Oppositionspartei verlangt in einer Bundestagsrede, dass die Bundesregierung mehr Geld für den sozialen Wohnungsbau bereitstellt.

4 Opposition lässt Vereinbarkeit der Maßnahmen mit dem Grundgesetz prüfen

Bearbeiter

M19 Wie wird die Regierung kontrolliert?

a) Kontrollmöglichkeiten

Die Kontrolle der Bundesregierung ist eine wichtige Aufgabe des Bundestags. Diese Aufgabe übernimmt in der Regel die Opposition, da die Regierungsparteien die Mehrheit im Parlament haben und in der Regel ihre Regierung unter-
5 stützen. Abgeordneten und Opposition stehen verschiedene Mittel zur Kontrolle der Regierung zur Verfügung: Neben diversen Fragerechten (→ **M19b**) sind 10 Ausschussberatungen zu Gesetzentwürfen, Untersuchungsausschüsse, Grundgesetzprüfungen und Grundsatzdebatten im Plenum Mittel, die Regierung zu kontrollieren und eigene alternative 15 Haltungen der Öffentlichkeit zu zeigen.

Bearbeiter

 PARLAMENTARISCHER UNTERSUCHUNGSAUSSCHUSS

Dieses Kontrollinstrument dient dazu, ein mögliches Fehlverhalten von Mitgliedern der Regierung aufzuklären.
Man benötigt mindestens 25 % der Bundestagsabgeordneten, um einen Untersuchungsausschuss einzusetzen. Hier können Zeuginnen und Zeugen vernommen und Einblicke in verschlossene Akten erzwungen werden.

b) Fragerechte

Fragerechte des Bundestags

Große Anfrage

Schriftliche Anfrage zu einem größeren politischen Themenkomplex durch eine Fraktion bzw. mindestens 5 % der Abgeordneten

An die Beantwortung durch die Bundesregierung schließt sich in der Regel eine Debatte vor dem Bundestag an.

Kleine Anfrage

Schriftliche Anfrage zu konkreten Einzelthemen durch eine Fraktion bzw. mindestens 5 % der Abgeordneten

Die Antwort erfolgt schriftlich durch das jeweils zuständige Bundesministerium.

Hauptfunktionen:

▶ Beschaffung von Informationen

▶ öffentliche Herausforderung der Regierung durch die Opposition

▶ Gelegenheit, die Haltung der Opposition darzulegen

Fragestunde

Einzelfragen zur mündlichen oder schriftlichen Beantwortung, von einzelnen Abgeordneten eingebracht

Mündliche Beantwortung in den beiden wöchentlichen Fragestunden des Bundestags

Möglichkeit für die Abgeordneten, mit Zusatzfragen nachzuhaken

Aktuelle Stunde

Politische Debatte mit Kurzbeiträgen zu einem aktuellen Thema auf Verlangen einer Fraktion bzw. von mindestens 5 % der Abgeordneten oder nach Vereinbarung

Redezeit für die Abgeordneten: 5 min; Gesamtdauer: 1 Stunde + Redezeit der Regierung

Nach: Bergmoser + Höller Verlag AG, Zahlenbilder 66 250

AUFGABEN

1. Teure Mieten – welche Möglichkeiten hat die Politik (**M18**)?
   a) Diskutiert und benennt in Kleingruppen gesellschaftliche Probleme, die sich aus hohen Mieten ergeben.
   b) Recherchiert die Begriffe *Sozialer Wohnungsbau* und *Mietpreisbremse* und erklärt den möglichen Einfluss der Maßnahmen auf die Miethöhen.

2. Opposition – wie kann die Regierung kontrolliert werden (**M19**)?
   a) Benenne die Aufgaben der Opposition.
   b) Erkläre mit einem Lernpartner die Kontrollmöglichkeiten des Bundestages (**M19a+b**) und ordne sie den entsprechenden Zeitungsmeldungen zu (**M18**).
   c) Charakterisiere das jeweilige Verhältnis einer/eines Abgeordneten der Bundesregierung und einer/eines Abgeordneten der Oppositionsfraktion zur Bundesregierung. ⟳

3. Begründe, warum sich ein Untersuchungsausschuss auch ohne parlamentarische Mehrheit einsetzen lässt.

▶ Der Bundesrat: Kontrolleur oder Bremsklotz im politischen Prozess?

Der Bundesrat ist Teil der gesetzgebenden Gewalt (Legislative) und hat die Aufgabe, die Interessen der Länder auf Bundesebene zu wahren. Er ist damit im Gesetzgebungsprozess eingebunden. Viele Gesetzesvorhaben brauchen das Ja des Bundesrates. Die Mehrheit im Bundesrat haben die Regierungsparteien dort häufig aber nicht.

M20 Kann der Bundesrat ein Gesetz zur Cannabislegalisierung verhindern?

Auf die Anfrage eines Bürgers im Internet, ob ein mögliches Cannabiskontrollgesetz der Regierungsparteien SPD, Grüne und FDP an einer Blockade der CDU im Bundesrat scheitern könnte, antwortet der Politiker Konstantin von Notz (Bündnis 90/Die Grünen) am 19.11.21 wie folgt:

 Konstantin von Notz   • • •
19. November 2021

„Im Rahmen der Gesetzgebung ist […] die Mitwirkung des Bundesrats zu berücksichtigen. Sollte ein zukünftiges Cannabiskontrollgesetz auch Regelungen enthalten, durch die Landesbehörden zusätzliche […] Aufgaben übertragen werden, dann wäre dieses Gesetz im Bundesrat zustimmungspflichtig. Eine bloße Entkriminalisierung […] wäre hingegen nicht zustimmungspflichtig. Die Mehrheitsverhältnisse im Bundesrat zum Zeitpunkt der Verabschiedung müssten in die Gestaltung der Gesetzgebung einbezogen werden."

Nach: von Notz, Konstantin: Konstantin von Notzs Antwort vom 19. November 2021 – 14:11. In: www.abgeordnetenwatch.de, 19.11.2021

M21 Welche Funktion hat der Bundesrat?

Über den Bundesrat sind die 16 Bundesländer an der Gesetzgebung des Bundes beteiligt. Er wird nicht gewählt, sondern besteht aus Mitgliedern der jeweiligen Landesregierungen. Nach jeder Land-⁵tagswahl entsendet die neue Landesregierung ihre Vertreterinnen und Vertreter in den Bundesrat. Der Bundesrat hat neben dem Bundestag und der Bundes-¹⁰regierung auch das Recht, Gesetze vorzuschlagen. Es kommen jedoch nur sehr wenige Gesetze auf Initiative des Bundesrates zustande.

Nachdem der Bundestag ein Gesetz ver-¹⁵abschiedet hat, geht es immer in den Bundesrat, wo darüber abgestimmt wird. Während der Bundesrat bei sogenannten Einspruchsgesetzen nur seinen Unmut äußern, aber das Gesetz letztlich nicht verhindern kann, hängt bei Zu-²⁰stimmungsgesetzen das Zustandekommen des Gesetzes von seiner Zustimmung ab.

Er hat aktuell 69 Mitglieder (Stimmen). Jedes Bundesland hat mindestens drei, ²⁵höchstens sechs Stimmen. Je mehr Einwohner ein Bundesland hat, desto mehr Stimmen hat es im Bundesrat. Eine Besonderheit ist, dass ein Bundesland seine Stimmen nur einheitlich abgeben kann, ³⁰was bei Koalitionsregierungen auf Landesebene schon mal für Streit sorgen

Der Sitz des Bundesrates in Berlin

Erklärfilm zum Bundesrat

70079-40

kann. Erhält ein Gesetzentwurf keine Mehrheit, dann kommt meist der Ver-
35 mittlungsausschuss ins Spiel. Dieser ist zu gleichen Teilen aus Abgeordneten des Bundestages und Abgeordneten des Bundesrates zusammengesetzt und hat die Funktion, einen Kompromiss zu finden.
40 Wird für ein Zustimmungsgesetz kein Kompromiss gefunden, scheitert das Gesetz. Wird ein Kompromiss erzielt, muss nochmals der Bundestag über das geänderte Gesetz abstimmen. Nur wenn dieser zustimmt, geht das Gesetz weiter zur 45 Unterzeichnung an die Bundespräsidentin oder den Bundespräsidenten.

Bearbeiter

M22   Der Bundesrat als Störenfried?

Der Bundesrat stellt die Beteiligung der Länder am Gesetzgebungsprozess des Bundes sicher. Seine Aufgabe liegt damit auch darin, die Regierungsarbeit zu
5 kontrollieren. Dies tut er z. B., indem er ein Gegengewicht zu der Parlamentsmehrheit im Bundestag darstellt. Das macht den Bundesrat politisch höchst umstritten, da ihm vorgeworfen wird,
10 nur Parteipolitik zu betreiben, anstatt die Interessen der Länder zu vertreten. Überschneiden sich die Mehrheiten im Bundestag und -rat, fällt dies selten auf. Wenn sich die Mehrheiten der
15 beiden Organe stark unterscheiden, ist der Bundesrat für die Opposition meist ein wichtiges Kontrollgremium, dass dazu beitragen kann, die Regierung und die Bundestagsmehrheit dazu zu bringen, die Länder stärker zu berücksich- 20 tigen. Die Regierungsmehrheit auf der anderen Seite wirft den Mitgliedern des Bundesrates teilweise vor, eine reine Blockadehaltung einzunehmen und die Handlungsfähigkeit der Regierung zu be- 25 hindern und damit sogar den Willen der Wählerinnen und Wähler zu verzerren, welche bundesweit schließlich über die Mehrheit im Bundestag bestimmt.

Bearbeiter

AUFGABEN

zu Aufgabe 1b
Denke dabei z. B. an die Aufgaben von Polizei und Gesundheitsämtern bei der Cannabislegalisierung.

zu Aufgabe 2c
Nutze hierbei auch die Begriffe Kompromisse und Vermittlungsausschuss.

1. a) Fasse die Antwort von Konstantin von Notz zusammen.
   b) Überprüfe (mit Beispielen), ob der Bundesrat bei einem möglichen Cannabiskontrollgesetz zustimmungspflichtig wäre (**M20, M21**). ⟳

2. a) Beschreibe die Zusammensetzung des Bundesrats (**M21**).
   b) Erklärt in einer Murmelrunde eurer Nachbarin bzw. eurem Nachbarn den Unterschied von Zustimmungs- und Einspruchsgesetzen (**M21**).
   c) Erläutert, inwiefern der Bundesrat Einfluss auf die Regierung im Bundestag nimmt (**M21**).
   d) Diskutiert und begründet, warum eine einheitliche Stimmenabgabe der jeweiligen Länder Streit verursachen kann.

3. Ist der Bundesrat eher als Störenfried oder als Regierungskontrolleur innerhalb der Gesetzgebung zu sehen? Nimm in einer (digitalen) Positionslinie Stellung und begründe deine Position in einer anschließenden Diskussion. (**M22, M20**)

▶ Bundespräsidentin oder Bundespräsident: ein notwendiges und neutrales Amt?

Die Bundespräsidentin bzw. der Bundespräsident ist das Staatsoberhaupt Deutschlands und steht damit offiziell an der Spitze des Staates. Das Amt soll neutral ausgeübt werden und frei sein von Parteipolitik. In den Medien hört man jedoch in der Regel nur etwas über die Entscheidungen und Meinungen der Bundeskanzlerin oder des Bundeskanzlers. Ist das Staatsoberhaupt demnach unwichtig? Muss das Staatsoberhaupt auf eine eigene Meinung in der Öffentlichkeit verzichten?

M23   Bundespräsident Steinmeier in der Kritik

(A)

Frank-Walter Steinmeier verteidigt Empfehlung für Konzert gegen Rechts

Bundespräsident Frank-Walter Steinmeier hat seine umstrittene Empfehlung zum Besuch eines Konzerts gegen Rechts in Chemnitz verteidigt. „Wenn ich sehe, dass Grundsätzliches ins Rutschen gerät, werde ich mich zu Wort melden und für unsere Grundwerte streiten", sagte Steinmeier [...]. Als Bundespräsident sei er überparteilich, aber nicht unpolitisch, sagte Steinmeier weiter. [...] Steinmeier war Anfang September in die Kritik geraten, nachdem er auf Facebook ein Konzert in Chemnitz unterstützt hatte, bei dem neben vielen anderen Musikern auch die linksgerichtete Punkband „Feine Sahne Fischfilet" auftrat. Die Band war vorübergehend vom Verfassungsschutz beobachtet worden.

dpa: Frank-Walter Steinmeier verteidigt Empfehlung für Konzert gegen Rechts. In: www.svz.de, 27.09.2018

(B)

„Ich bin nicht neutral, wenn es um die Sache der Demokratie geht. [...] Ich werde als Bundespräsident keine Kontroverse scheuen, Demokratie braucht Kontroverse. Aber es gibt eine rote Linie, und die verläuft bei Hass und Gewalt."

Bundespräsident Steinmeier in seiner Antrittsrede zur 2. Amtszeit im Februar 2022

Frank-Walter Steinmeier ist der 12. Bundespräsident Deutschlands.

Steinmeier, Frank-Walter: Wiederwahl zum Bundespräsidenten durch die 17. Bundesversammlung. In. www.bundespraesident.de, 13.02.2022

M24 Verfassungsrechtliche Stellung des Bundespräsidenten

Der Bundespräsident

Seine Stellung

Völkerrechtliche Vertretung des Bundes

Repräsentation nach innen und außen – Ehrenhoheit

Prüfung, Unterzeichnung und Verkündung der Bundesgesetze

Nach dem Grundgesetz

Vorschlag, Ernennung und Entlassung des Bundeskanzlers

Ernennung und Entlassung der Bundesminister

Auflösung des Bundestags auf Vorschlag des Bundeskanzlers

Begnadigungsrecht

Wahl auf 5 Jahre
Direkte Wiederwahl nur einmal möglich

Alle Abgeordneten des Deutschen Bundestags

Bundestag

Bundesversammlung

Die gleiche Anzahl von Mitgliedern aus den Bundesländern

Länderparlamente

Erklärfilm zur Wahl der Bundespräsidentin bzw. des Bundespräsidenten

70079-42

Trotz seiner geringeren Machtfülle verfügt der Bundespräsident über vielfältige Wirkungsmöglichkeiten, die sich aus seinen grundsätzlichen Aufgaben wie aus seiner persönlichen Autorität
5 herleiten. Der Bundespräsident vertritt den Bund völkerrechtlich und schließt im Namen des Bundes Verträge mit anderen Staaten ab. Nach einem entsprechenden Beschluss des Bundestages ruft 10 er den Verteidigungsfall aus. Im Gesetzgebungsverfahren fällt ihm die Aufgabe zu, die Bundesgesetze auszufertigen und zu verkünden. Dabei hat er das Recht, sie auf ihre Übereinstimmung mit dem 15 Grundgesetz zu überprüfen. [...] Weitgehend eingeschränkt ist aber das Recht des Bundespräsidenten zur Auflösung des Bundestags (Art. 63 GG, 68 GG). Auf Vorschlag des Bundespräsidenten 20 wählt der Bundestag den Bundeskanzler. Nach der Wahl nimmt der Bundespräsident die Ernennung des Kanzlers vor und ernennt auf dessen Vorschlag auch die Bundesminister. Nicht zu unter- 25 schätzen ist die Rolle, die der Bundespräsident als oberster Repräsentant des Staates spielt. Durch Gespräche und Gesten, Empfänge und Ehrungen, Reisen und Reden trägt er maßgeblich zu 30 dem Bild bei, das man sich im In- und Ausland von der Bundesrepublik macht.

Nach: Bergmoser + Höller Verlag AG, Zahlenbilder 67 100

M25 Erwartungen an den Bundespräsidenten

Lars Klingbeil (SPD): „Er kann anderen zuhören, er kann Menschen unterschiedlicher Meinung an einen Tisch bringen, und er kann diese Brücken bauen. Und das braucht das Land."
Lars Klingbeil zitiert in Eckhardt, Lisa-Marie: Steinmeier wird sich laut Klingbeil künftig mehr einmischen. In: www.zeit.de, 13.02.2022

Janine Wissler (Die Linke): „Der Bundespräsident muss im Amt präsenter sein."
Janine Wissler zitiert in Eckhardt, Lisa-Marie: Steinmeier wird sich laut Klingbeil künftig mehr einmischen. In: www.zeit.de, 13.02.2022

Markus Söder (CSU): „Ich finde, dass ein Bundespräsident jetzt nicht auch noch ständig sozusagen die Hand am Puls der Bevölkerung haben muss, sondern vielleicht manchmal auch ein bisschen zu Ruhe und Souveränität beitragen sollte."
Markus Söder zitiert in Eckhardt, Lisa-Marie: Söder lobt Steinmeiers Erfahrung. In: www.zeit.de, 13.02.2022

Cem Özdemir (Grüne): „Er [Steinmeier] hat in den letzten fünf Jahren gezeigt, dass er einer ist, der das Land zusammenhalten kann. [...] Genau das macht er, darum werde ich ihn wählen."

Cem Özdemir zitiert in Blanke, Philipp: Landwirtschaftsminister traut Steinmeier zu, das Land zusammenzuhalten. In: www.zeit.de, 13.02.2022

Christian Lindner (FDP): „Herr Steinmeier ist eine herausragende Persönlichkeit und hat sich in Zeiten gesellschaftlicher Polarisierung um den Zusammenhalt in unserem Land verdient gemacht."

Christian Lindner zitiert in nik/DPA: FDP will zweite Amtszeit für Steinmeier als Bundespräsident. In: www.stern.de, 22.12.2021

Stephan Brandner (AFD): „Sie [der Bundespräsident] machten offen Werbung für linksextremistische Veranstaltungen, [...] auf denen sogenannte Musikgruppen ihre primitiven Gewaltfantasien ausgelebt hatten. Ich meine die peinliche Veranstaltung in Chemnitz."

Deutscher Bundestag (2019): Plenarprotokoll 19/101. Stenografischer Bericht. [Protokoll]. Deutscher Bundestag – 19. Wahlperiode – 101. Sitzung. Berlin. 16.05.2019. Köln: Bundesanzeiger Verlag GmbH. S. 12162

Max Otte (CDU): „Das Land ist weiter auseinandergedriftet. Steinmeier hätte mehr tun können".

Max Otte zitiert in Blanke, Philipp: AfD-Präsidentschaftskandidat Max Otte will in CDU bleiben. In: www.zeit.de, 13.02.2022

AUFGABEN

1. Ist der Bundespräsident neutral?
   a) Benenne die mögliche Kritik an Steinmeiers Konzertbesuch hinsichtlich des Neutralitätsgebots (**M23a**).
   b) Erkläre das Selbstverständnis des Bundespräsidenten Steinmeier von seinem Amt (**M23A+B**).

2. Benenne die verfassungsrechtliche Stellung und Aufgaben der Bundespräsidentin bzw. des Bundespräsidenten (**M24**). ⟳

3. a) Beschreibe Erwartungen, die an das Amt der Bundespräsidentin bzw. des Bundespräsidenten gestellt werden (**M25**).
   b) Vergleiche deine Ergebnisse mit deiner Sitznachbarin bzw. deinem Sitznachbarn.

4. Erläutert in Tandemarbeit, bei welchen Themen die Bundespräsidentin oder der Bundespräsident neutral bleiben und wann sie oder er eigene Haltungen verkünden sollte (**M24**, **M25**).

5. a) Nimm in einer (digitalen) Positionslinie von 1 (sehr bedeutsam) bis 10 (sehr unbedeutend) Stellung dazu, für wie bedeutsam du das Amt der Bundespräsidentin bzw. des Bundespräsidenten in unserem Staat erachtest.
   b) Prüfe deine Position mithilfe der Kriterien „Macht", „Einfluss" und „Repräsentation" in einer anschließenden Diskussion.

Ⓗ **zu Aufgabe 4**
Überlegt und diskutiert, welche Haltung die Bundespräsidentin bzw. der Bundespräsident bei kontroversen Themen wie Cannabislegalisierung, Impfpflicht, Schulschließungen in der Pandemie oder Sterbehilfe einnehmen sollte.

▶ Das Bundesverfassungsgericht: Hüter des Grundgesetzes oder politischer Akteur?

Das Bundesverfassungsgericht hat seinen Sitz in Karlsruhe und ist das höchste Gericht in Deutschland. Es achtet darauf, dass kein Gesetz in Deutschland gegen unser Grundgesetz verstößt. Das Bundesverfassungsgericht ist unabhängig. Jede Bürgerin und jeder Bürger kann prüfen lassen, ob ein Gesetz verfassungsgemäß ist.

M26   Urteil des Bundesverfassungsgerichts zu Ausgangs- und Kontaktbeschränkungen in der Coronapandemie

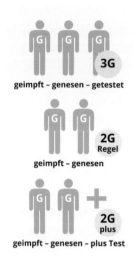

Bearbeitergrafik

Mit heute veröffentlichtem Beschluss hat [...] das Bundesverfassungsgericht [...] Verfassungsbeschwerden zurückgewiesen, die sich unter anderem ge-
5 gen [...] Ausgangsbeschränkungen sowie [...] Kontaktbeschränkungen [...] richteten. Die beanstandeten Ausgangs- und Kontaktbeschränkungen waren Bestandteile eines Schutzkonzepts des
10 Gesetzgebers. Dieses diente in seiner Gesamtheit dem Lebens- und Gesundheitsschutz [...] Die Maßnahmen griffen allerdings in erheblicher Weise in verschiedene Grundrechte ein. [...] Das Bundesverfassungsgericht hat die Maß-
15 nahmen [...] geprüft. Danach waren die hier zu beurteilenden Kontakt- und selbst die Ausgangsbeschränkungen in der äußersten Gefahrenlage der Pandemie mit dem Grundgesetz vereinbar;
20 insbesondere waren sie [...] verhältnismäßig.

Bundesverfassungsgericht: Verfassungsbeschwerden betreffend Ausgangs- und Kontaktbeschränkungen im Vierten Gesetz zum Schutz der Bevölkerung bei einer epidemischen Lage von nationaler Tragweite („Bundesnotbremse") erfolglos. Pressemitteilung Nr. 101/2021 vom 30. November 2021

M27   Aufbau und Stellung des Bundesverfassungsgerichts

Als Hüter der Verfassung ist es die Aufgabe des Bundesverfassungsgerichts, jedes Gesetz, alles staatliche Handeln und jede Entscheidung der Gerich-
5 te, die ihm zur Prüfung vorgelegt werden, auf ihre Verfassungsmäßigkeit hin zu überprüfen. Dabei ist das Gericht für ganz unterschiedliche Bereiche zuständig: Mit der Verfassungsbeschwer-
10 de wird insbesondere den Bürgerinnen und Bürgern ermöglicht, ihre grundrechtlich garantierten Freiheiten gegenüber dem Staat durchzusetzen. Jeder, der sich durch die öffentliche Gewalt
15 in seinen Grundrechten verletzt fühlt, kann eine **Verfassungsbeschwerde** erheben. Man kann sich gegen die Maß-
nahme einer Behörde, gegen das Urteil eines Gerichts oder gegen ein Gesetz wenden. Nur das Bundesverfassungs-
20 gericht darf feststellen, ob ein Gesetz mit dem Grundgesetz nicht vereinbar ist (**Normenkontrolle**). Das Bundesverfassungsgericht kann auch dann angerufen werden, wenn zwischen Ver-
25 fassungsorganen oder zwischen Bund und Ländern Meinungsverschiedenheiten über die gegenseitigen verfassungsmäßigen Rechte und Pflichten bestehen (**Organstreit**). Schließlich entscheidet
30 es auch über die Verfassungsgemäßheit von Parteien und kann diese gegebenenfalls verbieten (**Parteienverbot**).

Bearbeiter

Zusammensetzung und Aufgaben des Bundesverfassungsgerichts

Präsident/in
zugleich Vorsitzende/r eines Senats

Sitz: Karlsruhe

Vizepräsident/in
zugleich Vorsitzende/r eines Senats

Erster Senat

Zweiter Senat

Kammern

Kammern

wählt die Hälfte der Richter jedes Senats

Das Bundesverfassungsgericht entscheidet unter anderem
- über Verfassungsbeschwerden
- über Streitigkeiten zwischen Bundesorganen oder zwischen Bund und Ländern
- über die Vereinbarkeit von Bundes- oder Landesrecht mit dem Grundgesetz
- über die Verfassungswidrigkeit von Parteien

wählt die Hälfte der Richter jedes Senats

Bundestag

Bundesrat

Nach: Bergmoser + Höller Verlag AG, Zahlenbilder 129 015 – vom Bearbeiter aktualisiert

M28   Fallbeispiel: Jugendliche erkämpfen Klimaschutz

Die spektakulärste Entscheidung des Jahres [2021] war wohl der Beschluss [...] zum Klimaschutz im April. In Art 20a GG heißt es, der Staat schütze
5 „auch in Verantwortung für die zukünftigen Generationen die natürlichen Lebensgrundlagen und die Tiere". Die [...] Richter erklärten, die zögerliche Klimapolitik bedrohe die Freiheitsrechte künftiger Generationen, der Bund müsse 10 schon bis Ende 2022 näher regeln, wie der Klimaschutz aussehen soll. [...] Für die Klimaschutzbewegung war die Entscheidung ein großer Erfolg, möglich gemacht hatten sie unter anderem Jugend- 15 liche von der Nordseeinsel Pellworm.

Nach: Kaufmann, Annelie: Sechs wichtige BVerfG-Entscheidungen 2021. In: www.lto.de, 22.12.2021

AUFGABEN

1. a) Beschreibt in Kleingruppen auch aufgrund eurer eigenen Erfahrungen die Grundrechtsbeschränkungen aus der Coronapandemie, gegen die in **M26** geklagt worden sind.
   b) Erklärt die Entscheidung des Bundesverfassungsgerichts aus **M26** mit dem Grundrecht auf „körperliche Unversehrtheit (Art. 2, GG).

2. a) Beschreibe die Aufgaben des Bundesverfassungsgerichts (**M27**).
   b) Vergleiche die Rechtfertigung für politische Macht (Legitimation) des Bundestages mit der des Bundesverfassungsgerichts (**M27**).

3. a) Erläutert und diskutiert in einer Fishbowl-Diskussion, welche Folgen das Urteil des Bundesverfassungsgerichts in **M28** für die Politik hat.
   b) Diskutiert und nehmt (digital) Stellung: Nimmt das Bundesverfassungsgericht zu viel Einfluss auf politische Entscheidungen?

H zu Aufgabe 2b
Denke dabei an die Mitbestimmung der Bürger:innen.

H zu Aufgabe 3a
Im **Methodenglossar** findet ihr Informationen zum Ablauf einer Fishbowl-Diskussion.

▶ Mehr Demokratie wagen: mehr Mitbestimmung für das Volk?

Demokratie bedeutet, dass das Volk herrscht. Die Möglichkeiten einer politischen Beteiligung sind zwar vielfältig (z. B. in Parteien und Initiativen), aber Volksherrschaft wird in erster Linie in Wahlen ausgeübt, die nur alle paar Jahre stattfinden. Wäre es nicht besser, wenn mehr direkte Demokratie gewagt wird und das Volk in Abstimmungen häufiger seine Meinung zu bestimmten Fragen äußern könnte? In verschiedenen Bundesländern finden basisdemokratische Beteiligungen und Volksentscheide von Bürgerinnen und Bürgern statt.

M29   Aufbruch Fahrrad ist NRWs erfolgreichste Volksinitiative

Aufbruch Fahrrad ist NRWs bisher erfolgreichste Volksinitiative

Wir wollen den Anteil des Radverkehrs bis 2025 von derzeit 8% auf 25% landesweit erhöhen. 206.687 Menschen in NRW zeigen mit ihrer Stimme, dass sie dieses Ziel unterstützen. Am 18. Dezember 2019 hat der Landtag unserer Volksinitiative in allen Punkten zugestimmt. Das gab es bisher noch nie! Damit ist Aufbruch Fahrrad die erfolgreichste Volksinitiative in NRW bisher. Wenn Du informiert bleiben möchtest, schau auf www._____ und melde Dich dort für den Newsletter an. Gemeinsam können wir es schaffen, dass die Volksinitiative Aufbruch Fahrrad das ganze Land bewegt.

Ein Statement der Volksinitiative Aufbruch Fahrrad

M30   Wie können eigene Anliegen in die Politik gebracht werden?

In NRW gibt es verschiedene Möglichkeiten von direkter Demokratie:

① Volksinitative
Ziel: Befassung des Landtags mit einem politischen Sachthema oder Gesetzentwurf
Voraussetzung: Unterzeichnung durch mindestens 0,5 Prozent der stimmberechtigten Deutschen in NRW (ca. 66.000 Unterschriften)

② Volksbegehren
Ziel: Erlass, Aufhebung oder Änderung eines Gesetztes
Voraussetzung: Unterzeichnung durch mindestens 8 Prozent der stimmberechtigten Deutschen in NRW (ca. 1 Million Unterschriften)

③ Volksentscheid
Ziel: Abstimmung über ein vom Landtag nicht verabschiedetes Gesetz
Voraussetzung: Mehrheit der abgegebenen Stimmen, die mindestens 15 Prozent der Zahl der Stimmberechtigten (ca. 2 Millionen Unterschriften) betragen muss

Ministerium des Inneren des Landes Nordrhein-Westfalen: Wie die eigenen Anliegen in die Politik bringen? In: www.im.nrw, Abruf am 22.02.2023

 # DIREKTE DEMOKRATIE

Die direkte […] Demokratie […] ist eine demokratische Herrschaftsform, bei der politische Entscheidungen unmittelbar vom Volk getroffen werden. Sie ist das Gegenteil der repräsentativen Demokratie, die politische Entscheidungen gewählten Vertretern überlässt. […] In verschiedenen Bundesländern und Gemeinden sind […] direktdemokratische Verfahren wie Volksbegehren, Volksentscheide oder Bürgerentscheide möglich

Nach: Deutscher Bundestag: Parlamentsbegriffe A-Z. Direkte Demokratie: In: www.bundestag.de, Abruf am 22.02.2023

M31 Direkte Demokratie auf dem Prüfstand

Volksentscheide bieten Chancen, aber auch Risiken für die Demokratie:

1 Volksentscheide sind eine Bereicherung! Direkte Demokratie fördert das Engagement der Leute.

2 Wenn ein Volksentscheid eine Situation verschlechtert, dann muss das Parlament eine Lösung finden. Die Bevölkerung steht hingegen in keiner Verantwortung.

3 Volksentscheide sind gerecht, weil alle Bürger:innen bei einer Angelegenheit mitentscheiden dürfen.

4 Viele Gesetzesentwürfe sind zu komplex, um mit einem „ja" oder „nein" entschieden werden zu können. Dazu braucht es viel Expertenwissen.

5 Die Bürger:innen haben die Möglichkeit, Themen in den Fokus zu rücken, die ihnen am Herzen liegen und die nicht auf einer politischen Agenda stehen.

6 Alle Politiker:innen sowie Regierungen haben ein politisches Programm, das sie verfolgen. Manche Volksentscheide stehen diesem entgegen.

Bearbeiterin

AUFGABEN

1. a) Sammelt Maßnahmen, mit denen die Politik das Autofahren in NRW erschweren und das Radfahren erleichtern könnte (**M29**).
   b) Diskutiert im Plenum, welche dieser Maßnahmen die drei erfolgreichsten sein könnten.

2. a) Erklärt das mögliche weitere Vorgehen der Volksinitiative (**M29**) anhand von **M30**. ⟳
   b) Erörtert in Kleingruppen die Chancen der Initiative Aufbruch Fahrrad.

3. a) Ordnet zu zweit die Aussagen in **M31** nach Argumenten für und gegen die Durchführung von Volksentscheiden und entscheidet euch für das wichtigste Argument der jeweiligen Seite.
   b) Führt in der Klasse eine (digitale) Umfrage zu der folgenden These durch: Volksentscheide sind ein geeignetes Mittel zur Förderung der Demokratie in Deutschland. Begründet eure Haltung anschließend.

H zu Aufgabe 2b
Bedenkt die Anzahl der benötigten Stimmen: Wie viele Helfer:innen bräuchte man circa, um die Stimmen zu sammeln?

Karika-Tour: Wie analysiere ich Karikaturen? ⌐MK⌐

Worum geht es?

Eine Karikatur ist eine zeichnerische Darstellungsform, mit der der Karikaturist einen Sachverhalt aus Politik, Wirtschaft oder Gesellschaft in einer überspitzten Art und Weise zum Ausdruck bringt und interpretiert. Mithilfe der Methode „Karika-Tour" könnt ihr euch einen Überblick über ein Thema verschaffen, indem ihr verschiedene Karikaturen hierzu anschaut und interpretiert.

Geht dabei so vor:

1. Schritt: Die Karika-Tour durchführen

- Geht in Kleingruppen im Uhrzeigersinn von einer Karikatur zur nächsten. Pro Karikatur habt ihr 2-3 Minuten Zeit. Fragt eure Lehrkraft, ob sie für euch die Zeit im Blick behält.
- Betrachtet die Karikaturen und macht euch Notizen zu den Darstellungen. Folgende Leitfragen können euch bei der Herausarbeitung der Aussagen der Karikatur helfen:
  - Auf welches Problem macht die Karikatuiristin bzw. der Karikaturist aufmerksam?
  - Was möchte sie bzw. er den Betrachtenden mitteilen?
- Wenn ihr alle Karikaturen angeschaut und euch Notizen gemacht habt, ist eure Karika-Tour abgeschlossen.

2. Schritt: Nach der Karika-Tour

- Jede Gruppe bekommt jeweils eine Karikatur zugeteilt.
- Erarbeitet nun gründlich die Aussage „eurer" Karikatur. Arbeitet entlang des Leitfadens zur Interpretation einer Karikatur (→ Methodenglossar).

Eine Karikaturanalyse läuft immer nach demselben Muster ab:

Schritt 1:
Beschreibe die Karikatur ohne auf Details einzugehen.

Schritt 2:
Erläutere, was die Karikaturistin bzw. der Karikaturist aussagen und erreichen möchte. (Unterhaltung? Probleme auf den Punkt bringen? Kritik üben? ...)

Schritt 3:
Bewerte die Karikatur. Hat die Karikaturistin bzw. der Karikaturist deiner Meinung nach Recht? Fehlen wichtige Aspekte? Achte hier besonders auf gute Begründungen.

Bearbeiter

WIE IST DIE POLITISCHE MACHT IN UNSERER VERFASSUNG AUFGETEILT?

BUNDESTAG

← M2, M3, M16, M17, M19

Im Bundestag sitzen die vom Volk gewählten Abgeordneten. Sie arbeiten in Ausschüssen (um Entscheidungen und Kompromisse für Gesetzesvorhaben vorzubereiten) und diskutieren in Bundestagsdebatten, um der Öffentlichkeit die Position der jeweiligen Partei zu vermitteln. Eine Hauptaufgabe des Bundestages liegt in der Prüfung und Verabschiedung von Gesetzen. Bei Abstimmungen sind Abgeordnete in ihren Entscheidungen zwar nur ihrem Gewissen gegenüber verantwortlich, allerdings unterliegen sie häufig dem Zwang, für die Position ihrer Partei oder Fraktion zu stimmen. Darüber hinaus wählt der Bundestag den Bundeskanzler und andere Gremien, kontrolliert den Bundeshaushalt und die Arbeit der Regierung. Letzteres tut in erster Linie die Opposition in verschiedenen Ausschüssen und öffentlichen Debatten.

GESETZGEBUNG

← M11-M14, M20-M22, M26, M27

Die Initiative für Gesetze kann von der Bundesregierung, vom Bundestag oder dem Bundesrat ausgehen. In erster Linie schlägt die Bundesregierung Gesetze vor, da ihre Parteien die Mehrheit im Bundestag besitzen. So kann die Bundesregierung Gesetze im Bundestag beschließen lassen, um die Ziele ihrer Regierungskoalition (und ggf. Wahlversprechen) verwirklichen zu können. Der Bundestag prüft in einer Ausschusssitzung mit Fachleuten und in drei öffentlichen Debatten, ob das Gesetz angenommen oder abgelehnt wird. Da allerdings der Bundesrat (Vertretung der einzelnen Bundesländer) über viele Gesetze mitbestimmen kann, wenn deren Umsetzung die Bundesländer betrifft, kann der Bundesrat im Bundestag beschlossene Gesetze noch verhindern. Ein Vermittlungsausschuss zwischen Bundestag und Bundesrat soll mögliche Kompromisse vorbereiten. Das Bundesverfassungsgericht kann überprüfen, ob die Maßnahmen und beschlossenen Gesetze unserem Grundgesetz entsprechen. Somit kann auch das Bundesverfassungsgericht Einfluss auf politische Entscheidungen nehmen.

DIREKTE DEMOKRATIE

← M29-M31

Direkte Demokratie wird auch Basisdemokratie genannt. Hierbei wird das Volk in direkten Abstimmungen zu einer bestimmten Frage befragt und kann somit direkten Einfluss auf die Gesetzgebung der Politik nehmen. In anderen Demokratien wie z. B. in der Schweiz gibt es Volksabstimmungen. Bei uns sind basisdemokratische Abstimmungen in verschiedenen Bundesländern und auf kommunaler Ebene möglich. In NRW versucht die Volksinitiative „Aufbruch Fahrrad" Einfluss auf die Verkehrspolitik des Bundeslandes zu nehmen, in Bayern hatte das Volksbegehren „Artenvielfalt – rettet die Bienen" Erfolg. Allerdings benötigt man für erfolgreiche Volksinitiativen, Volksbegehren und Volksentscheide eine sehr große Unterstützung der Bevölkerung.

M1   Eine Karika-Tour durchführen

Karikatur: Gerhard Mester, 1993

Karikatur: Heiko Sakurai, 2009

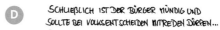

Karikatur: Richard Mährlein, 2021

Karikatur: Roger Schmidt, 2004

AUFGABE

Führt eine Karika-Tour durch (→ **Methode, S. 58**). Benutzt in euren Begründungen euer Wissen um Parteien, Wahlen und „Direkte Demokratie", und das Bundesverfassungsgericht.

In diesem Kapitel hast du viel darüber gelernt, wie man sich am politischen Prozess beteiligen kann und wie dieser funktioniert.

Die folgende Tabelle hilft dir dabei herauszufinden, welche Fähigkeiten du schon erworben hast und wie du bei Bedarf noch weiter üben kannst.

Ich kann ...	Das klappt schon ...	Hier kann ich noch üben ...
... Partizipationsmöglichkeiten in unserer Gesellschaft benennen und diskutieren.	👍 👉 👎	Kapitel 1.1: M1-M4, #Partizipation
... die Aufgaben und Funktionen von Parteien in der Demokratie erläutern.	👍 👉 👎	Kapitel 1.1: M5, M6, #Parteien, Grundwissen
... Positionen der Parteien zu verschiedenen Themen herausarbeiten und vergleichen.	👍 👉 👎	Kapitel 1.1: M8-M10
... Ablauf einer Bundestagswahl erklären.	👍 👉 👎	Kapitel 1.1: M12-M15, Grundwissen
...den Einfluss von Interessenverbänden (Lobbyisten) erläutern und diskutieren.	👍 👉 👎	Kapitel 1.1: M16-M19, Grundwissen
... Aufgaben der Bundestagsabgeordneten benennen.	👍 👉 👎	Kapitel 1.2: M1-M3, Grundwissen
... die Bildung einer Regierung erklären und die Verteilung der Aufgaben auf einzelne Ministerien erläutern.	👍 👉 👎	Kapitel 1.2: M5, M6, M9, M10, #Bundesregierung
... einzelne Schritte auf dem Weg zu einem Bundesgesetz beispielhaft erklären.	👍 👉 👎	Kapitel 1.2: M11-M14, Grundwissen
... Möglichkeiten der Opposition zur Kontrolle der Regierung benennen.	👍 👉 👎	Kapitel 1.2: M18, M19
... den Einfluss des Bundesrates und des Bundesverfassungsgerichts auf die Gesetzgebung erklären.	👍 👉 👎	Kapitel 1.2: M13, M20-M22, M26-M28, Grundwissen
... die Bedeutung der Bundespräsidentin bzw. des Bundespräsidenten abwägen.	👍 👉 👎	Kapitel 1.2: M23-M25
... Beispiele für direkte Demokratie in Deutschland benennen und das Für und Wider von Volksentscheiden abwägen.	👍 👉 👎	Kapitel 1.2: M29-M31, Grundwissen

Ein Wandgemälde erinnert an die Todesopfer des rassistisch motivierten Anschlags von Hanau.

Eine Demonstration der Identitären Bewegung in Berlin.

Gedenken an den Lehrer Samuel Paty, der 2020 ermordet wurde. Der Lehrer hatte zuvor in seinem Unterricht zum Thema Meinungsfreiheit Karikaturen mit dem islamischen Propheten Mohammed gezeigt.

Am 6. Januar 2021 stürmen Anhänger:innen des Ex-Präsidenten Donald Trump das Kapitol in Washington D.C.

Was weißt du schon?

1. Schau dir die Bilder an und notiere zunächst alleine in Stichworten, was dir zu den verschiedenen Themen einfällt.

2. Tausche deine Notizen mit deiner Tischgruppe aus. Erstellt zu jedem Bild eine gemeinsame Karteikarte (analog/digital).

3. Erstellt mit euren Karteikarten ein Cluster zu den vier Themen, hängt sie im Klassenraum auf und vergleicht eure Ergebnisse.

4. Schreibt eure Fragen zu den Themenbereichen auch auf und hängt sie ans Cluster. Beantwortet die Fragen im Verlauf der Unterrichtseinheit.

Medien und politische Gefährdungen in unserer Demokratie

In diesem Kapitel beschäftigst du dich im ersten Teil mit den Funktionen von Medien in der Demokratie. Welche Rolle spielen sie für die Politik und unsere Gesellschaft? Warum sind Presse- und Meinungsfreiheit eigentlich wichtig für unsere Demokratie? Im zweiten Teil des Kapitels geht es um politische Gefährdungen unserer Demokratie durch verschiedene Formen von Extremismus und Diskriminierung im Alltag. Wo liegen die Gefahren von demokratiefeindlichen Haltungen? Und welche Rolle spielen dabei die Medien, vor allem auch die sozialen Medien?

Was lernst du in diesem Kapitel?

… Funktionen der Medien in der Demokratie zu erläutern.

… die Rolle der Medien für die Politik zu beschreiben und zu beurteilen.

… zu beurteilen, inwiefern von den Medien eine Gefahr für den Zusammenhalt in der Gesellschaft ausgeht.

… Erscheinungsformen von Extremismus zu erläutern und zu vergleichen.

… Antisemitismus als gesellschaftliche Herausforderung zu erkennen und zu reflektieren, warum Antisemitismus unsere Demokratie gefährdet.

… Merkmale von Verschwörungserzählungen zu entlarven und deren Bedrohung für die Demokratie zu reflektieren.

… Merkmale von Stammtischparolen zu erläutern.

… demokratiefeindliche Haltungen zu erkennen und ihnen argumentativ entgegenzutreten.

Wir laden ein ins World Café

Ihr bereitet gemeinsam ein World Café vor zum Thema: Ist unsere Demokratie durch Desinformation, Extremismus und Antisemitismus gefährdet?

Ein Word Café ist eine besondere Form des Gesprächs in kleinen rotierenden Gruppen, in denen man zu unterschiedlichen Aussagen sein Wissen, seine Gedanken und Meinungen austauscht und diskutiert.

Geht dabei so vor:

Thematische Einarbeitung:
Zur inhaltlichen Vorbereitung erarbeitet ihr euch in Kleingruppen zu je 4-6 Personen die verschiedenen Themenaspekte dieses Kapitels arbeitsteilig.

– **Gruppe 1**: Welchen Einfluss haben die Medien auf die Politik? (→ Kap. 2.1, M1-M6, M8-M10)

– **Gruppe 2**: Gefährden Social Media, Fake News und Social Bots unsere Demokratie?
(→ Kap. 2.1, M4, M6, M7, M12-M14)

– **Gruppe 3**: Inwiefern sind die verschiedenen Formen von Extremismus eine Bedrohung für die Demokratie? (→ Kap. 2.2, M1-M3)

– **Gruppe 4**: Gefährdet Antisemitismus auch heute noch die Demokratie?
(→ Kap. 2.2, M4-M6)

– **Gruppe 5**: Sind Verschwörungsmythen und Reichsbürger:innen verantwortlich für die Spaltung der Gesellschaft? (→ Kap. 2.2, M3d, M7-M9)

– **Gruppe 6**: Wie kann sich die Demokratie gegen Angriffe wehren? (→ Kap. 2.2, M10-M17)

Haltet eure Arbeitsergebnisse auf einem übersichtlich gestaltetem Informationsplakat fest.

Hängt alle sechs Informationsplakate im Klassenraum aus und stellt sie euch nacheinander im Plenum vor. Aus jeder Gruppe erläutern ein bis zwei Expertinnen bzw. Experten mit Hilfe ihres Informationsplakats ihren thematischen Aspekt.
Denkt daran, dass ihr die Expertinnen und Experten für das Thema seid. Ihr seid dafür verantwortlich, eure Mitschüler:innen so gut wie möglich über euer Thema zu informieren.
Als Zuhörende macht euch Notizen zu den wichtigsten Informationen und stellt ggf. Fragen zu den Vorträgen.

3

Vorbereitung des World Cafés:
Bereitet das World Café nach der Anleitung der Methodenbe-schreibung (→ Methodenglossar oder QR-Code) vor.

– **Methode:** Klärt Ziel und Ab-lauf der Methode und macht euch mit den verschiedenen Aufgaben und Funktionen von Gastgebenden und Gästen vertraut.

– **Organisation:** Gestaltet euren Raum zum Café um und gebt ihm Kaffeehaus-Atmosphäre (Gruppentische, Papiertischdecken, Aufsteller „Menükarte" (Ablauf, Regeln, Impulse), Stifte, Getränke und Süßigkeiten).

Methode:
World Café

70079-47

4

Durchführung des World Cafés:
Führt das rotierende Schreibgespräch in mehreren Runden durch. Entnehmt der Methodenanleitung das genaue Vorgehen. Über folgende Thesen sollt ihr an den Tischen diskutieren:

1. Ohne Pressefreiheit keine Demokratie?
2. Destabilisieren Fake News und Social Bots unsere Demokratie?
3. Medien in der Vertrauenskrise – welchen Informationen können wir noch trauen?
4. Ist unsere Demokratie durch Extremistinnen und Extremisten gefährdet?
5. Was müssten Staat und Bürger:innen tun, um unsere Demokratie zu verteidigen?
6. Sollte der Staat Social-Media-Kanäle wie Twitter und Instagram überwachen dürfen?

Ziel

5

Auswertung und Reflexion:
Wenn alle Tischgruppen die sechs Thesen diskutiert haben, fasst jedes Team kurz die Diskussionsergebnisse zusammen und formuliert ein Abschlussstatement zum Leitthema.

Zum Abschluss reflektiert ihr das World Café mit Hilfe der Reflexionsfragen in der Methodenbeschreibung.

2.1   Medien im politischen Prozess

▶ Die Medien – einflussreiche Macht im demokratischen Prozess?

Stell dir vor, es gäbe kein Medium, das über das politische Geschehen berichtet. Die Bürgerinnen und Bürger hätten keine Möglichkeit, sich über Aktuelles zu informieren und zu entscheiden, ob sie politische Entscheidungen gut oder weniger gut finden.

M1   Funktionen der Medien in der Demokratie

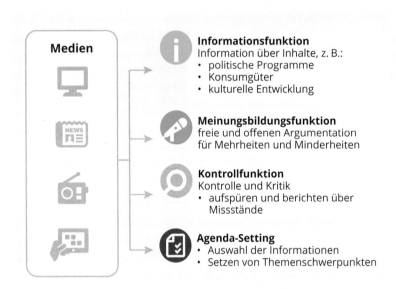

Medien

Informationsfunktion
Information über Inhalte, z. B.:
- politische Programme
- Konsumgüter
- kulturelle Entwicklung

Meinungsbildungsfunktion
freie und offenen Argumentation
für Mehrheiten und Minderheiten

Kontrollfunktion
Kontrolle und Kritik
- aufspüren und berichten über
  Missstände

Agenda-Setting
- Auswahl der Informationen
- Setzen von Themenschwerpunkten

*Die Angaben wurden zusammengestellt von Olaf Selg; Lizenz: Creative Commons by-nc-nd/
3.0/de; Bundeszentrale für politische Bildung, 2014, www.bpb.de (durch Bearbeiter ergänzt)*

Medien dienen nicht nur der Unterhaltung, sondern liefern Informationen über das Weltgeschehen, politische Entscheidungen und aktuelle gesellschaftliche Diskussionen. Jede:r Bürger:in ₅ hat dadurch die Möglichkeit, sich eine eigene Meinung zu bilden. Überdies kontrollieren Medien die Arbeit der Politiker:innen, indem sie diese kritisch untersuchen und unabhängig darüber ₁₀ in der Öffentlichkeit berichten. Durch die Auswahl vielfältiger Themen unterstützen uns die Medien, diverse gesellschaftliche Probleme wahrzunehmen und politische Missstände zu bemerken. ₁₅

Bearbeiter

M2   Politiker:innen und Medien – ein kompliziertes Verhältnis

Karikatur: Burkhard Mohr, 2016

VIERTE GEWALT

Die „Vierte Gewalt" ist ein feststehender Ausdruck für die Medien im politischen System. Offiziell sind die Medien kein Bestandteil der Gewaltenteilung, nehmen aber doch eine wichtige Rolle ein, da sie das politische Geschehen durch Berichterstattung beeinflussen und kontrollieren können.

M3   Braucht die Politik die Medien?

Ohne Medien kann Politik nicht vermittelt werden. Politiker:innen und Parteien wissen, dass Ansehen und Erfolg wesentlich von der Berichterstattung
5 in den Medien abhängen. Sie brauchen und nutzen die Medien, um ihre Arbeit und Haltungen in der Öffentlichkeit darzustellen. Positive Schlagzeilen erleichtern den politischen Erfolg, negative
10 Meldungen können z. B. Wahlerfolge gefährden. Deshalb suchen Politiker:innen die Nähe zu den Medien bewusst, um ihre Themen dort öffentlichkeitswirksam, z. B. in Talkshows oder Zeitungs
15 interviews, vorzustellen. Die Medien nehmen durch ihre Berichterstattung großen Einfluss auf die Wahrnehmung von gesellschaftlichen Problemen in der Öffentlichkeit. Medienschaffende untersuchen und begleiten dabei kritisch, wie 20 die Politik diese Probleme lösen will. Im Idealfall berichten verantwortungsvolle Medien unabhängig und überparteilich. Allerdings kann die Nähe und Sympathie von Journalist:innen zu 25 Politiker:innen und Parteiprogrammen die Berichterstattung beeinflussen. Außerdem ist fast allen Medien eines gemeinsam: Alle wollen mit ihrer Arbeit Geld verdienen. Da jede verkaufte Zei 30 tung, jeder Fernsehzuschauer und jeder Internetklick Geld bedeuten und reißerische Überschriften und Skandale großes Interesse hervorrufen, besteht bei einigen Medien die Gefahr, dass sie über 35 treiben und bestimmte Themen künstlich dramatisieren.

Bearbeiter

unabhängig
frei von Beeinflussung

überparteilich neutral
über Parteigrenzen hinweg berichtend

 AUFGABEN

1. Sammelt in der Klasse in einer (digitalen) Wortwolke, welche Medien ihr kennt und nutzt.

2. Nenne vier Funktionen von Medien in der demokratischen Gesellschaft (**M1**) und erkläre die Funktionen auch mit Hilfe von Beispielen.

3. Erkläre einer Lernpartnerin bzw. einem Lernpartner mit Hilfe von **M2** das Verhältnis zwischen Medien und Politikerinnen und Politikern.

4. Begründe, warum die Medien auch als „Vierte Gewalt" im demokratischen Prozess bezeichnet werden (**M1, M2, #Vierte Gewalt**).

5. Wieviel Einfluss haben unsere Medien auf politische Entscheidungen?
   a) Bewerte die Aussage in einer (digitalen) Skala von 1-10.
   b) Diskutiert das Ergebnis in der Klasse und begründet eure Meinung.

F **zu Aufgabe 3**
Benutzt im Zusammenhang mit Medien dabei auch die Wörter unabhängig und überparteilich.

H **zu Aufgabe 4**
Die anderen Gewalten sind Exekutive, Legislative und Judikative.

▶ Politik in den sozialen Medien – gut für die Demokratie?

Soziale Medien spielen in der Politik eine große Rolle: Immer mehr Menschen informieren sich über das Internet, Politiker:innen nutzen soziale Plattformen für ihre Auftritte, Bürger:innen kommentieren dort politisches und gesellschaftliches Geschehen. Allerdings nehmen Drohungen, Beschimpfungen und Beleidigungen in den Netzwerken zu. Sind soziale Netzwerke eher Fluch oder Segen für eine Demokratie?

M4   Politik in den sozialen Medien

A

Bundeskanzler Olaf Scholz ✔   •••
@Bundeskanzler

Fakt ist: Noch sind Frauen in der Arbeitswelt benachteiligt. Das wollen und werden wir ändern. Frauen sind etwas mehr als die Hälfte der Gesellschaft – das muss sich überall abbilden, nicht zuletzt beim Gehalt. Gleicher Lohn für gleiche und gleichwertige Arbeit. #EqualPayDay

Ein Screenshot vom Twitteraccount des Bundeskanzlers Olaf Scholz im März 2022 anlässlich der ungleichen Bezahlung von Frauen und Männern

B

„Twitter ist, wie kein anderes digitales Medium, aggressiv und in keinem anderem Medium gibt es so viel Hass, Böswilligkeit und Hetze. Offenbar triggert Twitter in mir etwas an: aggressiver, lauter, polemischer und zugespitzter zu sein – und das alles in einer Schnelligkeit, die es schwer macht dem Nachdenken Raum zu lassen."

Habeck, Robert: Bye bye, twitter und Facebook. In: www.robert-habeck.de, 07.01.2019

Robert Habeck, Bundesminister für Wirtschaft und Klimaschutz, begründet seinen Verzicht auf Twitter.

C

Der Webvideoproduzent Rezo sorgte 2019 mit seinem Video „Die Zerstörung der CDU" für deutschlandweite Schlagzeilen. Es wurde das am meisten gesehene YouTube-Video in 2019 in Deutschland. Nachdem CDU und SPD bei der Wahl große Verluste einfuhren, sprach das ZDF von einem „Rezo-Effekt".

Bearbeiter

D

Nach der Erstürmung des Kapitols in Washington D.C. 2021 durch militante Trump-Anhänger:innen haben diverse Onlinedienste (Twitter, Facebook, Instagram u.a.) die Konten von Ex-US-Präsident Trump gesperrt. In den sozialen Medien hatte Trump seine Anhänger:innen zur Erstürmung des Parlaments aufgestachelt, weil er seine Wahlniederlage nicht anerkennen wollte.

Bearbeiter

SOZIALE MEDIEN

Soziale Medien sind Online-Plattformen und Anwendungen, die es Nutzerinnen und Nutzern ermöglichen, miteinander zu interagieren, Inhalte zu teilen und Informationen auszutauschen. Sie haben in den letzten Jahren stark an Bedeutung gewonnen und sind zu einem wichtigen Kommunikationskanal für Menschen auf der ganzen Welt geworden. Soziale Medien bieten die Möglichkeit, schnell und einfach mit anderen zu kommunizieren, Informationen zu verbreiten und Meinungen auszutauschen.

M5 Nachrichtennutzung in Deutschland

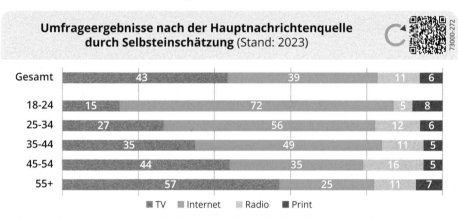

Frage: Sie haben angegeben, dass Sie diese Nachrichtenquelle letzte Woche genutzt haben. Welche davon würden Sie ale Ihre HAUPT-Nachrichtenquelle bezeichnen? (n=1823)

© C.C.Buchner, aktuelle Daten nach: Behre, Julia/ Hölig, Sascha /Möller, Judith: Reuters Institute Digital News Report 2023. Ergebnisse für Deutschland. Hamburg: Hans-Bredow-Institut (Arbeitspapiere des Hans-Bredow-Instituts | Projektergebnisse Nr. 67), Juni 2023. https://doi.org/10.21241/ssoar.86851, S. 24

M6 Einfluss der sozialen Medien

Im Zeitalter der Zeitungen waren es die Journalisten, die täglich entschieden, welche Inhalte an die Öffentlichkeit gelangen. Sie waren die sogenannten Gatekeeper, sprich Torwächter. Doch soziale Medien bieten nun jedem Menschen mit Internetzugang die Möglichkeit, [...] selbst Inhalte zu veröffentlichen. Die Hürde, am öffentlichen Diskurs teilzunehmen, sinkt. Allerdings steigt damit die Anzahl an Falschinformationen. [...] Heutzutage funktionieren Suchmaschinen und Algorithmen als neue Gatekeeper. Algorithmen wählen Inhalte aufgrund von individuellen Präferenzen und Nutzerverhalten von einzelnen Nutzern und Nutzergruppen aus und präsentieren diese dem jeweiligen Publikum. Somit wird das Angebot an den individuellen Nutzer angepasst. [...] Aus dem „Digital News Report 2017" geht hervor, dass vor allem junge Menschen ihre Nachrichtennutzung und politischen Diskussionen in die Sozialen Netzwerke verlagern. Da [sie] ihre Informationsauswahl auf Algorith-

Filterblase
Internetnutzenden werden immer die Infos vorgeschlagen, die zur eigenen Meinung und ins eigene Denkschema passen.

men stützen, können diese das Angebot und die Nutzung politischer Informationen steuern. In Deutschland nutzten 29 Prozent der Befragten Soziale Medien als Nachrichtenquelle. [...]

Eine Gefahr könnten Filterblasen darstellen. Da die Auswahl der dargestellten Informationen auf dem individuellen Nutzverhalten und den Präferenzen basiert, wird man nicht mit kontroversen Perspektiven konfrontiert. Man befindet sich in der sogenannten Filterblase, in der den eigenen Ansichten nur selten widersprochen wird. Dadurch kann es zur Polarisierung kommen, denn die eigene Einstellung wird immer weiter gestärkt.

Nach: Mitteldeutscher Rundfunk: Wie beeinflussen soziale Medien die Demokratie? In: www.mdr.de, 20.08.2019

M7   Hat die Meinungsfreiheit in den sozialen Medien Grenzen?

a) Tweets an Abgeordnete vor der Debatte zur Corona-Impfpflicht

 Wolfgangbe ✹ Wolfsbiest

Na du Sklavenhändler, du willst über meinen Körper bestimmen und mich spritzen, obwohl die Impfung nichts taugt?!!!!! Du scheinst besonders dumm zu sein!!! 😤

 Marion ✹ BloddyMary

Du willst mich spritzen? Bist du sicher, dass du das Echo vertragen kannst?!!! 😞 Wir kommen zu Deinem Haus und werden mit allem nach dir und deiner Familie schmeißen, was uns in die Hände kommt ... ich würde an deiner Stelle nicht schlafen ... 😠😠😠

Nach: Ziessler, Joachim: Drohmails an „den Sklavenhändler". In: www.landeszeitung.de, 17.03.2022

b) Artikel aus dem Grundgesetz

Artikel 1
Die Würde des Menschen ist unantastbar. Sie zu achten und zu schützen ist Verpflichtung aller staatlichen Gewalt.

Artikel 5
Jeder hat das Recht, seine Meinung in Wort, Schrift und Bild zu äußern und zu verbreiten. Die Pressefreiheit und die Freiheit der Berichterstattung durch Rundfunk und Film werden gewährleistet. Eine Zensur findet nicht statt.

AUFGABEN

1. Beschreibt in Kleingruppen die Möglichkeiten von sozialen Netzwerken auf Politik und Gesellschaft Einfluss zu nehmen (**M4**).
2. Analysiere das Schaubild hinsichtlich der Bedeutung des Internets als Nachrichtenquelle (**M5**).
3. a) Benenne die Chancen und Risiken der sozialen Netzwerke (**M4**, **M6**). ⟳
   b) Erläutert in Tandemarbeit das Problem der Filterblase (**M6**).
4. Diskutiert und beurteilt mit Hilfe des Grundgesetzes (**M7b**), ob die Tweets in **M7a** als strafbar gewertet werden sollten.
5. Beurteile in einer (digitalen) Umfrage, ob soziale Medien eher eine Chance oder eine Gefahr für die demokratische Gesellschaft darstellen.

▶ Ohne Pressefreiheit keine Demokratie?

Die Freiheit der Berichterstattung ist in unserem Grundgesetz garantiert. Dies ist ein wesentliches Kennzeichen von Demokratie. Weltweit allerdings nehmen die Angriffe auf die Presse- und Informationsfreiheit zu. Medien werden für Propagandazwecke und Desinformationen missbraucht.

M8 Der Angriffskrieg gegen die Ukraine – ein Krieg, der in Russland nicht Krieg genannt werden darf

a) „Militärische Spezialoperation" statt Krieg

Am 24. Februar 2022 beginnt der russische Angriffskrieg gegen die gesamte Ukraine. In Russland wird dieser Krieg aber nicht als Krieg, sondern
5 als „militärische Spezialoperation zur Entnazifizierung und Entwaffnung der Ukraine" bezeichnet. Jede Person, die dennoch von einem Krieg spricht und sich der staatlichen Propaganda wieder-
10 setzt, droht bis zu 15 Jahren Haft.

Die Deutsche Journalistinnen- und Journalisten-Union (dju) sieht darin eine Einschränkung der Medienfreiheit und urteilt, dass der russische Präsident
15 Putin dadurch die russische Bevölkerung von unabhängigen Informationen abschneidet.

Bearbeiter

Zerstörte Panzer und Autos liegen auf einer Straße in der Ukraine.

Propaganda
Es handelt sich um ein Konzept, das sich auf die zielgerichtete Verbreitung von Informationen oder Ideen bezieht, die darauf abzielen, das Denken oder Verhalten einer bestimmten Zielgruppe zu beeinflussen oder zu manipulieren.

b) Eine russische Journalistin widersetzt sich der russischen Regierung

Marina Owsjannikowa erscheint während einer Nachrichtensendung mit einem Plakat hinter der Sprecherin.

Trotz der drohenden Haftstrafe erscheint die Journalistin Marina Owsjannikowa am 14. März 2023 während einer russischen Live-Nachrichtensendung mit einem Plakat hinter 5 der Nachrichtensprecherin. Auf dem Plakat steht: „Stoppt den Krieg. Glaubt der Propaganda nicht. Hier werdet ihr belogen". Die Welt feiert die mutige Journalistin dafür. In Russland wird sie 10 kurzzeitig verhaftet. Danach flieht sie nach Deutschland.

Bearbeiter

PRESSEFREIHEIT

Pressefreiheit bedeutet, dass die Presse frei ihre Arbeit machen darf.
Die Presse – das sind zum Beispiel Journalistinnen und Journalisten, die fürs Fernsehen, fürs Radio, für Zeitungen oder fürs Internet arbeiten. Das Wort „Presse" kommt von der Druckerpresse, mit der früher Bücher und Zeitungen gedruckt wurden. Die Pressefreiheit wird in Artikel 5 GG geregelt. Medien können [in Deutschland] nicht zensiert werden.

M9 Bundespräsident Steinmeier über die Zensur der Berichterstattung

„Wer das Licht der Information aussperren muss, der braucht offenbar Finsternis für das, was er tut. Berichterstattung zu verbieten, ist ein Zeichen von Schwäche. Und ein Eingeständnis, das etwas geschieht, was nicht gesehen werden soll."

Steinmeier, Frank-Walter: Verabschiedung von ZDF-Intendant Thomas Bellut. In: www.bundespraesident.de, 10.03.2022

M10 Presse- und Meinungsfreiheit in Demokratien und autoritären Regimen

Autoritäres Regime
Eine Herrschaft, eine Regierung, die autoritär handelt, hindert Parteien oder Gruppen daran, demokratisch im Staat mitzuwirken. [...] Dies ist zum Beispiel in einer Diktatur oder in einem Staat der Fall, in dem nur eine einzige Partei, Gruppe oder Familie das Sagen hat und die Opposition verfolgt wird.

Die Freiheit der Presse und die Freiheit der Meinungsäußerung sind untrennbar miteinander verbunden. Ohne diese in unserer Verfassung verankerten Grund-
5 rechte gibt es keine Demokratie. Autoritäre Regime verabscheuen diese Freiheiten. Demokratien hingegen leben vom freien Fluss der Informationen und dem Austausch von Argumenten. Und
10 sie geraten sofort in Gefahr, wenn die Presse- und Meinungsfreiheit angetastet wird. Ist die Kontrolle der Mächtigen erst mal beseitigt und der offene gesellschaftliche Diskurs [= Diskussion]

Demonstration für die Pressefreiheit

unterbunden, geht es bergab mit der 15 demokratischen Grundordnung.

Roller, Walter: Ohne Pressefreiheit gibt es keine Demokratie. In: www.augsburger-allgemeine.de, 03.05.2017

M11 Pressefreiheit weltweit

Journalistinnen und Journalisten dürfen nur in einigen Ländern der Welt ohne Zensur berichten. In vielen Ländern werden sie aber bedroht, ins Gefängnis geworfen oder sogar ermordet, damit unwillkommene Veröffentlichungen verhindert werden.

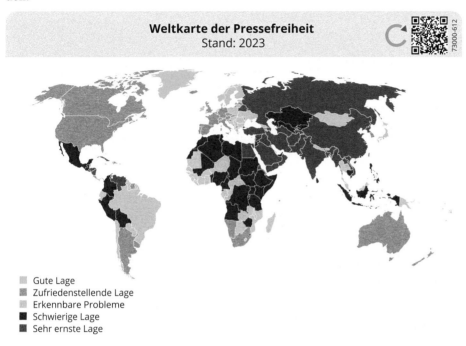

Weltkarte der Pressefreiheit
Stand: 2023

- ▪ Gute Lage
- ▪ Zufriedenstellende Lage
- ▪ Erkennbare Probleme
- ▪ Schwierige Lage
- ▪ Sehr ernste Lage

Nach: ©Reporter ohne Grenzen, 2023

AUFGABEN

1. a) Benennt zu zweit mögliche Gründe, warum der Angriffskrieg gegen die Ukraine in Russland nur militärische Spezialoperation genannt werden darf (**M8**)?
   b) Erkläre das Wort Propaganda mit Hilfe von **M9**.
   c) Beurteilt in einer (digitalen) Abstimmung, für wie sinnvoll ihr den Protest der russischen Journalistin haltet (**M8**).
   d) Begründet eure Meinung in einem anschließenden Klassengespräch.

2. a) Erläutert in Kleingruppen das Zitat von Bundespräsident Steinmeier (**M9**) im Hinblick auf den russischen Angriffskrieg gegen die Ukraine (**M8**).
   b) Beurteilt die Aussage von Bundespräsident Steinmeiner.

3. Erkläre, warum eine Demokratie ohne Pressefreiheit keine Demokratie ist (**M10**).

4. Analysiert in Tandemarbeit die Karte in **M11** und erklärt die Situation der Presse weltweit.

▶ Destabilisieren Fake News und Social Bots unsere Demokratie?

Fake News (= Falschinformationen) können mit Hilfe von digitalen Programmen leicht hergestellt, veröffentlicht und mit Hilfe von Computerprogrammen namens Social Bots im Internet massenhaft verbreitet werden. Was kann man noch glauben? Bedrohen Desinformationen unsere Demokratie?

M12   Zwei Beispiele zu Fake News im Internet

„Die Maskenpflicht tötet Kinder"

Immer wieder tauchen in den Sozialen Medien Gerüchte auf, wonach Menschen angeblich gestorben seien, weil sie eine Maske trugen. Anfang Oktober sah sich beispielsweise die Polizei Unterfranken gezwungen, die Falschmeldung zu entlarven, dass ein sechsjähriges Mädchen im Bus aus Atemnot zusammengebrochen sei, weil sie eine Maske trug. Einen solchen Vorfall hat es nie gegeben. Tatsächlich ist weltweit kein einziger Fall bekannt, bei dem ein Mensch wegen einer Maske zu Tode kam.

Dönges, Jan/Röcker, Annika/Schadwinkel, Alina: Weihnachtsgeschenke übertragen keine Viren. In: www.spektrum.de, aktualisiert am 21.12.2020

Ex-Bundeskanzlerin „Merkel hofft auf 12 Millionen Einwanderer"

Im März 2017 veröffentlichte die [Online-Zeitung] Wochenblick.at diese Nachricht. Es dauert nicht lange und diese Falschmeldung wird zu einer der erfolgreichsten Fake News im Jahr 2017 – einem Wahljahr in Deutschland. Fakt ist aber: Angela Merkel hat diesen Satz nie gesagt. Diese Meldung hat keinen Wahrheitsgehalt.

> „Merkel hofft auf 12 Millionen Einwanderer"

Steinert, Kerstin: Die erfolgreichsten Fake News: Wir zeigen Ihnen, was hinter den bekanntesten Falschnachrichten steckt. In: www.suedkurier.de, 26.04.2018

M13   Fake News und Social Bots

Falschnachrichten sind kein neues Problem. Sie wurden bereits zu früheren Zeiten für Propaganda und Meinungsmache, z. B. im Krieg, benutzt. Heute
5 aber ist fast jede/jeder in der Lage, mit Hilfe des Internets Falschmeldungen selber herzustellen und zu veröffentlichen, um Leser:innen zu beeinflussen. Die Verfasser:innen der Fake News
10 verfolgen dabei meist ein politisches oder finanzielles Ziel, denn über hohe Klickzahlen erhöht sich die Aufmerksamkeit auf die Falschmeldungen umso mehr. Außerdem sind es nicht immer reale Personen, die sich hinter einer 15 Nachricht oder einem Kommentar verbergen: Computerprogramme namens Social Bots, die automatisch auf Schlagwörter und Hashtags reagieren, verfassen und verbreiten unkontrolliert Fake 20 News im Internet

Bearbeiter

M14 „Lügenpresse" und „Corona-Diktatur" – haben Fakten keine Bedeutung mehr?

Bei Demonstrationen gegen die Corona-Maßnahmen des Staates beschimpften Demonstrierende die Medien als „Lügenpresse" und attackier-
5 ten Journalistinnen und Journalisten zum Teil körperlich. Auf Plakaten und im Internet riefen sie zum Kampf gegen eine Corona-Diktatur auf. Viele Demonstrierende weigerten sich, einen
10 Mundschutz zu tragen und behaupteten, dass eine Corona-Impfung zum Tod und zu Unfruchtbarkeit führe. Diverse von Corona-Gegnerinnen und -Gegnern im Internet aufgestellte Behauptungen
15 wie „Ein Mundschutz bringt nichts gegen das Coronavirus" oder „Ein mRNA-Impfstoff ändert die DNA" haben sich definitiv als falsch herausgestellt: Ein Mundschutz schützt nachweis-
20 lich vor einer leichten Übertragbarkeit des Virus und mit der menschlichen DNA kommt der mRNA-Impfstoff gar nicht in Kontakt – darüber sind sich

Wissenschaftler:innen einig.
Viele Menschen glaube trotzdem, dass diese Aussagen wahr sind. Fakten verlieren in den letzten Jahren immer mehr an Bedeutung. Diesen Zustand nennt man auch postfaktisch. Bevölkerungsgruppen glauben den Informationen, die in den öffentlichen Medien verbreitet werden nicht mehr. Es fällt häufig der Vorwurf der Lügenpresse, der die Arbeit von Journalistinnen und Journalisten herabsetzten 40 soll. Nur den im Internet veröffentlichten Nachrichten, die der eigenen Meinung entsprechen, wird geglaubt.

Bearbeiter

Eine Demo unter dem Motto „Nein zum Impfzwang" in Düsseldorf 2022.

AUFGABEN

1. a) Beschreibe die Fake News in **M12**.
   b) Prüfe mit Hilfe der Methode auf der nachfolgenden Seite, ob du die Nachrichten als Fake News einordnen kannst.
   c) Erläutert in Kleingruppen die möglichen politischen Absichten der Verfasser:innen.

2. Erkläre die Funktionen von Fake News und Social Bots (**M13**).

3. Begründe, warum Nachrichten aus dem Internet von bestimmten Bevölkerungsgruppen mehr geglaubt werden als renommierten Wissenschaftlerinnen und Wissenschaftlern (**M14**).

4. Sammelt und untersucht in Kleingruppen Argumente, die von Menschen genutzt wurden, die von einer „Corona-Diktatur" gesprochen haben. Waren ihre Argumente faktisch richtig? ⟳

5. a) Positioniert euch auf einer (digitalen) Positionslinie zu der folgenden Frage: Destabilisieren Fake News und Social Bots unsere Demokratie?
   b) Beurteile das Umfrageergebnis und begründe deine Meinung.

H zu Aufgabe 3
Du kannst hierzu die Begriffe Lügenpresse, Fake News, Social Bots (**M13**), postfaktisch oder Filterblase (**M6**) nutzen.

METHODE

Nachrichten auf Seriosität prüfen ⌐MK⌐

Worum geht es?

Über Facebook, WhatsApp, Instagram oder andere Netzwerke verbreiten sich schnell unzählige Meldungen, Posts, Videos oder Twitter-Nachrichten. Bevor du diesen traust und Meldungen weiter verbreitest, solltest du folgende Aspekte geprüft haben.

Geht dabei so vor:

1. Schritt: Quelle prüfen

Informiere dich zunächst, woher die Meldung stammt.
- Wie lautet die Internetadresse?
- Wird der Name der Autorin / des Autors genannt? Findest du Informationen über die Person?
- Was und wo hat die Verfasserin / der Verfasser bereits anderes veröffentlicht?

Speziell in Sozialen Medien:
- Wie lange ist die Verfasserin / der Verfasser bereits aktiv?
- Wie viele Freunde oder Follower hat sie / er?
- Wer und wie viele Leute haben die Beiträge geteilt?
- Ist der Account verifiziert?

↓ ↓ ↓

2. Schritt: Fakten prüfen

Gerade in Sozialen Medien werden viele Fake News verbreitet. Hier solltest du die Fakten prüfen. Du kannst z. B. Schlüsselbegriffe der Meldung in eine Suchmaschine eingeben.
- Wird die Nachricht auch über andere Medien verbreitet?
- Ist die Nachricht auf Seiten von öffentlich-rechtlichen Sendern veröffentlicht?
- Geben andere Medien Zusatzinformationen?
- Liefern andere Medien andere Informationen?
- Wie aktuell ist die Nachricht? Hat das Ereignis aktuell stattgefunden oder wird eine alte Meldung wieder aufgegriffen?
- Prüfe die Rechtschreibung und Zeichensetzung.

↓ ↓ ↓

3. Schritt: Bilder und Videos überprüfen

Auch Bilder und Videos können Falschmeldungen enthalten. Mithilfe von Programmen können Bilder leicht gefälscht und Videos zusammengeschnitten werden, um Perspektiven zu verändern. Ebenso können Bilder benutzt und in einem anderen thematischen Kontext verwendet werden.
- Wann wurde das Bild/das Video veröffentlicht?
- Gibt es Angaben, wer das Bild/das Video erstellt hat?
- Prüfe mithilfe einer umgekehrten Bildsuche, auf welcher Homepage das Bild/das Video veröffentlicht wurde.

Nützliche Links zu den verschiedenen Schritten

70079-69

Bearbeiter

WELCHE ROLLE SPIELEN MEDIEN IM POLITISCHEN PROZESS?

FUNKTIONEN DER MEDIEN

←·· M1, M2

Die Medien nehmen in Demokratien eine wichtige Rolle ein, denn sie informieren die Bevölkerung über aktuelle politische Themen (Informationsfunktion). Dabei tragen sie zur Meinungsbildung der Bürgerinnen und Bürger bei (Meinungsbildungsfunktion). Dazu gehört viel Verantwortung, denn Medien wählen Themen aus, die erscheinen, und positionieren diese auch nach Wichtigkeit (Agenda-Setting). Dadurch, dass sie über politische Themen recherchieren und berichten, kontrollieren und kritisieren sie die Regierung (Kontrollfunktion).

EINFLUSS DER SOZIALE MEDIEN

←·· M4-M7

Soziale Medien sind Online-Plattformen und Anwendungen, die es Nutzerinnen und Nutzern ermöglichen, miteinander zu interagieren, Inhalte zu teilen und Informationen auszutauschen. Sie haben in den letzten Jahren stark an Bedeutung gewonnen und sind zu einem wichtigen Kommunikationskanal für Menschen auf der ganzen Welt geworden. Sie erleichtern die Kommunikation und ermöglichen es Politiker:innen direkt mit den Wählenden Kontakt aufzunehmen. Aber Soziale Medien bergen auch Gefahren. Jede und jeder kann auf Sozialen Medien Informationen verbreiten. Ob diese Informationen stimmen, wird nicht geprüft.

PRESSEFREIHEIT

←·· M8-M11

Pressefreiheit und freie Meinungsäußerung werden in Art. 5 GG garantiert. In der Demokratie ist die Pressefreiheit unerlässlich, weil die Presse den Bürgerinnen und Bürgern Informationen zusichert und die Möglichkeit bietet, ihre Positionen zu äußern. Eine Demokratie lebt von der kritischen Auseinandersetzung und der Kontrolle derjenigen, die eine machtvolle Position in der Politik innehaben.

FAKE NEWS UND SOCIAL BOTS

←·· M12-M14

Desinformationen, bewusst platzierte Falschmeldungen und manipulierte Bilder überfluten mit Hilfe von Computerprogrammen (Social Bots) aus finanziellem oder politischem Interesse das Internet. Dies beeinflusst generell die Glaubwürdigkeit von Informationen. Es ist zu bemerken, dass Wissenschaftlerinnen und Wissenschaftlern und öffentlichen Medien von bestimmten Bevölkerungsgruppen immer weniger Glauben geschenkt wird. Wenn Wahrheiten nur noch der eigenen Meinung entsprechen sollen und sich nicht mehr nach Fakten richten, bezeichnet man diese Entwicklung auch als postfaktisch.

2.2 Politische Gefährdungen für unsere Demokratie

▶ Inwiefern sind die verschiedenen Formen von Extremismus eine Bedrohung für die Demokratie?

Demokratie lebt davon, dass unterschiedliche Meinungen zu politischen Themen und Entscheidungen von Politikerinnen bzw. Politikern in der Öffentlichkeit diskutiert werden. Meinungsvielfalt ist ein wichtiges Element unserer Demokratie. Gibt es Grenzen für die im Grundgesetz garantierte Meinungsfreiheit?

M1   O-Töne zum Thema Rassismus

A „Unter Alltagsrassismus verstehe ich unter anderem unterschwellige Kommentare, die dir zeigen: Du bist fremd! Beispielsweise wenn du im Alltag stets danach gefragt wirst, wo du herkommst."

Farah Bouamar ist Teil der Satire-Gruppe „Datteltäter". Auf eine humorvolle Art erklärt diese Gruppe durch Videos auf Youtube und Instagram den gängigen Stereotypen und Vorurteilen von und vor allem gegenüber Muslim:innen den Bildungsdschihad.

B „Die Neonazi-Gruppe hat mir eins gegeben: die hat mir Sinn gegeben und ich war nicht mehr Außenseiter."

„Selbst wenn ich einige Gewalttaten nicht mitmachen wollte: Ich hatte keine Wahl nein zu sagen."

Philip Schlaffer war lange Zeit Mitglied der Neonazi-Szene und betrieb unter anderem einen Neonazi-Laden. Nach seinem Ausstieg aus der Szene durchlief er eine Ausbildung zum Anti-Gewalt-Trainer und hat heute außerdem einen Aufklärungs-Kanal bei Youtube.

C „Rassismus muss aktiv bekämpft werden, er verschwindet nicht von selbst."

Kevin-Prince Boateng ist ein deutsch-ghanaischer Fußballprofi. Er spielte bereits für verschiedene Vereine in den besten Ligen Europas und für die ghanaische Nationalmannschaft.

D „Es gibt die Hoffnung, dass uns Leute auf unserem Weg folgen. Wir erreichen durch unsere Geschichten immer wieder Leute, die an der Ideologie zweifeln und zumindest probieren auszusteigen, die meisten schaffen es auch."

Heidi Benneckenstein wuchs in einer rechtsextremen Familie auf. Im Alter von 17 Jahren stieg sie aus der Szene aus und hat seitdem ein Buch über ihre Kindheit und Jugend geschrieben.

Nach: Bundeszentrale für politische Bildung: Rechtsextremismus. In: www.bpb.de, 14.01.2022

M2 Unsere freiheitliche demokratische Grundordnung

Grundprinzipien der deutschen Demokratie

freiheitlich demokratische
Grundordnung

Verantwortlichkeit
der Regierung

Chancengleichheit
für Parteien

Gesetzmäßigkeit
der Verwaltung

Recht auf
Opposition

Unabhängigkeit
der Gerichte

Mehrparteien-
prinzip

Gewalten-
teilung

Menschen-
rechte

Volks-
souveränität

Bearbeiterin

freiheitliche demokratische Grundordnung (fdGO)
Die fdGO ist der Wesenskern des politischen Systems in Deutschland. Sie steht nicht als solche im Grundgesetz, fasst aber die wichtigsten Verfassungsprinzipien zusammen. Wer der fdGO nicht zustimmt, gilt als verfassungsfeindlich.

M3 Welche Formen extremistischer Gruppierungen gibt es in Deutschland? ○

a) Rechtsextremismus

Politisch rechts orientierte Leute vertreten die Auffassung, dass nicht alle Menschen gleich und vor allem nicht gleich viel wert sind. [...] [Rechts-
5 extreme] betrachten [Menschen anderer Herkunft] [...] als schlechtere Menschen, die weniger wert sind als Deutsche. Eine solche Einstellung nennt man auch rassistisch. Auch
10 Homosexuelle und Obdachlose werden von ihnen nicht als gleichwertig betrachtet. Was Rechtsextreme besonders häufig tun, ist Menschen anderer Herkunft in ein schlechtes Licht zu rücken.
15 Sie machen sie für Probleme in unserer Gesellschaft, wie zum Beispiel Arbeitslosigkeit oder Kriminalität, verantwortlich. Auch denken sie, dass Migranten unsere deutsche Kultur zerstören. [Um

Am 19. Februar 2020 erschoss ein Rechtsextremer neun Menschen mit Migrationshintergrund in der Stadt Hanau.

junge Zielgruppen zu erreichen, nut- 20
zen Rechtsextreme auch digitale Möglichkeiten, z. B. menschenverachtende Memes, Videos, Musik oder Online-Games.]

Nach: Schwetzke, Berit: Rechtsextremismus – Was steckt dahinter? In: www.kindersache.de, Abruf am 02.03.2023

Erklärfilm und Quiz zum Thema Rechtsextremismus

70079-52

Erklärfilm zum Thema Linksextremismus

70079-53

Kapitalismus
Eine Wirtschafts- und Gesellschaftsordnung, in der einige wenige Menschen, das Kapital besitzen.

Sozialismus
Eine Gesellschafts- und Wirtschaftsform, in der es kein Privateigentum gibt.

Pluralismus
Vielfalt an Ideen, politischen Denkweisen, Meinungen, Interessen, Ziele und Lebensweisen

b) Linksextremismus

Es gibt ganz unterschiedliche Einstellungen, Denkrichtungen und politische Ziele von Linksextremisten. Gemeinsam ist aber allen, dass sie die kapita-
5 listische Wirtschaftsordnung ablehnen. Sie wollen die demokratische Grundordnung mit Gewalt zerstören und eine sozialistische Ordnung einführen. Ein Ziel ist, dass völlige soziale Gleichheit
10 in der Gesellschaft herrscht. Pluralismus, Rechtsstaatlichkeit und die Achtung der Menschenrechte, die für eine Demokratie entscheidend sind, lehnen sie ab. Was der Durchsetzung von
15 Gleichheit im Wege steht, muss, so se-

Fliegende Steine und brennende Barrikaden – Hamburg wurde während des G-20-Gipfels verwüstet.

hen es Linksextremisten, abgeschafft werden.

Toyka-Seid, Christiane/Schneider, Gerd: Linksextremismus. In: www.hanisauland.de, Abruf am 02.03.2023

Erklärfilm zum Thema Islamismus

70079-62

c) Islamismus

Unter Berufung auf den Islam zielt der Islamismus auf die teilweise oder vollständige Abschaffung der freiheitlichen demokratischen Grundordnung
5 der Bundesrepublik Deutschland ab. Der Islamismus basiert auf der Überzeugung, dass der Islam nicht nur eine persönliche, private „Angelegenheit" ist, sondern auch das gesellschaftliche
10 Leben und die politische Ordnung bestimmen oder zumindest teilweise regeln sollte. Der Islamismus postuliert die Existenz einer gottgewollten und daher „wahren" und absoluten Ordnung,
15 die über den von Menschen gemachten Ordnungen steht.

Am 19. Dezember 2016 tötete Anis Amri mit einem LKW auf einem Weihnachtsmarkt in Berlin elf Menschen. Kurze Zeit später veröffentlichte der Islamische Staat (IS) eine Nachricht, dass Anis Amri als Soldat des IS gehandelt habe.

Bundesamt für Verfassungsschutz: Islamismus/islamistischer Terrorismus. In: Verfassungsbericht 2021. Berlin: Bundesministerium des Innern, für Bau und Heimat 2022, S. 176

Erklärfilm zum Thema Reichsbürger:in und Selbstverwalter:in

70079-54

d) „Reichsbürger" und „Selbstverwalter"

„Reichsbürger" und „Selbstverwalter" sind Gruppierungen und Einzelpersonen, die aus unterschiedlichen Motiven und mit unterschiedlichen Begründun-
5 gen [...] die Existenz der Bundesrepublik Deutschland und deren Rechtssystem ablehnen [...] und deshalb die Besorg-

nis besteht, dass sie Verstöße gegen die Rechtsordnung begehen. [...] Zwischen „Reichsbürgern" und „Selbstverwaltern" 10 fällt eine trennscharfe Unterscheidung schwer. „Reichsbürger" lehnen die Bundesrepublik Deutschland unter Berufung auf ein [...] „Deutsches Reich"

Selbsterstellter Ausweis eines „Reichsbürgers"

15 ab. „Selbstverwalter" hingegen fühlen sich dem Staat gänzlich nicht zugehörig. […] Manche markieren ihr Wohnanwesen zum Beispiel durch Grenzziehungen, Schilder und Wappen, um 20 ihren angeblich souveränen Verwaltungsraum zu kennzeichnen. Mitunter wird dieser unter Berufung auf ein Widerstandsrecht gewaltsam verteidigt.

Bundesamt für Verfassungsschutz: „Reichsbürger" und „Selbstverwalter". In: Verfassungsbericht 2021. Berlin: Bundesministerium des Innern, für Bau und Heimat 2022, S. 102

 EXTREMISMUS

Im politischen Sinn bezeichnet der Extremismus Positionen, die sich am äußersten Rand der jeweiligen politischen Einstellung befinden, also am meisten „rechts" oder „links" sind. Auch Menschen mit einer radikalen religiösen Einstellung, die etwa mit Waffengewalt und Terror durchsetzen wollen, dass nicht-gläubige oder andersgläubige Menschen bekehrt werden und ein Staat nach ihren strengen Glaubensregeln errichtet wird, nennt man Extremisten. […] Politische Extremisten dulden meist keine anderen Meinungen und stehen für Ideen ein, die nicht mit den Regeln der Demokratie vereinbar sind.

Wetzel, Matthias: Lexikon: Extremismus. In: www.helleköpfchen.de, 05.03.2015

 AUFGABEN

1. a) Was verbindest du mit dem Begriff „Extremismus"? Sammelt eure ersten Gedanken in einer (digitalen) Wortwolke an der Tafel.
   b) Vergleicht eure Assoziationen im Rundgespräch: Was ist unklar? Gibt es Gemeinsamkeiten? Wo habt ihr Fragen?

2. Notiert auf einem Placemat (→ **Methodenglossar**) in Vierergruppen eure Gedanken und Gefühle zu den vier Statements (**M1**). Schreibt in das Gemeinschaftsfeld eure zentralen Aussagen auf.

3. a) Erläutere einer Partnerin bzw. einem Partner, was mit dem Begriff „fdGO" (**M2**) gemeint ist.
   b) Untersucht, inwiefern die extremistischen Positionen der fdGO widersprechen. ⟳

4. Erklärt euch in einer Vierergruppe arbeitsteilig die unterschiedlichen Arten von Extremismus (**M3a-d**, **#Extremismus**). Nutzt dazu auch die in den QR-Codes verlinkten Videos. ⟳

5. a) Verfasse ein persönliches Statement dazu, warum Extremismus die Demokratie gefährdet. Beziehe dabei auch **M2** mit ein.
   b) Diskutiert eure Positionen in der Klasse (**M2**, **M3**, **#Extremismus**).

Rundgespräch
Stellt oder setzt euch in einen Kreis, sodass sich alle gegenseitig sehen können. Hört den Beiträgen der Anderen genau zu und geht ggf. darauf ein.

▶ Wieso gefährdet Antisemitismus auch heute noch die Demokratie?

Eine große Herausforderung für die Demokratie ist die Diskriminierung von und der Hass gegen Menschen jüdischen Glaubens. Antisemitismus ist ein Problem, das nicht nur bei Menschen mit einer extremen rechten politischen Einstellung zu finden ist, sondern in der Gesellschaft in vielen Gruppierungen weit verbreitet ist. Sind dir selber abwertende Beschimpfungen oder Beleidigungen in deinem Alltag begegnet?

M4   Antisemitismus hat viele Gesichter

Hakenkreuze auf einem jüdischen Friedhof

Einschusslöcher an der Synagogentür von Halle

Eine israelische Fahne wird verbrannt.

Das Wort „ungeimpft" steht in einem Stern, welchen die Nazis einführten, um Jüd:innen zu stigmatisieren.

M5   Was bedeutet Antisemitismus? ○

Erklärfilm zum Thema Antisemitismus

70079-56

Antisemitismus hat eine lange Geschichte und gehört bis heute zu den größten Herausforderungen unserer Gesellschaft. Der Hass auf Juden, die
5 Ablehnung des Jüdischen, wo immer es auftaucht, ist weit verbreitet. Antisemitismus drückt sich in Form von Schändungen von jüdischen Friedhöfen, judenfeindlichen Schmierereien,
10 der Leugnung des Holocausts, (Brand-)anschlägen auf Synagogen sowie Beleidigungen und körperliche Gewalt gegenüber Jüd*innen aus. Während unmittelbar und direkt ausgesprochener
15 Hass auf jüdische Personen noch vielfach zu Entsetzen und Widerspruch führt, provoziert die indirekte, über Umwege geleitete Form der Ableh-

nung – selbst wenn sie ebenso hasserfüllt ist – meist keine Reaktionen. Auch 20 Aussagen über den Nahostkonflikt, die beanspruchen, legitime Kritik an der Politik Israels zu üben, können antisemitische Inhalte haben. Das ist beispielsweise der Fall, wenn Israel das 25 Existenzrecht abgesprochen wird oder eine Gleichsetzung der israelischen Politik mit den Verbrechen der Nationalsozialisten sprachlich konstruiert wird. [...] Wird das Wort „Jude" als 30 Schimpfwort auf dem Schulhof oder im Fußballstadion genutzt, handelt es sich [...] um eine antisemitische Beleidigung.

Amadeu Antonio Stiftung: Was ist Antisemitismus? In: www.amadeu-antonio-stiftung.de, Abruf am 13.03.2023

M6 Umfrage: Wie präsent ist Antisemitismus in Deutschland?

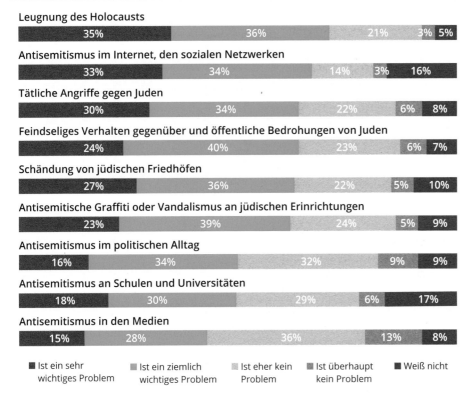

Inwiefern zeigt sich Ihrer Ansicht nach Antisemitismus in Deutschland und in welchem Umfang?

Leugnung des Holocausts
35% | 36% | 21% | 3% | 5%

Antisemitismus im Internet, den sozialen Netzwerken
33% | 34% | 14% | 3% | 16%

Tätliche Angriffe gegen Juden
30% | 34% | 22% | 6% | 8%

Feindseliges Verhalten gegenüber und öffentliche Bedrohungen von Juden
24% | 40% | 23% | 6% | 7%

Schändung von jüdischen Friedhöfen
27% | 36% | 22% | 5% | 10%

Antisemitische Graffiti oder Vandalismus an jüdischen Erinrichtungen
23% | 39% | 24% | 5% | 9%

Antisemitismus im politischen Alltag
16% | 34% | 32% | 9% | 9%

Antisemitismus an Schulen und Universitäten
18% | 30% | 29% | 6% | 17%

Antisemitismus in den Medien
15% | 28% | 36% | 13% | 8%

■ Ist ein sehr wichtiges Problem ■ Ist ein ziemlich wichtiges Problem ■ Ist eher kein Problem ■ Ist überhaupt kein Problem ■ Weiß nicht

Nach: Statista, Datenquelle: Special Eurobarometer 484, 2019

AUFGABEN

1. Beschreibe die Bilder in **M4** und betrachte auch noch einmal die Auftaktseite zum Kapitel:
   - Welche Aspekte werden durch die Bilder thematisiert?
   - Welche Fragen ergeben sich daraus für dich?

2. a) Erläutere deiner Schulterpartnerin/deinem Schulterpartner den Begriff „Antisemitismus" (**M5**).
   b) Beschreibe, wo dir in deinem Alltag Antisemitismus begegnet (**M4**, **M5**).

3. Analysiere die Grafik (**M6**) und fasse die fünf wichtigsten Kernaussagen zusammen.

4. Diskutiert in einer Fishbowl-Diskussion(→ **Methodenglossar**), welche Möglichkeiten ihr habt, um auf antisemitischen Äußerungen zu reagieren? Schaut euch dazu auch das Video „Zeit für Helden" (→ digitaler Aufgabenkasten) an und nutzt die Hinweise aus **M14-M16**.

H zu Aufgabe 3
Nutze die Methodenkarte auf Seite 106.

F zu Aufgabe 4
Informiere dich über das Projekt „Meet a jew": (→ digitaler Aufgabenkasten).

▶ Sind Verschwörungsideologien gefährlich für unsere Gesellschaft?

An sogenannte Verschwörungstheorien haben Menschen schon zu allen Zeiten geglaubt. Doch der Begriff ist bereits irreführend, denn es handelt sich dabei nicht um fundierte Theorien wie in der Wissenschaft. Deshalb sprechen wir von Verschwörungserzählungen, -mythen oder -ideologien. Diese verbreiten sich heutzutage durch die digitalen Medien „viral" und erreichen innerhalb von Sekunden Millionen von Usern weltweit, wie wir z. B. anhand der Querdenker-Szene und Q-Anon beobachten konnten. Fakten und Fakes zu unterscheiden, wird immer schwieriger.

M7   Berühmte Verschwörungsmythen

Mythen
Geschichten, die den Anspruch erheben, dass die von ihnen behauptete Wahrheit die einzig gültige ist.

Ideologie
(Griechisch: „Lehre von den Ideen") Der Begriff steht für Weltanschauungen, die so tun, als hätten sie für alle politischen Probleme die einzig richtige Lösung.

Die Mondlandung 1969 hat nie stattgefunden.

Mit der Corona-Impfung werden uns Mikrochips von Bill Gates implantiert.

Die Reptiloiden, die reale Menschen durch Klone ersetzen, unterwandern Regierungen, veranstalten Genexperimente mit Menschen, missbrauchen Kinder und feiern satanische Feste.

Hinter dem Anschlag auf das World Trade Center 9/11 steckte ein gezielter Angriff der CIA.

Flugzeuge versprühen am Himmel giftige Chemikalien, um die Menschen zu vergiften und ihre Gedanken zu steuern. Diese Chemtrails erkennt man daran, dass sie sich langsamer auflösen als normale Kondensstreifen.

Bearbeiterin

M8   Was kennzeichnet Verschwörungsideologien?

Es gibt unzählige von Verschwörungsideologien, die alle unterschiedlich sind, aber in der Regel folgende gemeinsame Kennzeichen haben:

Ⓐ Bestimmten Gruppen oder Personen werden von den Verschwörungstheoretikerinnen und -theoretikern übelste Machenschaften unterstellt. Dieses anfängliche Misstrauen gegenüber einer Person oder einer gesellschaftlichen Gruppe kann sich dazu steigern, dass an eine Verschwörung dieser Person oder Gruppe gegen eine andere Gruppe geglaubt wird. Verschwörungstheoretiker:innen nutzen für ihre Weltdeutungen häufig Formen gruppenbezogener Menschenfeindlichkeit, wie z. B. Rassismus, Antisemitismus oder Homophobie.

Ⓑ Typisch für diese Ideologien ist auch einfaches Denken in Schwarz und Weiß und die Einteilung in Gut und Böse. Besonders in Krisenzeiten boomen Verschwörungserzählungen, weil sie uns einfache Erklärungen für komplexe Probleme bieten, die uns Angst machen und überfordern.

C In Verschwörungsideologien spielt die Planung eine große Rolle. Die Anhänger:innen glauben, dass nichts in der Welt einfach so passiert, sondern dass alle Ereignisse miteinander verknüpft und von geheimen Verschwörungen gesteuert werden.

D Die Weltherrschaft, die eine bestimmte Gruppe oder Person übernehmen will, ist das am häufigsten genutzte grundlegende Motiv, welches die Basis einer Verschwörungserzählung bildet.

E Verschwörungsideologien bedienen sich einer stark gefühlsbetonten Sprache, um beim Adressaten Gefühle von Wut und Angst zu schüren. Dadurch verstärkt sich auch ihr manipulativer Charakter.

F Verschwörungserzählungen lassen keine Gegenargumente zu, gegen Kritik und Zweifel sind sie immun. Sie beziehen sich entweder auf nicht seriöse Quellen oder seriöse Quelle in einem falschen Zusammenhang.

Basierend auf: Kaufmann, Sabine/ Frietsch, Martina: Verschwörungstheorien. In: www.planet-wissen.de, 10.11.2021 und Hermann, Melanie/Baier, Jakob: Flyer – Was tun gegen Verschwörungsideologien? Bonn: Bundeszentrale für politische Bildung 2020

M9 Warum sind Verschwörungserzählungen gefährlich?

Menschen, die an Verschwörungsideologien glauben, meinen zu wissen, wer angeblich die Fäden in der Hand hat. Daraus leiten sie eine Pflicht ab, ge-
5 gen das Böse in der Welt vorzugehen. Die Verbreitung verschwörungsideologischer Inhalte stellt eine zentrale Gefahr für offene, demokratische Gesellschaften dar, insbesondere für jene
10 Menschen, die von Verschwörungsideologien als Feindbilder ausgemacht werden. Verschwörungsideologien können gewaltvolles Verhalten bis hin zu Mord legitimieren, da sie einen Endkampf
15 zwischen Gut und Böse propagieren.

Aus dieser Fantasie lässt sich eine angebliche Notwehrsituation ableiten [...]. Die Attentäter von Halle, Christchurch, El Paso, Utoya/Oslo und viele weitere sahen sich auf Basis ihres Weltbildes 20 in der Pflicht, andere Menschen zu töten, die sie als Bedrohung ausgemacht hatten. Aus ihrer Perspektive haben sie in Notwehr gehandelt und fühlen sich dementsprechend als Helden, obwohl 25 sie eigentlich furchtbare Verbrechen gegen Unschuldige verübt haben.

Hermann, Melanie/Baier, Jakob: Flyer – Was tun gegen Verschwörungsideologien? Bonn: Bundeszentrale für politische Bildung 2020

Video: Verschwörungserzählungen entlarven

70079-58

AUFGABEN

1. Tauscht euch in Kleingruppen über eure Erfahrungen mit Verschwörungsideologien aus (**M7**).

2. a) Erstellt in Tandemarbeit ein analoges oder digitales Fragen-Antworten-Spiel mit 6-10 Quizfragen und -antworten zum Thema „Verschwörungserzählungen" (**M7**, **M8** und **QR-Code**).
   b) Sucht euch ein anderes Zweierteam und spielt das Quiz. ⟳

3. Diskutiert in einer strukturierten Kontroverse (→ **Methodenglossar**), ob Verschwörungserzählungen für die Demokratie gefährlich sind (**M8**, **M9**).

H **zu Aufgabe 2a**
Ihr könnt dafür z. B. Learning Apps oder Kahoot nutzen.

▶ (Wie) Kann sich der Staat gegen Angriffe auf die fdGO wehren?

Wird versucht, die Demokratie in Deutschland zu beseitigen, kann sich der Staat dagegen wehren. Doch welche Maßnahmen gibt es?

M10   Wie der Staat die Demokratie schützt

Artikel 9
(2) Vereinigungen, deren Zwecke oder deren Tätigkeit den Strafgesetzen zuwiderlaufen oder die sich gegen die verfassungsmäßige Ordnung oder gegen den Gedanken der Völkerverständigung richten, sind verboten. [...]

Artikel 20
(1) Die Bundesrepublik Deutschland ist ein demokratischer und sozialer Bundesstaat.
(2) Alle Staatsgewalt geht vom Volke aus. Sie wird vom Volke in Wahlen und Abstimmungen und durch besondere Organe der Gesetzgebung, der vollziehenden Gewalt und der Rechtsprechung ausgeübt. [...]
(4) Gegen jeden, der es unternimmt, diese Ordnung zu beseitigen, haben alle Deutschen das Recht zum Widerstand, wenn andere Abhilfe nicht möglich ist.

Artikel 21
(2) Parteien, die nach ihren Zielen oder nach dem Verhalten ihrer Anhänger darauf ausgehen, die freiheitliche demokratische Grundordnung zu beeinträchtigen oder zu beseitigen oder den Bestand der Bundesrepublik Deutschland zu gefährden, sind verfassungswidrig. Über die Frage der Verfassungswidrigkeit entscheidet das Bundesverfassungsgericht. [...]

Grundgesetz für die Bundesrepublik Deutschland

M11   Parteiverbotsverfahren in Deutschland

Hinweise zu Grafik
Seit Bestehen der Bundesrepublik wurden zwei Parteien verboten – die Sozialistische Reichspartei (SRP, 1952) und die Kommunistische Partei Deutschlands (KPD, 1956).

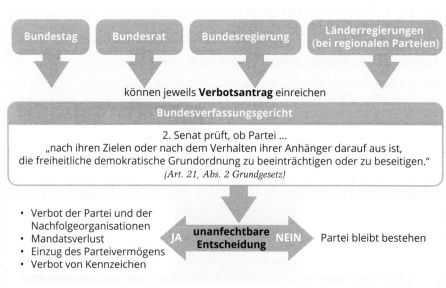

Nach: DPA-Infografik, Globus 4633: Quelle: BMI, Juraforum – von Bearbeiter angepasst

M12 Wieso darf die AfD als extremistischer Verdachtsfall vom Verfassungsschutz beobachtet werden?

Landesverbände der AfD [Alternative für Deutschland] werden bereits in verschiedenen Bundesländern (Sachsen, Sachsen-Anhalt und Brandenburg) als sogenannter extremistischer Verdachtsfall oder sogar als erwiesen rechtsextremistisches Beobachtungsobjekt (Thüringen) von den Landesbehörden des Verfassungsschutz eingestuft und beobachtet.

Anfang März 2022 hat das Kölner Verwaltungsgericht entschieden, dass die Einstufung der [Bundes-] AfD als Verdachtsfall durch das BfV [Bundesamt für Verfassungsschutz] gerechtfertigt sei. Es gebe „ausreichende tatsächliche Anhaltspunkte für verfassungsfeindliche Bestrebungen innerhalb der Partei", trotz offizieller Auflösung des sogenannten „Flügels" der AfD, der als erwiesen extremistisch galt.

[Offensichtlich wird dies beispielsweise an Begrifflichkeiten von AfD-Politikern mit eindeutigem Bezug zum Vokabular der Nationalsozialisten, wie z. B. „Entsorgung" von Menschen, „Umvolkung" oder „Zwangsvergiftung", gezielt für publikumswirksame Zwecke.]

Die Kölner Richter begründen ihr Urteil ferner damit, dass auch die AfD-Jugendorganisation für einen ethnischen Volksbegriff (u. a. Ausschluss von „Fremden") wirbt, der im Widerspruch zum Grundgesetz steht. Die AfD will das Urteil prüfen und ggf. weitere Schritte dagegen einleiten.

Bei als Verdachtsfall eingestuften Organisationen darf der Verfassungsschutz auch verdeckt nach richterlichem Beschluss Informationen sammeln, indem er Personen observiert oder Informanten anwirbt.

Nach: bpb Online-Redaktion: AfD als Verdachtsfall eingestuft. In: www.bpb.de, 09.03.2022 [aus didaktischen Gründen leicht modifiziert]

Flügel einer Partei
Eine bestimmte Personengruppe, die innerhalb der Partei besonders radikale Ansichten vertritt

---

AUFGABEN

1. a) Erklärt euch gegenseitig in einem Partner:inneninterview, wie der Staat die Demokratie schützen kann (**M10**, **M11**). ⟳
   b) Finde weitere Artikel im Grundgesetz, die die Demokratie in Deutschland schützen.

2. a) Sammelt in Tischgruppen Lösungsvorschläge, wie man gegen Extremismus vorgehen könnte. (**M10**, **M11**).
   b) Vergleicht eure Ideen mit einer anderen Gruppe.

3. Fasse die Informationen aus **M12** zusammen und erkläre einer Mitschülerin bzw. einem Mitschüler, warum die AfD vom Verfassungsschutz beobachtet werden darf.

4. Diskutiert in einer Pro- und Kontra-Diskussion, ob die AfD zurecht vom Verfassungsschutz beobachtet wird. Recherchiert dazu verschiedene Pro- und Kontra-Standpunkte im Internet. ⟳

▶ Wie können wir Haltung zeigen gegen Stammtischparolen und Verschwörungsideologien?

Demokratie lebt Meinungsvielfalt und kritischen Diskussionen zu kontroversen Themen. Doch was können wir einseitigen Informationen, gezielter Desinformation, fake news und manipulativen Verschwörungserzählungen entgegensetzen?

M13   Mögliche Stammtischparolen

1
Wer arbeiten will, findet auch einen Job.

2
Fernsehen, Youtube und Zeitungen kannst du sowieso nichts glauben. Die sind alle gleichgeschaltet.

3
Ausländer nutzen unser System nur aus und liegen uns auf der Tasche.

4
Nach der Silvesternacht in Köln wissen ja wohl alle, wie gefährlich diese Massen von Asylbewerbern sind.

5
Die Politiker machen eh', was sie wollen, wir leben in einer Scheindemokratie.

Bearbeiterin

M14   Was sind Stammtischparolen?

A
... stellen Sachverhalte pauschal, verkürzt oder vereinfacht dar. Sie basieren auf Vorurteilen und sind diskriminierend, auch sprachlich.

B
... verweigern sich konsequent anderen Informationen und wissenschaftlichen Fakten oder nehmen diese gar nicht wahr.

C
... verharren in starren Denkschablonen, die aus Wir-Gefühl setzen. Sie fühlen sich als Gruppe überlegen und grenzen die „Gegenseite" aus und werten sie ab.

D
... weisen bestimmten Gruppen klar Schuld zu und machen sie verantwortlich für bestimmte Probleme.

E
... werden oft aggressiv und lautstark kundgetan. Die Vertreter:innen sind nicht bereit, über ihre Sichtweise zu offen und demokratisch zu diskutieren, sondern erheben den Anspruch auf absolutes Wissen.

M15 Wie kann ich auf Stammtischparolen reagieren?

Mögliche Stammtischparole:

Alle Ausländer raus!

Deine mögliche Antwort:

„Meinst du wirklich, dass alle Ausländer Deutschland sofort verlassen sollen?

Mögliche Antworten der anderen Person:

„Nein, war gar nicht so gemeint. Sorry!"

oder

„Ja, sofort abschieben und zwar alle."

Deine möglichen Reaktionen:

„Das macht mich traurig, denn ich habe viele Freundinnen und Freunde mit Migrationshintergrund und bin froh, dass unser Land so vielfältig ist."

oder

„Ich habe da eine ganz andere Meinung. Überleg' doch mal, was das für jeden einzelnen Menschen bedeutet."

Bearbeiterin

M16 Gesprächsstrategien gegen Parolen

Lass dich nicht auf mehrere Themen ein!

Stelle Fragen und hinterfrage!

Fordere durch Perspektivwechsel Empathie ein!

Fordere differenzierte Argumente anstelle von Verallgemeinerungen („die"/ „alle"/"immer") ein.

Positioniere dich klar und setze Grenzen!

Fordere konkrete Beispiele ein und unterstütze deine Argumentation mit eigenen gegenteiligen Beispielen!

Baue deiner Gesprächspartnerin/ deinem Gesprächspartner Brücken!

Zeige konkrete Konsequenzen des Gesagten auf! Was bedeutet das für die Einzelne/den Einzelnen?

Die Apps „KonterBunt" und „Stand Up! – Argumentieren gegen Populisten" helfen dir dein Argumentationstalent zu testen.

70079-68

Bearbeiterin

M17 Positioniere dich! Wie reagierst Du?

Fall 1: Du willst mit deinem Freund in einen Club. Der Türsteher lässt ihn nicht rein mit dem Spruch: „Die Ausländerquote ist bereits erfüllt."

Fall 2: Du unterhältst dich mit deiner Clique in der Pause über die Mathearbeit am nächsten Tag. Dein Kumpel sagt: „Ich habe gestern schon bis zur Vergasung geübt."

Fall 3: Beim Fußballspielen hörst du, wie dein Kumpel als „schwuler Spast" beschimpft wird.

Fall 4: Du möchtest am Wochenende bei deiner Freundin übernachten. Deine Eltern verbieten dir dies mit der Begründung, dass du dich nicht mit „Hartzern" abgeben sollst.

Fall 5: In der Pause steht ihr zusammen und unterhaltet euch über den Klimawandel, über den ihr in der letzten Politikstunde gesprochen habt. Eine Mitschülerin sagt: „Ihr fallt auch auf alle Fake News der Lügenpresse rein. Der Klimawandel ist eine reine Erfindung von grünen Spinnern."

Fall 6: In der Pause bekommst du mit, wie zwei Klassenkameraden sich auf dem Handy diskriminierende Memes anschauen.

Bearbeiterin

AUFGABEN

1. a) Untersuche die Statements (**M13**) mit Hilfe von **M14** und erläutere, welche Merkmale von Stammtischparolen auf diese Aussagen zutreffen. ○

b) Sucht euch eines der Statements aus **M13** aus und argumentiert in Kleingruppen gegen diese typische Parole.

2. Diskutiert zu zweit, Unterschiede und Gemeinsamkeiten von Verschwörungserzählungen (**M7-M9**) und Stammtischparolen (**M14**). ○

3. In **M17** sind typische Alltagssituationen dargestellt.

a) Überlege zunächst alleine und dann mit deiner Sitznachbarin/deinem Sitznachbarn, wie du mit den Situationen 1-6 umgehen würdest.

b) Verteilt die sechs Beispiele an eure Kleingruppen und präsentiert im Rollenspiel jeweils eine Situation und eine passende Handlungsmöglichkeit.

4. Gestaltet einen Infoflyer für eure Schule zum Thema „So nutzt du dein Argumentationstalent gegen Dummschwätzer:innen" (**M14-M17**).

H zu Aufgabe 1b
Helfen können dir dabei **M15** und **M16**.

H zu Aufgabe 3b
Nutzt dazu die Gesprächsstrategien aus **M16**.
Ihr könnt die Spielszenen auch filmen und euch so die Szenen mehrmals anschauen, um euch Feedback zu geben und ggf. weitere Handlungsoptionen zu entwickeln.

WODURCH WIRD UNSERE DEMOKRATIE GEFÄHRDET?

EXTREMISMUS

←·· M1–M3

Politisch extreme Positionen lehnen die Prinzipien der Demokratie ab, wie z. B. die Gewaltenteilung oder die Volkssouveränität. Es gibt viele unterschiedliche Formen des politischen Extremismus. Alle verschiedenen Strömungen sind durch zentrale Merkmale gekennzeichnet: Freund-Feind-Stereotype, Heilslehre, Verschwörungstheorien oder Missionsbewusstsein. Viele Anhänger:innen sind in der Bundesrepublik im Linksextremismus, Rechtsextremismus, religiös motiviertem Extremismus und bei den Reichsbürger:innen zu finden.

ANTISEMITISMUS

←·· M4–M6

Eine feindliche Einstellung gegenüber Jüdinnen und Juden nennt man „Antisemitismus". Antisemitismus zeigt sich heute vor allem in Beschimpfungen und Bedrohungen von Jüdinnen und Juden.

Dabei werden Lügen über Jüdinnen und Juden (im Internet und auf der Straße) verbreitet, aber auch körperliche Gewalt angewendet. Im Nationalsozialismus mündete der Antisemitismus in staatlich organisiertem Völkermord.

Im Grundgesetz steht eindeutig, dass antisemitische Handlungen und Äußerungen verboten sind und diese Taten bestraft werden.

VERSCHWÖRUNGSIDEOLOGIEN

←·· M7–M9

Anhänger:innen von Verschwörungstheorien glauben daran, dass es geheime Absprachen zwischen kleinen Gruppen von mächtigen Menschen gibt, die einen genauen Plan haben, um die Welt zu ihren Gunsten zu manipulieren. Verschwörungserzählungen bieten einfache Erklärungsmuster und unterteilen die Welt in Gut und Böse. Reale und erfundene Fakten werden geschickt vermischt, so dass es manchmal schwer ist zu unterscheiden, was wirklich stimmt und was nicht. Hinzu kommt, dass sich die Verschwörungserzählungen heutzutage im Internet sehr schnell verbreiten. Verschwörungstheorien sind keine wissenschaftlich begründeten Theorien. Deshalb ist es passender von Verschwörungsmythen, -ideologien oder -erzählungen zu sprechen.

SCHUTZ DER DEMOKRATIE

←·· M10–M12

Das Grundgesetz der Bundesrepublik Deutschland ermöglicht es dem Staat sich gegen Angriffe auf die Demokratie zu wehren. Zum Beispiel sind laut Artikel 9 Vereinigungen verboten, die sich gegen die verfassungsmäßige Ordnung richten. Auch Parteien, die die freiheitliche demokratische Grundordnung gefährden, können verboten werden. Dazu gibt es das sogenannte Parteiverbotsverfahren.

M1   Thesen zu dem Einfluss der Medien auf die Politik

A

Ansehen und Erfolg von Politikerinnen und Politikern hängen in erster Linie davon ab, was und wie die Medien über sie berichten.

B

Die Meinungsfreiheit in sozialen Medien wie Twitter und Instagram stärkt die Demokratie.

C

Ohne Pressefreiheit gibt es keine echten Demokratien.

Bearbeiter

M2   Politische Gefährdungen in unserer Demokratie

Karikatur: Michael Hüter, 2013

AUFGABEN

1. Diskutiert in Gruppenarbeit an einzelnen Tischen die Thesen (**M1**).
2. Kommentiert jede These mit einem persönlichen Post.
3. Vergleicht und diskutiert eure Posts im Plenum: Begründet, welchen Posts ihr zustimmt, welche ihr ablehnt.
4. Analysiere die Karikatur (**M2**) mit Hilfe der Drei-Schritt-Methode.

H **zu Aufgabe 4**
Im **Methodenglossar** findet ihr Informationen zur Karikaturenanalyse.

In diesem Kapitel hast du viel über potentielle Gefahren für eine Demokratie gelernt. Die folgende Tabelle hilft dir dabei herauszufinden, welche Fähigkeiten du schon erworben hast und wie du bei Bedarf noch weiter üben kannst.

Ich kann ...	Das klappt schon ...	Hier kann ich noch üben ...
... die vier Grundfunktionen von Medien benennen und ihre Bedeutung für die Politik erklären.	👍 👉 👎	Kap. 2.1: M 1-M3, Grundwissen
... den Einfluss der sozialen Medien mit ihren Chancen und Gefahren erklären.	👍 👉 👎	Kap. 2.1: M4-M7, Grundwissen
... die Bedeutung der Pressefreiheit für Demokratien erläutern und begründen.	👍 👉 👎	Kap. 2.1: M8-M11, Grundwissen
... Gefahren von Fake News und Social Bots für Demokratien anhand von Beispielen erkennen und erläutern.	👍 👉 👎	Kap. 2.1: M12-M14, Grundwissen
... die freiheitliche demokratische Grundordnung in Grundzügen beschreiben und erläutern.	👍 👉 👎	Kap. 2.2: M2
... verschiedene Formen von Extremismus und Antisemitismus erklären und erläutern, inwiefern sie eine Bedrohung für die Demokratie sind.	👍 👉 👎	Kap. 2.2: M3-M6, Grundwissen, #Extremismus
... Kennzeichen und Gefahren von Verschwörungsideologien beschreiben und beurteilen.	👍 👉 👎	Kap. 2.2: M7-M9, M13, M14, Grundwissen
... Möglichkeiten beschreiben und beurteilen, wie sich der Staat gegen Angriffe auf die fdGO wehren kann.	👍 👉 👎	Kap. 2.2: M10-M11, Grundwissen
... am Beispiel der AfD erläutern und beurteilen, warum der Verfassungsschutz eine Partei beobachten darf.	👍 👉 👎	Kap.2.2: M12
... Möglichkeiten und Gesprächsstrategien benennen und anwenden, um Haltung gegen antisemitische Äußerungen, Stammtischparolen und Verschwörungsideologien zu zeigen.	👍 👉 👎	Kap. 2.2: M15, M16, M17

1 Zahl der Rentner in Hartz IV erreicht Höchststand

www.tagesspiegel.de, 08.03.2022

2 Sozialstaat der Zukunft: Mehr Wohlstand oder mehr Ungleichheit?

Rövekamp, Marie. In: www.tagesspiegel.de, 14.02.2019

3 Sozialstaat wächst immer stärker

Creutzburg, Dietrich. In: www.faz.net, 01.07.2021

4 Sozialstaat dämpft Krisenverluste

www.iwd.de, 10.12.2020

5 Wohlfahrtsverband fordert Stärkung des Sozialstaats

www.zeit.de, 28.09.2021

6 Die neue Regierung muss die Finanzierungs-Zeitbombe in der Sozialversicherung entschärfen

Specht, Frank. In: www.handelsblatt.com, 14.10.2021

7 Deutscher Sozialstaat braucht mehr als höhere Geburten- und Zuwanderungszahlen

www.bertelsmann-stiftung.de, 14.03.2019

Was weißt du schon?

1. Notiere, was dir zu den Schlagzeilen einfällt, indem du zu drei Schlagzeilen deiner Wahl folgende Fragen beantwortest:
   - Welches Problem wird angesprochen oder verbirgt sich hinter der Aussage?
   - Wer ist beteiligt?
   - Welche Konsequenzen sind für die Beteiligten denkbar?
2. Vergleicht eure Ergebnisse in der Klasse.
3. Welche Fragen habt ihr über den Sozialstaat? Haltet sie auf Karten (oder einer digitalen Pinnwand) fest und beantwortet sie am Ende des Kapitels.

Aufgaben und Herausforderungen des Sozialstaats in Deutschland

In der deutschen Verfassung ist neben der Demokratie auch der Sozialstaat fest verankert. Doch wie der Sozialstaat genau gestaltet sein soll, gibt das Grundgesetz nicht vor. Darüber müssen immer wieder politische Entscheidungen getroffen werden, die – wie üblich – umstritten sind. Verschiedene gesellschaftliche Entwicklungen führen außerdem dazu, dass immer häufiger von einer „Krise des Sozialstaates" gesprochen wird. Welche Zukunft hat der Sozialstaat?

Was lernst du in diesem Kapitel?

... die Grundsätze des Sozialstaatsprinzips zu erläutern.

... die Einkommensunterschiede zwischen unterschiedlichen gesellschaftlichen Gruppen darzustellen.

... unterschiedliche Gerechtigkeitsvorstellungen zu vergleichen.

... die Säulen der sozialen Sicherung darzustellen.

... die Entwicklungen zu beschreiben, die für die sozialen Sicherungssysteme ein Problem darstellen.

... Möglichkeiten privater und betrieblicher Absicherung zu erklären.

... staatliche Finanzleistungen bei Arbeitslosigkeit zu erklären.

... das bedingungslose Grundeinkommen als sozialpolitische Maßnahme für sozialen Ausgleich zu beurteilen.

Eine Zukunftswerkstatt zum Sozialstaat durchführen

Worum geht es?

Keiner kann sagen, wie genau sein Leben in der Zukunft aussehen wird ... Aber vielleicht habt ihr ja Erwartungen und Wünsche an einen Staat, in dem ihr zukünftig leben werdet. Was soll ein solcher Staat der Zukunft leisten und wofür soll jeder selbst verantwortlich sein? Entwerft eure eigene Vorstellung von einem Sozialstaat, in welchem ihr in Zukunft leben möchtet.

Geht dabei so vor:

Start

1 Arbeitet in Kleingruppen von drei bis fünf Schülerinnen und Schülern. Klärt zunächst nachfolgende Arbeitsaufträge schriftlich, bevor ihr mit eurer Zukunftswerkstatt beginnt.

3 Erklärt, auf welchen gesetzlichen Rahmenbedingungen unser Sozialstaat in Deutschland basiert (→ Kapitel 3.2: M2) und wie genau er aufgebaut ist (→ Kapitel 3.2: M5, M7-M10).

2 Analysiert, auf welche konkreten Probleme und Herausforderungen unser Sozialstaat in der Realität reagieren muss (→ Kapitel 3.1: M2, M5-M9; Kapitel 3.3: M2, M6, M9).

Erörtert konkrete sozialpolitische Maßnahmen, um Problemen des Sozialstaats entgegenzuwirken (→ Kapitel 3.4: M2-M3, M5-M6).

Nun könnt ihr mit der Zukunftswerkstatt beginnen:

Fantasiephase:
Sammelt eure Wünsche, Träume und Ziele eines Sozialstaates der Zukunft. Nehmt keine Rücksicht auf Gesetzte oder ähnliches. Fasst eure Ideen zu konkreten Entwürfen zusammen.

Verwirklichungsphase:
- Stellt eure Entwürfe der Realität gegenüber: Welche Schwierigkeiten gibt es, die Ideen in die Tat umzusetzen? Wo müssen die Entwürfe verändert oder angepasst werden? Wo besteht die Notwendigkeit, äußere Bedingungen, z. B. gesetzliche und/oder finanzielle Rahmenbedingungen zu überdenken und ggf. zu verändern, damit sie umsetzbar wären?
- Konkretisiert notwendige Veränderungsschritte: Nennt z. B. Maßnahmen, die ergriffen werden müssen, damit euer Zukunftsentwurf Realität werden kann.

Beurteilungsphase:
Präsentiert alle Entwürfe in der Klasse und beurteilt die Realisierbarkeit der einzelnen Zukunftsentwürfe. Für welchen Entwurf würdet ihr euch jeweils entscheiden? Begründet eure Entscheidung.

Methode zur Zukunftswerkstatt

70079-03

3.1 Soziale Ungleichheit

▶ Was bedeutet soziale Ungleichheit?

Die (un-)gleiche Verteilung von Ressourcen und Lebensbedingungen in Deutschland steht im Mittelpunkt, wenn es um die Aufgaben und Herausforderungen des Sozialstaats geht. Wie groß ist das Problem der sozialen Ungleichheit tatsächlich in Deutschland? Und: Wie viel Ungleichheit hält unsere Gesellschaft aus?

M1 Eine Unterhaltung über das Leben

Jeder ist seines Glückes Schmied. Wer sich heute wirklich anstrengt, der kann es auch zu etwas bringen.

Tatsächlich ist es so, dass die einen oben sind, und die anderen sind unten und kommen bei den heutigen Verhältnissen auch nich hoch, so sehr sie sich auch anstrengen.

Florian und Sweja unterhalten sich über das Leben.

Nach: Allensbacher Jahrbuch VIII, 1983

M2 Was ist soziale Ungleichheit? ○

Soziale Ungleichheit beschreibt den Zustand, wenn Bevölkerungsteile in einer Gesellschaft über bestimmte Ressourcen mehr oder weniger verfügen. Auf-
5 grund dieses Zustands haben sie bessere oder schlechtere Lebens- und Verwirklichungschancen.
Die Ressourcen können materiell (z.B. Einkommen oder Vermögen) oder im-
10 materiell (z.B. Bildung oder Aufstiegschancen) sein. Der Begriff enthält keine Wertung darüber, ob die Verteilung der Ressourcen gerecht oder ungerecht ist. Auch sind soziale Ungleichheiten nicht
15 mit individuellen, naturgegebenen oder momentanen Vor- und Nachteilen gleichzusetzen, wie z.B. bestimmte Eigenschaften einer Person oder ein Lotteriegewinn. Soziale Ungleichheit wird an der Chancengleichheit zum Beispiel 20 für Bildung und Ausbildung ermittelt. Sie wird auch an der Einkommens- und Vermögensverteilung gemessen. Oft ist in diesem Zusammenhang von einer wachsenden Schere zwischen Arm 25 und Reich die Rede, weil wenige Reihe immer mehr Geld haben und vielen Armen immer weniger Geld zur Verfügung steht.
Bearbeiterin

M3 Wieviel Ungleichheit ist akzeptabel?

a) Soziale Ungleichheit und soziale Herkunft

Häufiger als in vergleichbaren Industriestaaten hängt [in Deutschland] die Frage, welche Perspektiven ein Kind hat, von dessen Herkunft ab. Seine Auf-
5 stiegsmöglichkeiten sind gering. [...] Die Chance, ein Studium zu beginnen, ist für ein Kind geringqualifizierter Eltern ein Drittel so hoch wie für ein Akademikerkind. [...] Eine freie Gesellschaft
10 muss ein gewisses Maß an Ungleich-
heit, die ja auch auf unterschiedliche Leistungsbereitschaft zurückgeht, aushalten. Doch dass Kinder unter ihren Möglichkeiten bleiben, nur weil sie das Pech hatten, im falschen Bett gezeugt 15 worden zu sein, ist ein beschämender Befund.

Müller, Ann-Kathrin/Neubacher, Alexander: Die Chancenlüge. In: www.spiegel.de, Abruf am 06.02.2023

b) Soziale Ungleichheit und Marktwirtschaft

Die Marktwirtschaft produziert auch soziale Ungleichheiten, weil der Erfolgreiche ja etwas von seinem Erfolg haben will und haben soll. Das liegt in der
5 Natur der Sache, das ist so in Ordnung. Nicht in Ordnung ist es aber, wenn sich die Vermögen immer mehr zusammenballen, wenn wenige fast alles und sehr
viele fast nichts haben, wenn die obersten 10 Prozent der Haushalte fast 52 10 Prozent des Nettovermögens halten. So ist es in Deutschland – und das ist nicht gut.

Prantl, Heribert: Wenige alles? In: www.sueddeutsche.de, Abruf am 06.02.2023

Materieller Wohlstand
Um den materiellen Wohlstand in einem Land zu messen, kann man die Einkommen der Haushalte heranziehen.

AUFGABEN

1. Führt ein Meinungsbarometer zu den in **M1** geäußerten Positionen durch.
   a) Markiert dazu zwei Punkte in eurem Klassenzimmer:

   Position 1:
   Wer sich anstrengt, kann es zu etwas bringen.

   Position 2:
   So sehr man sich auch anstrengt, wenn man unten ist, bleibt man auch unten.

   b) Wie beurteilt ihr selbst diese Positionen? Stellt euch entsprechend zwischen diesen beiden Positionen auf.
   c) Begründet anschließend eure Positionen.

2. Erkläre mithilfe von **M2** den Zusammenhang zwischen sozialer Ungleichheit und den beiden Positionen in **M1**.

3. a) Arbeitet zu zweit aus **M3** die Aussagen der Autor:innen zur sozialen Ungleichheit in Deutschland heraus.
   b) Erläutere vor dem Hintergrund von **M3**, wieviel Ungleichheit aus deiner Perspektive gerecht ist.

H zu Aufgabe 1a
Wer der Meinung ist, Position 1 trifft zu, stellt sich dorthin. Wer sich nicht entscheiden kann stellt sich in die Mitte. Wer eher zu Position 2 tendiert, steht vielleicht zwischen dem (gedachten) Mittelpunkt und dem (markierten) Punkt der Position 2 usw.

▶ Soziale Gerechtigkeit trotz Ungleichheit?

Viele Menschen in Deutschland wünschen sich mehr (soziale) Gerechtigkeit. Häufig wird dabei die Frage diskutiert, wie Einkommen in den verschiedenen sozialen Schichten verteilt sein sollten. Und gibt es überhaupt „die" Gerechtigkeit?

M4   Was ist soziale Gerechtigkeit?

Soziale Gerechtigkeit beschreibt, dass …

A … man von dem Lohn für seine Arbeit auch leben kann.

B … alle Kinder die gleichen Chancen auf eine gute Schulbildung haben.

C … der Staat für eine Grundsicherung sorgt, damit niemand in Not gerät.

D … derjenige, der mehr leistet, auch mehr verdient als derjenige, der weniger leistet.

E … Familien mit Kindern vom Staat finanziell unterstützt werden.

F … bei politischen Entscheidungen keine Generation bevorzugt oder benachteiligt wird.

G … sich die Löhne nur nach der gearbeiteten Zeit, nicht nach der Qualifikation oder der beruflichen Stellung richten.

Nach: „Was ist gerecht? – Gerechtigkeitsbegriff und -wahrnehmung der Bürger", Allensbacher Umfrage zur sozialen Gerechtigkeit, 2013

M5   Welche Dimensionen von Gerechtigkeit gibt es? ○

1

Chancengerechtigkeit bedeutet, dass Menschen, die in einem Leistungswettbewerb stehen (z. B. in der Schule oder im Berufsleben), die gleichen Chancen haben, ihre Leistungsfähigkeit zu entwickeln und Leistung zu zeigen. Es geht somit nicht um das Ergebnis, sondern um die Voraussetzungen im Leistungs-
5   wettbewerb. Nach dieser Vorstellung darf z. B. kein Schüler schlechtere Chancen in der Schule haben, weil seine Eltern sich keine Nachhilfe leisten können.

2

Leistungsgerechtigkeit meint, dass es gerecht ist, wenn diejenigen, die z. B. mehr in ihrem Beruf oder in der Schule leisten, auch mehr verdienen bzw. besser benotet werden. Nach dieser Auffassung können die, die sich mehr anstrengen, auch bessere Lebensbedingungen erreichen. Dieses Konzept sieht
5   also ungleiche Belohnungen für ungleiche Leistungen vor. Somit sollen die Leistungsbereitschaft und Motivation jedes Einzelnen gesteigert und für alle Menschen bessere Lebensbedingungen erreicht werden.

3

Bedarfsgerechtigkeit bedeutet, dass jede oder jeder in einer Gesellschaft den notwendigen Bedarf (Mindestbedarf) an Dingen, wie z. B. Essen und Kleidung, decken können soll. Nach dieser Auffassung können durch Chancen- und Leistungsgerechtigkeit der Bedarf von nicht oder weniger leistungsfähigen Personen (z. B. Alte, Kranke, Kinder etc.) nicht gedeckt werden. Die Personen, die ⁵ mehr verdienen, sollen deshalb auch mehr Steuern zahlen, um einkommensschwächere Menschen zu unterstützen.

4

Verteilungsgerechtigkeit meint, dass die Güter und Lasten in einer Gesellschaft möglichst gleich verteilt werden. Die Gerechtigkeitsvorstellung zeigt sich z. B. in der Kritik an zu hohen Gehältern von Managern oder der Erwartung, dass die Gesundheitsversorgung für alle Menschen gleich gut sein müsste.

5

Hinter dem Konzept der **Generationengerechtigkeit** steckt die Forderung, dass bei der Güter- und Lastenverteilung auf die lebenden und zukünftigen Generationen Rücksicht genommen wird.

Nach: Hradil, Stefan: Soziale Ungleichheit – eine Gesellschaft rückt auseinander. In: Hradil, Stefan (Hg.): Deutsche Verhältnisse. Eine Sozialkunde. Ausgabe der Bundeszentrale für politische Bildung, Bonn 2013, S. 168

AUFGABEN

1. In **M4** liegen verschiedene Aussagen zur sozialen Gerechtigkeit vor. Was ist soziale Gerechtigkeit für dich?
   a) Entscheide auf einer Skala von 1-7, welche Aussage zur Gerechtigkeit dir am wichtigsten (1) und welche dir am wenigsten wichtig (7) ist.

1	2	3	4	5	6	7
(wichtig)						(am wenigsten wichtig)

   b) Begründe jeweils deine Entscheidung (**M4**).
   c) Vergleicht eure Ergebnisse in der Klasse und benennt die drei Aussagen, die am häufigsten gewählt wurden.
2. Ordne den Arten sozialer Gerechtigkeit (**M5**) die Aussagen in **M4** zu.
3. Erkläre, welche Arten von Gerechtigkeit im Widerspruch zueinanderstehen.
4. Entwickelt gemeinsam eine Definition des Begriffs „(soziale) Gerechtigkeit".
5. Diskutiert folgende Frage in Kleingruppen: Wie können die Dimensionen der sozialen Gerechtigkeit eurer Meinung nach umgesetzt werden?

H zu Aufgabe 1a
Jede Zahl zwischen eins und sieben darf nur einmal verwendet werden.

▶ Einkommensverteilung in Deutschland: (un)gleich und (un)gerecht?

Die Schere zwischen Arm und Reich scheint immer weiter auseinanderzugehen. Diskussionen über soziale Gerechtigkeit sind daher eng verknüpft mit der ungleichen Verteilung von Einkommen. Aber ab wann wird die Ungleichheit ungerecht?

M6   Was bedeutet es arm zu sein?

Lisa bekommt immer die neuesten Smartphones und Markenklamotten.

„Ich habe das neueste iPhone zu Weihnachten bekommen! Und die Markenklamotten, die ich mir gewünscht habe", berichtet Lisa voller Stolz am ers-
5 ten Schultag nach den Ferien.
Wenn Denis solche Berichte über Geschenke hört, wird er immer ganz traurig und wütend zugleich, weil er irgendwie nicht richtig zur Clique gehört.
10 Schon mehrmals hat Denis im Nachhinein mitbekommen, dass sich die Clique verabredet hatte – immer ohne ihn. Whatsapp-Gruppennachrichten seiner Klassenkameraden bekommt er nicht, weil er kein Smartphone – nicht einmal 15 ein normales Handy – besitzt. So teure Dinge, wie ein Smartphone, können sich seine Eltern aber einfach nicht leisten. Dafür schämt sich Denis.
Später in der Pause bekommt er zufällig 20 mit, wie sich Lisa ihrer besten Freundin anvertraut: „Weißt du, die ganzen Klamotten, das iPhone usw. sind voll cool, aber ich bin nach der Schule und an den Wochenenden ganz oft alleine. Meine 25 Eltern müssen immer arbeiten und haben nie Zeit für mich."

Bearbeiterin

M7 Wer ist von Armut betroffen?

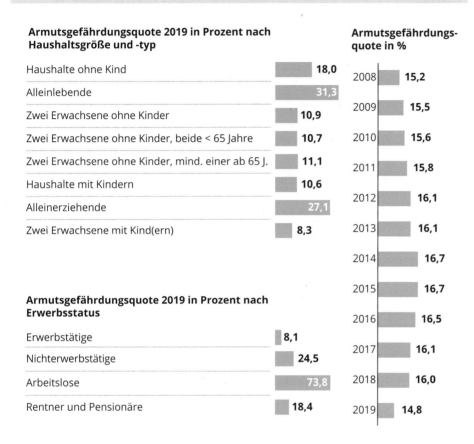

Armutsgefährdungsquote, Personen mit weniger als 60 % des mittleren Einkommens (Stand: 2023)

Armutsgefährdungsquote 2019 in Prozent nach Haushaltsgröße und -typ

	%
Haushalte ohne Kind	18,0
Alleinlebende	31,3
Zwei Erwachsene ohne Kinder	10,9
Zwei Erwachsene ohne Kinder, beide < 65 Jahre	10,7
Zwei Erwachsene ohne Kinder, mind. einer ab 65 J.	11,1
Haushalte mit Kindern	10,6
Alleinerziehende	27,1
Zwei Erwachsene mit Kind(ern)	8,3

Armutsgefährdungsquote 2019 in Prozent nach Erwerbsstatus

	%
Erwerbstätige	8,1
Nichterwerbstätige	24,5
Arbeitslose	73,8
Rentner und Pensionäre	18,4

Armutsgefährdungsquote in %

Jahr	%
2008	15,2
2009	15,5
2010	15,6
2011	15,8
2012	16,1
2013	16,1
2014	16,7
2015	16,7
2016	16,5
2017	16,1
2018	16,0
2019	14,8

©C.C. Buchner Verlag, aktuelle Daten nach: DESTATIS Mikrozensus (Datenerhebung: 2020; Grafikerstellung: 2022)

M8 Wie ist das Einkommen in Deutschland verteilt?

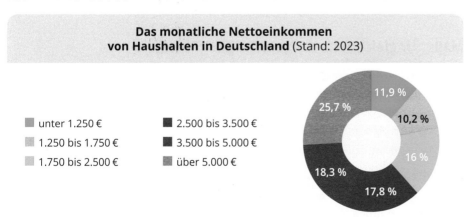

Das monatliche Nettoeinkommen von Haushalten in Deutschland (Stand: 2023)

- unter 1.250 €
- 1.250 bis 1.750 €
- 1.750 bis 2.500 €
- 2.500 bis 3.500 €
- 3.500 bis 5.000 €
- über 5.000 €

11,9 %
10,2 %
16 %
17,8 %
18,3 %
25,7 %

©C.C. Buchner Verlag, aktuelle Daten nach: DESTATIS (Datenerhebung: 2022; Grafikerstellung: 2023)

M9   Gender Pay Gap: Unterschiede nach Wirtschaftszweigen

**Gender Pay Gap:
Unterschiede nach
Wirtschaftszweigen –
erweiterte Grafik**

70079-63

Gender Pay Gap nach Wirtschaftszweigen (Auswahl)
Stand: 2023

73000-614

Erbringung von Finanz- und Versicherungsleistungen
6.421
4.747 ⊢——⊣26

Erziehung und Unterricht
5.074
4.482 ⊢——⊣12

Gesundheits- und Sozialwesen
4.940
3.807 ⊢——⊣23

Kunst, Unterhaltung und Erholung
4.983
3.264 ⊢——⊣34

Verarbeitendes Gewerbe
4.455
3.588 ⊢——⊣19

Handel, Instandhaltung und Reparatur von Kfz
4.125
3.394 ⊢——⊣18

Gastgewerbe
2.585
2.291 ⊢——⊣11

■ Männer in €
■ Frauen in €
⊢—⊣ Differenz in %

Alle Angaben beziehen sich auf vollzeitbeschäftigte Arbeitnehmende.
Durchschnittliche Bruttostundenverdienste: Ohne Sonderzahlungen.

©C.C. Buchner Verlag, aktuelle Daten nach: DESTATIS (Datenerhebung: 2021; Grafikerstellung: 2023)

ARMUT

Unterschieden werden absolute und relative Armut. Als absolut arm gilt laut den Vereinten Nationen (UN), wer weniger als 2,15 Dollar pro Tag zur Verfügung hat. In Deutschland kommt absolute Armut nicht vor.
Relativ arm in Deutschland ist, wer weniger als 60 Prozent des mittleren Einkommens der Gesamtbevölkerung verfügt. Dabei wird die Armut des Einzelnen ins Verhältnis gesetzt zum durchschnittlichen Einkommen der anderen Gesellschaftsmitglieder. Man spricht deshalb von relativer Armut. Arbeitslosigkeit und Kinder stellen die größten Risikofaktoren dar. Darüber hinaus sind mehr Frauen von Armut bedroht als Männer.

M10   Ungleichheit = Ungerechtigkeit?

[Viele empfinden die Verteilung von Einkommen und Vermögen als ungerecht.] In der Netto-Einkommensungleichheit liegt Deutschland knapp unter dem EU-Durchschnitt. Dagegen ist die Vermögensungleichheit in fast keinem anderen Land der Euro-Zone so hoch wie hier. Aber ab wann wird die Ungleichheit ungerecht? Forscher geben verschiedene Antworten auf diese Frage.

a) Andreas Peichl, Volkswirtschaftler am Münchener Ifo-Institut:
Ökonomen würden sagen, wir brauchen ein gewisses Maß an Ungleichheit, weil das eben Anreize für wirtschaftlichen Wettbewerb schafft. Wenn wir einen Einheitslohn hätten, in allen Berufen, dann gibt's auch wenig Anreiz in

bestimmte Berufe zu gehen. Und, da wo
10 viel geleistet wird, braucht es auch höhere Löhne und höhere Anreize." [...]
„Ungleichheit ist nicht immer schädlich, Ungerechtigkeit ist schädlich. Die Frage ist also, ob Ungleichheit auch gleichbe-
15 deutend mit Ungerechtigkeit ist?"

b) Andreas Peichl sagt außerdem:

Das eine ist das der Chancengerechtigkeit. Da geht es darum, dass jemand, der die gleiche Leistung erbringt, auch
20 entsprechend entlohnt werden muss, und zwar unabhängig von der Herkunft. Und es muss eine Armutsgrenze geben. Wo wir sagen, wir wollen nicht, dass jemand unterhalb dieses Existenz-
25 minimums liegt. Und genau so kann man sagen, am oberen Ende der Verteilung. Irgendwo ist es nicht mehr gerechtfertigt, dass jemand sehr hohe Einkommen verdient. Warum sollte das

noch gerecht sein an einem Punkt? 30

c) Olaf Groh Samberg, Professor für Soziologie und Ungleichheitsforscher an der Uni Bremen:

[Es gibt] die Argumentation, Ungleichheiten können dann gerecht sein, wenn 35 sie leistungsgerecht sind. Wenn wir eine Wettbewerblichkeit haben und dieser Wettbewerb fair ist, dann haben wir vielleicht eine höhere Ungleichheit, aber die ist legitim, weil jeder die Chan- 40 ce nach oben zu kommen hat. Das hieße, bei höherer Ungleichheit müssten wir auch höhere Mobilität sehen, das sehen wir nicht. Das heißt, die, die oben sind, steigen seltener ab, die die unten 45 sind, steigen seltener auf als das früher der Fall war.

Breuer, Ingeborg: Ungleichheit muss nicht gleichbedeutend mit Ungerechtigkeit sein. In: wwww. deutschlandfunk.de, 14.02.2019

AUFGABEN

1. a) Vergleiche die Lebenssituationen von Lisa und Denis (**M6**).
   b) Erkläre, ob Lisa bzw. Denis deiner Meinung nach arm sind.

2. a) Wertet in Gruppenarbeit die Daten in **M7-M9** hinsichtlich der folgenden Fragen aus.
   – Wie hat sich die Armutsgefährdungsquote nach Haushaltsgrößen- und -typen in Deutschland entwickelt (**M7**)?
   – Über welches Nettoeinkommen verfügen wie viel Prozent der Haushalte in Deutschland (**M8**)?
   – Welche Verdienstunterschiede gibt es zwischen Männern und Frauen (Gender Pay Gap) nach Wirtschaftszweigen (**M9**)?
   b) Beurteilt in euren Gruppen die Ergebnisse im Hinblick auf die Verteilung der Einkommen.

3. a) Arbeitet aus den Texten **M10a-c** die Aussagen der Forscher im Hinblick auf die Ungleichheit und Ungerechtigkeit der Einkommensverteilung heraus.
   b) Ordnet die Aussagen der Forscher den unterschiedlichen Gerechtigkeitsvorstellungen zu.

4. Nehmt auf Grundlage der Ergebnisse Stellung zu dieser Frage: Ab wann ist eine ungleiche Einkommensverteilung gerecht? Berücksichtigt dabei die verschiedenen Konzepte sozialer Gerechtigkeit.

H zu Aufgabe 2a
Die Methode auf der nächsten Seite hilft euch.

H zu Aufgabe 3b
Gerechtigkeitsvorstellungen siehe M5

Analyse von Statistiken, Diagrammen und Schaubildern

Worum geht es?

Die Statistik ist eine Zusammenfassung vieler verschiedener Daten. Die Daten können zum Beispiel sein: Anzahl von Menschen, Deutschen, Kindern, Frauen, Männern oder Höhe von Einkommen, Schulden, Taschengeld und vieles mehr.

Die Zusammenfassung der Daten (Statistik) wird mithilfe von Diagrammen oder Schaubildern dargestellt. Da diese oft sehr unterschiedlich aufgebaut werden, gilt es, diese zu analysieren.

Geht dabei so vor:

1. Schritt: Thema und Darstellungsform bestimmen

a)

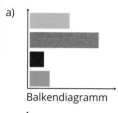

Balkendiagramm

Säulendiagramm

1. Bestimmung des Themas: Schaut zunächst auf die Überschrift des Diagramms/des Schaubilds. Hier finden sich meist die gesuchten Informationen.
2. Bestimmung der Darstellungsform: Es gibt verschiedene Arten von Diagrammen:
   a) **Balken- und Säulendiagramme:** Diese Diagramme können verschiedene Zahlenwerte gut miteinander vergleichen,
   b) **Linien- und Kurvendiagramme:** Diese Diagramme können zeitliche Entwicklungen gut darstellen.
   c) **Kreis-, Kuchen- oder Tortendiagramme:** Diese Diagramme können unterschiedliche Anteile an der Gesamtmenge gut aufzeigen.

b)

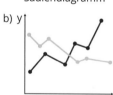

Liniendiagramm

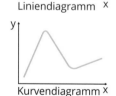

Kurvendiagramm

2. Schritt: Beschreibung der Diagramme und Schaubilder

1. In welcher Maßeinheit sind die Zahlenwerte angegeben? Handelt es sich um absolute Zahlen? Dann steht dort z. B. „in Tausend" oder „in Millionen".
2. Welcher Zeitpunkt oder Zeitraum ist dargestellt?
3. Woher kommen die Zahlen, was ist als Quelle der Darstellung angegeben?

c)

Kreis-/Kuchen-/
Tortendiagramm

3. Schritt: Analyse und Beurteilung der Diagramme und Schaubilder

1. Was zeigen die Zahlen und Daten? Gibt es Besonderheiten oder Auffälligkeiten?
2. Ist die Form der Darstellung korrekt?
3. Wie ist die Aussage des Schaubilds/Diagramms in das Thema einzuordnen?

Bearbeiterin

WAS IST SOZIALE UNGLEICHHEIT?

SOZIALE UNGLEICHHEIT

←·· M1-M3, M10

Unter sozialer Ungleichheit versteht man die ungleiche Verteilung von materiellen oder immateriellen Ressourcen, die in einer Gesellschaft als wichtig erachtet werden. Dadurch haben bestimmte Bevölkerungsteile der Gesellschaft bessere oder schlechtere Lebens- und Verwirklichungschancen. Soziale Ungleichheit wird insbesondere an der Chancengleichheit, Einkommens- und Vermögensverteilung gemessen.

BILDUNGS- UND AUFSTIEGSCHANCEN

←·· M3

In Deutschland hängen Bildungs- und Aufstiegschancen maßgeblich von der sozialen Herkunft einer Person ab. Je höher der Bildungsabschluss der Eltern, desto höher sind auch die Chancen der Kinder, einen hohen Bildungsabschluss zu erreichen.

VERTEILUNG DES EINKOMMENS IN DEUTSCHLAND

←·· M8-M10

Die Einkommensverteilung von Haushalten gibt Auskunft über den materiellen Wohlstand in einem Land. In Deutschland besitzen einige wenige Haushalte gemessen am Einkommen einen Großteil des Vermögens. Man spricht in diesem Zusammenhang auch von einer wachsenden Kluft oder Schere zwischen Arm und Reich. Auch verdienen Männer tendenziell mehr als Frauen (Gender Pay Gap). Relativ arm in Deutschland ist, wer über weniger als 60 Prozent des mittleren Einkommens der Gesamtbevölkerung verfügt. Besonders gefährdet sind Alleinlebende, Alleinerziehende und Arbeitslose.

SOZIALE GERECHTIGKEIT

←·· M5, M10

Soziale Gerechtigkeit bezieht sich auf die Verteilung von Ressourcen, Rechten und Möglichkeiten in der Gesellschaft, die als gerecht empfunden werden. Eine Vorstellung von sozialer Gerechtigkeit beruht auf dem Gedanken, dass Menschen, die aus eigener Anstrengung heraus dazu nicht (mehr) in der Lage sind, ihren Mindestbedarf (Essen, Kleidung etc.) zu decken, Hilfe vom Staat erhalten. Hier spricht man von Bedarfsgerechtigkeit. Ein weiterer zentraler Aspekt sozialer Gerechtigkeit bezieht sich auf die Bildungsgerechtigkeit, d. h. auf gleiche Bildungschancen für alle Kinder unabhängig von ihrer sozialen Lage. Mit Blick auf die Generationengerechtigkeit sollen (politische) Entscheidungen so getroffen werden, dass keine Generation besonders bevorzugt oder benachteiligt wird. Zur sozialen Gerechtigkeit gehört auch der Gedanke der Leistungsgerechtigkeit, dass derjenige, der mehr leistet, auch besser verdienen soll.

3.2 Sozialstaat und soziale Sicherung

▶ Wofür brauchen wir den Sozialstaat?

Der Sozialstaat soll für soziale Sicherung und einen sozialen Ausgleich innerhalb der Gesellschaft sorgen – betrifft das nicht nur wenige notleidende, alte und kranke Menschen?

M1 Warum ärgert sich Leon?

Beiträge zur Sozialversicherung
Die Beiträge zu den Sozialversicherungen (auch Sozialabgaben genannt) werden von Arbeitnehmern und Arbeitgebern zu gleichen Teilen gemeinsam getragen.

Leon ärgert sich über seine erste Gehaltszahlung.

Leon ist glücklich über seinen Ausbildungsvertrag in einer Grafik- und Designagentur. Als er aber seinen Kontoauszug mit der ersten Gehaltszahlung sieht, ist er enttäuscht und auch ziemlich sauer. Statt der erwarteten 710 Euro, wurden ihm weit über 100 Euro weniger überwiesen. Nachdem er sich die Gehaltsabrechnung dazu angesehen hat, wird ihm klar: Er zahlt zwar bei dem relativ niedrigen Einkommen noch keine Lohnsteuer, dafür aber Sozialversicherungsbeiträge. Sauer ist er vor allem, weil er gar nicht selber entscheiden konnte, ob er in diese Versicherungen überhaupt einzahlen möchte. Insbesondere der Rentenversicherungsbeitrag scheint ihm sehr hoch. Damit hätte er gerne noch etwas gewartet.

M2 Welche Aufgaben hat der Sozialstaat? ⊙

Art. 1 GG (1)
Die Würde des Menschen ist unantastbar. Sie zu achten und zu schützen ist Verpflichtung aller staatlichen Gewalt.

Art. 20 GG (1)
Die Bundesrepublik Deutschland ist ein demokratischer und sozialer Bundesstaat.

Das in Artikel 20 des Grundgesetzes enthaltene „Sozialstaatsgebot" verpflichtet den Staat, das Ziel eines sozialen Ausgleichs bei allen staatlichen Maßnahmen zu berücksichtigen – also Sozialpolitik zu betreiben. In Verbindung mit dem Grundrecht auf ein menschenwürdiges Leben (Art. 1 GG) ergibt sich daraus ein Anspruch des Einzelnen gegenüber dem Staat, für ihn im Falle seiner – verschuldeten oder unverschuldeten – Notlage so zu sorgen, dass sein Existenzminimum gesichert ist. In Deutschland geschieht dies vor allem mithilfe folgender Leistungen: Gesetzliche Sozialversicherungen (gesetzliche Kranken-, Arbeitslosen-, Renten-, Unfall- und Pflegeversicherung) für alle abhängig Beschäftigten, steuerfinanzierte Leistungen wie Kindergeld, Elterngeld, Wohngeld, Grundsicherung für Arbeitssuchende oder Beihilfen für Ausbildung und Studium (BaföG) sowie gesetzlichen Schutz vor willkürlichen Entlassungen und Gefährdungen am Arbeitsplatz.

M3 Wie sieht Leons Gehaltsabrechnung aus?

Gehaltsabrechnung	
Vergütung brutto (monatlich)	**710,00 €**
Lohnsteuer	0,00 €
Kirchensteuer	0,00 €
Krankenversicherung (7,3 % + Arbeitnehmer + 7,3 % Arbeitgeber)	51,83 €
Rentenversicherung (9,3 % Arbeitnehmer + 9,3 % Arbeitgeber)	66,03 €
Arbeitslosenversicherung (1,3 % Arbeitnehmer + 1,3 % Arbeitgeber)	9,23 €
Pflegeversicherung (1,7 % Arbeitnehmer + 1,7 % Arbeitgeber)	12,07 €

Bearbeiterin

SOLIDARPRINZIP

Das Solidarprinzip ist ein grundlegendes Prinzip des Sozialstaats und der Sozialpolitik. Es bedeutet, dass eine Bürgerin oder ein Bürger nicht allein für sich selbst verantwortlich ist, sondern auch für die anderen Mitglieder der Gesellschaft.

In Bereichen des gesellschaftlichen Zusammenlebens, die solidarisch gestaltet sind, wird das abstrakte Prinzip konkret. Dies gilt z. B. für die Gesetzliche Krankenversicherung (GKV). Wenn Mitglieder mit einem niedrigen Erkrankungsrisiko den gleichen Beitrag zahlen müssen wie Menschen mit einem hohen Erkrankungsrisiko sind sie solidarisch miteinander verbunden. Darüber hinaus zahlen Menschen, die ein höheres Einkommen haben, auch mehr in die Versicherungen ein. Dadurch werden Einkommen umverteilt, was auch unter Solidarität zu verstehen ist.

AUFGABEN

1. Ist es gerechtfertigt, dass Leon sich in seinem Fall **M1** ärgert? Begründe deine Meinung.

2. a) Stelle die Aufgaben und Leistungen des Sozialstaats dar (**M2**).
   b) Überlegt zu zweit und fasst zusammen, welche Regelungen und Leistungen Leon und euch selbst betreffen.
   c) Vergleicht eure Ergebnisse in der Klasse.

3. Ermittelt in Kleingruppen Leons Nettoeinkommen (**M3**).

4. Erklärt das Solidaritätsprinzip am Beispiel von Leon.

5. Bewertet anhand der Ergebnisse, ob es gerechtfertigt ist, dass Leon sich über seine Gehaltsabrechnung ärgert.

▶ Sorgt das Sozialversicherungssystem für sozialen Ausgleich?

Das Sozialversicherungssystem hat große eine Bedeutung als Teil der sozialen Sicherung in Deutschland. Heute „steht" es auf fünf „Säulen". Aber welche sind das genau? Und – ist dieses System zukunftsfähig?

M4   Wozu ein Sozialversicherungssystem?

1

Antonia (16), Schülerin

Mit 13 Jahren bekam Antonia die Diagnose „Diabetes". Seitdem braucht sie jeden Tag Insulin. Vor zwei Wochen hatte sie einen Fahrradunfall und hat einen Bänderriss am Fuß. Sie musste kurz ins Krankenhaus und braucht vorübergehend eine Gehhilfe.

2

Peer (32), Grafiker

Als Folge der Corona-Pandemie musste die Kölner Veranstaltungsagentur, Peer und mehr als die Hälfte ihrer Belegschaft entlassen. Er war mit seiner Familie gerade in eine neue Wohnung umgezogen und seine Tochter brauchte dringend einen Computer. Gleichzeitig ist auch noch seine Mutter beim Fensterputzen schwer gestürzt. Zum Glück kam sie mit einer ambulanten Behandlung beim Hausarzt und Physiotherapie davon.

Bearbeiterin

M5   Wie ist das Sozialversicherungssystem in Deutschland aufgebaut?

Das System der Sozialversicherungen hat in Deutschland eine lange Tradition, die zurückreicht bis in die Kaiserzeit. Damals wurden zunächst eine Krankenversicherung und später auch ⁵ eine Unfall-, Renten- und Arbeitslosenversicherung eingeführt. Diese vier Versicherungen haben bis heute Bestand und wurden 1995 noch durch die soziale Pflegeversicherung ergänzt. Die ¹⁰ Finanzierung der gesetzlichen Versicherungen erfolgt, mit Ausnahme der Unfallversicherung, als beitragsfinanziertes Umlagesystem: Die eingezahlten Beiträge werden als Leistungen an andere direkt wieder ausgezahlt. Für ihre ¹⁵ Beiträge erwerben Beitragszahlerinnen und Beitragszahler einen Leistungsanspruch im Alter bzw. bei Arbeitslosigkeit, Krankheit oder Pflegebedürftigkeit. ²⁰

BMWK: Neue Wege bei der Finanzierung der Sozialsicherung. In: www.bmwk.de, 25.02.2021

Erklärfilm zur gesetzlichen Sozialversicherung

70079-08

Sozialversicherungen

Krankenversicherung | Unfallversicherung | Rentenversicherung | Arbeitslosenversicherung | Pflegeversicherung

M6   Was ist die Rentenversicherung?

Die gesetzliche Rentenversicherung ist eine Versicherung für alle. Es gibt zwei Möglichkeiten, der gesetzlichen Rentenversicherung anzugehören: durch Pflichtversicherung oder freiwillige Versicherung. Pflichtversichert sind alle Arbeitnehmer. Die Finanzierung der Rentenversicherung hat drei Grundlagen: die Beiträge der Versicherten, die Beiträge der Arbeitgeber und den Bundeszuschuss. Der Arbeitnehmer trägt den Beitrag zur Hälfte, die andere Hälfte der Arbeitgeber. Der monatliche Beitrag für Pflichtversicherte beträgt 18,6 Prozent des Arbeitsverdienstes (höchstens jedoch bis zur Beitragsbemessungsgrenze). Die Deutsche Rentenversicherung zahlt Renten wegen verminderter Erwerbsfähigkeit, wegen Alters oder wegen Todes. Die Rentenberechnung ist kompliziert, weil sie den persönlichen Lebenslauf eines Versicherten berücksichtigt. Die individuelle Leistung des Einzelnen in einem solidarischen System steht dabei im Mittelpunkt.

Deutsche Rentenversicherung: Unsere Sozialversicherung. 50. überarbeitete Auflage (6/2022), Berlin, S. 42 f.

Beitragsbemessungsgrenze
Der Betrag bis zu dem vom sozialversicherungspflichtigen Entgelt Beiträge für die verschiedenen Bereiche der Sozialversicherung berechnet und abgeführt werden.

M7   Was ist die Grundsicherung für Arbeitsuchende?

Durch die Leistungen der Grundsicherung für Arbeitsuchende soll den Leistungsberechtigten ein Leben ermöglicht werden, das der Würde des Menschen entspricht.

Die Grundsicherung für Arbeitsuchende soll die Eigenverantwortung von erwerbsfähigen Leistungsberechtigten und Personen, die mit ihnen in einer Bedarfsgemeinschaft leben, stärken und dazu beitragen, dass sie ihren Lebensunterhalt unabhängig von der Grundsicherung aus eigenen Mitteln und Kräften bestreiten können. [...]

Die Grundsicherung für Arbeitsuchende umfasst die Beratung der Arbeitsuchenden sowie Leistungen zur Beendigung oder Verringerung der Hilfebedürftigkeit insbesondere durch Eingliederung in Arbeit und Sicherung des Lebensunterhalts. [...] Der Bund trägt die Aufwendungen der Grundsicherung für Arbeitsuchende, soweit die Leistungen von der Bundesagentur für Arbeit gezahlt werden.

Deutsche Rentenversicherung: Unsere Sozialversicherung. 50. überarbeitete Auflage (6/2022), Berlin, S. 138

M8   Welche Aufgabe hat die Krankenversicherung?

Die Krankenversicherung als Solidargemeinschaft hat die Aufgabe, die Gesundheit der Versicherten zu erhalten, wiederherzustellen oder ihren Gesundheitszustand zu bessern. [...] Die Versicherten sind für ihre Gesundheit mitverantwortlich. [...] Alle Einwohner der Bundesrepublik Deutschland sind verpflichtet, bei einem Krankenversiche-

Eine Frau liegt mit einer starken Erkältung auf dem Sofa.

Ist der Finanzbedarf einer Krankenkasse durch den staatlichen Gesundheitsfonds nicht gedeckt, erhebt sie von ihren Mitgliedern einen Zusatzbeitrag, der vom Einkommen abhängt. Im Jahr 2022 lag dieser durchschnittlich bei 1,3 Prozent.

10 rungsunternehmen mit Geschäftssitz in Deutschland eine Krankheitskostenversicherung abzuschließen und aufrechtzuerhalten [...]. Die Ausgaben der gesetzlichen Krankenversicherung wer-
15 den durch Beiträge und sonstige Einnahmen finanziert. Als Beiträge gelten auch die kassenindividuellen Zusatzbeiträge. Bundeszuschüsse aus Steuermitteln ergänzen die Finanzierung. [...] Für

Arbeitnehmer gibt es den allgemeinen 20 Beitragssatz von 14,6 Prozent [...]. Arbeitgeber und Arbeitnehmer tragen ihn je zur Hälfte. Erhebt die Krankenkasse einen einkommensabhängigen Zusatzbeitrag (kassenindividuellen Zusatzbei- 25 trag), trägt der Arbeitnehmer und der Arbeitgeber diesen jeweils zur Hälfte.

Deutsche Rentenversicherung: Unsere Sozialversicherung. 50. überarbeitete Auflage (6/2022), Berlin, S. 144

M9   Welche Aufgabe hat die Unfallversicherung?

Auffahrunfall zwischen zwei Autos

Die Unfallversicherungsträger haben für die Verhütung von Arbeitsunfällen, Berufskrankheiten und arbeitsbedingten Gesundheitsgefahren zu sorgen. 5 Leistungen der Unfallversicherung erhalten Versicherte und ihre Hinter-

bliebenen nach Eintritt eines Versicherungsfalls (Arbeitsunfälle und Berufskrankheiten). Renten an Versicherte werden gezahlt, wenn die infolge des 10 Versicherungsfalls geminderte Erwerbsfähigkeit [mindestens 20 Prozent] nicht wiederhergestellt werden kann. Beitragspflichtig sind in der Unfallversicherung nur die Unternehmer. Ihre 15 Beiträge sind die einzige Finanzierungsgrundlage. Die Finanzierung durch die Arbeitgeber ersetzt die individuelle Unternehmerhaftpflicht.

Nach: Deutsche Rentenversicherung: Unsere Sozialversicherung. 50. überarbeitete Auflage (6/2022), Berlin, S. 185 f.

M10   Welche Aufgabe hat die Pflegeversicherung?

Die Leistungen der Pflegeversicherung sollen dem Pflegebedürftigen helfen, trotz seines Hilfsbedarfs ein möglichst selbständiges und selbstbestimmtes Leben 5 zu führen, das der Würde des Menschen entspricht. Die Hilfen sind darauf auszurichten, die körperlichen, geistigen und seelischen Kräfte der Pflegebedürftigen wiederzugewinnen oder 10 zu erhalten. Die soziale Pflegeversicherung kennt Pflichtversicherte, Familienversicherte und Weiterversicher-

Ein Pfleger hilft einem Mann aus dem Bett.

te. Pflichtversichert sind hauptsächlich Mitglieder der gesetzlichen Krankenversicherung; dazu gehören auch die freiwilligen Mitglieder. Die Arbeitnehmer, die auch in der Krankenversicherung versicherungspflichtig sind, und ihre Arbeitgeber tragen die Beiträge jeweils zur Hälfte, das sind 1,525 Prozent. Die Höhe der Beiträge richtet sich nach dem Beitragssatz und den beitragspflichtigen Einnahmen der Mitglieder. Der Beitragssatz beträgt 3,05 Prozent.

Nach: Deutsche Rentenversicherung: Unsere Sozialversicherung. 50. überarbeitete Auflage (6/2022), Berlin, 197f

M11   (Soziale) Sicherheit für alle?

Wie wichtig ein starker Sozialstaat ist, konnten wir selten so deutlich sehen wie in der Corona-Krise. Ein gutes öffentliches Gesundheitssystem und eine gewisse soziale Absicherung für die allermeisten Menschen im Land durch Arbeitslosenversicherung oder bezahlten Krankenstand sind in der Krise unerlässlich geworden. [...] Doch auch der Sozialstaat [...] hat seine Grenzen. Wenn es um den Zugang zu finanziellen Leistungen geht, stehen oftmals bürokratische Hürden bei Antragstellungen oder komplizierte Zuständigkeiten je nach Bundesland im Weg. Kleine Selbstständige sind häufig von der Sozialversicherung ausgeschlossen, weil sich die freiwillige Versicherung für sie nicht rentiert.

Das niedrige Arbeitslosengeld [...] bedeutet für viele ein Leben in Armut. Auch die niedrigen Einkommen in bestimmten Branchen führen dazu, dass tausende Menschen nur schwer über die Runden kommen. Darüber hinaus basiert der Sozialstaat stark auf der lebenslangen, dauerhaften Vollzeit-Erwerbstätigkeit. Damit sind Frauen weniger abgesichert als Männer. Denn es sind bis heute meistens die Frauen, die sich um die Kinderbetreuung, Pflege von Angehörigen und Hausarbeit kümmern. Sie leisten weit mehr unbezahlte Arbeit und sind häufiger in Teilzeitbeschäftigung und bekommen für die gleiche Arbeit weniger Lohn.

Krainz, Lena: Schwächen des heutigen Sozialstaats. In: www.kontrast.at, 23.12.2021

rentieren
Nutzen bringen, sich lohnen

AUFGABEN

1. Sind die Menschen in den Fallbeispielen in **M4** auf sich alleine gestellt? Nenne dir bekannte staatliche Hilfen, die hier greifen könnten.

2. Erkläre anhand von **M4** und **M5** die Bedeutung der sozialen Sicherung für Individuum und Gesellschaft.

3. Stellt die fünf Säulen des Sozialversicherungssystems dar (**M6–M10**). Geht dazu arbeitsteilig mithilfe des Gruppenpuzzles (→ **Methode, S. 114**) vor. Berücksichtigt folgende Aspekte:
   - Wer ist versichert?
   - Was leistet die Versicherung?
   - Wie finanziert sich die Versicherung?

4. Arbeitet zu zweit die Kritik am Sozialstaat heraus (**M11**).

5. Beurteile, ob das Sozialversicherungssystem für einen sozialen Ausgleich sorgt. Berücksichtige dabei unterschiedliche Gerechtigkeitsvorstellungen.

Ein Gruppenpuzzle durchführen

Worum geht es?

Ein Gruppenpuzzle empfiehlt sich, wenn ihr ein besonders umfangreiches Thema bzw. eine komplexe Aufgabenstellung bearbeiten möchtet. Beim Gruppenpuzzle eignet ihr euch zunächst spezielles Wissen an, um es dann als Experte an Mitschüler:innen weiterzugeben. Es ist also besonders wichtig, dass wirklich jeder konzentriert mitarbeitet – sonst fehlt euch und euren Mitschüler:innen zentrales Wissen.

Geht dabei so vor:

1. Schritt: Bildet Stammgruppen

- Teilt die Klasse in Stammgruppen von drei bis sechs Personen auf.
- Teilt jedem Mitglied einer Stammgruppe eine Teilaufgabe zu. Jedes Gruppenmitglied wird somit zum „Experten" eines Themas.
- Gebt euch ausreichend Zeit, damit ihr euch in euer Gebiet einarbeiten könnt.

Stammgruppen

2. Schritt: Bildet Expertengruppen

- Bildet nun „Expertengruppen", indem sich Mitglieder des gleichen Themengebiets treffen und ihre Ergebnisse vergleichen.
- Besprecht in euren „Expertengruppen" eure Teilaufgabe als Experten. Löst zusammen die Teilaufgabe und formuliert ein Ergebnis mit dem sich jeder „Experte" einverstanden erklärt.

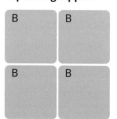

Expertengruppen

3. Schritt: Rückkehr in die Stammgruppen

- Kehrt als „Experten" anschließend in eure ursprünglichen Gruppen zurück.
- Vermittelt als „Experten" euren anderen Gruppenmitgliedern, was ihr über euer Themengebiet erarbeitet habt.
- Hört den anderen Experten zu und stellt ihnen gegebenenfalls Verständnisfragen.

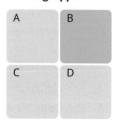

Stammgruppen

Bearbeiterin

WAS MACHT DEN SOZIALSTAAT AUS?

\# SOZIALSTAAT IM GRUNDGESETZ

←·· M2

Das Grundgesetz legt in Artikel 20 fest: „Die Bundesrepublik Deutschland ist ein demokratischer und sozialer Bundesstaat." Wir leben also in einem Land, in dem – neben der Garantie der Menschenwürde und der Menschenrechte – das Sozialstaatsprinzip die Grundlage unseres Zusammenlebens darstellt.

\# AUFGABEN DES SOZIALSTAATS

←·· M2, M4

Alle Bürgerinnen und Bürger sollen die Möglichkeit haben, aktiv am gesellschaftlichen und politischen Leben teilzuhaben. Konkret bedeutet das, dass der Staat Hilfe gegen Not und Armut leistet. Er gewährleistet auch ein Existenzminimum. Zudem sorgt der Sozialstaat für sozialen Ausgleich und soziale Sicherheit im Falle von Krankheit, Arbeitslosigkeit, Alter und Pflegebedürftigkeit.

\# SOLIDARPRINZIP

←·· M1, M5

Grundsätzlich gilt für alle Sozialversicherungen das Solidarprinzip: Die zu versichernden Risiken werden von allen Versicherten gemeinsam getragen. Unabhängig davon, wie viel die Versicherten an die Sozialversicherungen gezahlt haben, sind sie in umfassendem Maße abgesichert. Durch diesen solidarischen Ansatz wird ein Ausgleich zwischen Gesunden und Kranken, zwischen besser und weniger gut Verdienenden, zwischen Jung und Alt, zwischen Familien und Singles geschaffen.

\# DIE FÜNF „SÄULEN" DER SOZIALVERSICHERUNG

←·· M3, M5-M11

Ziel der Sozialversicherungen ist es, den Bürgerinnen und Bürgern menschenwürdige Lebensverhältnisse zu ermöglichen und sie gegen größere Lebensrisiken und im Alter abzusichern. Die Umsetzung dieses Ziels wird durch die gesetzlich geregelte Arbeitslosen-, Unfall-, Kranken- und Pflege- sowie die gesetzliche Rentenversicherung angestrebt. Die gesetzlichen Sozialversicherungen werden jedem Arbeitnehmer monatlich vom Bruttolohn abgezogen. Der Arbeitgeber zahlt zusätzlich jeden Monat einen ähnlich hohen Betrag in die Sozialversicherungen ein.

3.3 Herausforderungen für das Sozialsystem

▶ Demografischer Wandel: Ist das Sozialversicherungssystem sicher?

Der zunehmende Finanzierungsdruck auf die Sozialversicherungen besteht nicht erst seit der Corona-Pandemie. Im Wesentlichen ist er auf die demografische Entwicklung in Deutschland zurückzuführen. Sind die Sozialsysteme vor dem Hintergrund der steigenden Belastungen zukunftsfähig?

M1   Ist die Zukunft des Sozialsystems gesichert?

Demografischer Wandel
Bezeichnung für die Bevölkerungsentwicklung und ihre Veränderungen in einer Gesellschaft

Erklärfilm zum Demografischen Wandel

70079-10

Link zur Statistik mit Jahresvergleich des Bevölkerungswachstums

70089-11

Karikatur: Thomas Plaßmann, 2013

M2   Was sind Probleme für das Sozialversicherungssystem? ○

Da die Beitragseinnahmen von der Entwicklung der Lohnsumme der sozialversicherungspflichtig Beschäftigten abhängen, führen konjunkturelle
5 Schwankungen wie die aktuelle Rezession [Corona-Krise] zwangsläufig zu Mindereinnahmen in allen Zweigen der Sozialversicherung. Gleichzeitig ergeben sich etwa in der gesetzlichen Arbeitslo-
10 senversicherung (ALV) Mehrausgaben aufgrund des Anstiegs von Kurzarbeit und Arbeitslosigkeit. Außerdem sind wegen der Pandemie die Gesundheitsausgaben sprunghaft angestiegen. [...]
15 Vorhandene Rücklagen der verschiedenen Versicherungszweige werden bzw. wurden zur Bewältigung der Krise abgebaut.

Reformbedarf mit Blick auf die Tragfähigkeit der Sozialversicherungen be- 20 steht nicht erst seit der Pandemie und ist im Wesentlichen auf die demografische Entwicklung in Deutschland zurückzuführen. Zusätzlich treiben der medizinisch-technische Fortschritt und 25 steigende Personalkosten die Ausgaben für Gesundheit und Pflege in die Höhe. [...] Die derzeitige Geburtenrate [(1,58 Kinder pro Frau (Stand: 2022))] unterhalb des sogenannten Reproduktions- 30 niveaus (2,1 Kinder pro Frau) hat zur Folge, dass die Gesellschaft schrumpft und im Durchschnitt immer älter wird. Bei einem unveränderten Renteneintrittsalter führt diese Entwicklung dazu, dass immer mehr Rentnerinnen und Rentner von immer weniger erwerbstätigen Personen finanziert werden müssen. [...] Wegen der steigenden Lebenserwartung ist zusätzlich eine längere Inanspruchnahme der Rentenversicherungsleistungen zu erwarten. Die GRV hat also gleichzeitig mit steigenden Ausgaben und sinkenden Einnahmen zu kämpfen.

BMWK: Neue Wege bei der Finanzierung der Sozialsicherung. In: www.bmwk.de, 25.02.2021

M3   Späte Rente als Lösung?

A

Reformen könnten die ausgabensteigernden Effekte des demografischen Wandels in Angriff nehmen – insbesondere in der GRV. Diskutiert wird eine Kopplung des Renteneintrittsalters an die Lebenserwartung. Dies würde die Beitragsphase verlängern und den Leistungsbeginn hinauszögern. So könnte zumindest ein Teil der zusätzlichen Lebenserwartung zu einer längeren Erwerbstätigkeit genutzt werden [...]. Dabei müssten Ungleichheiten zwischen Berufsprofilen bedacht werden. Körperliche Anforderungen und auch das Berufseintrittsalter unterscheiden sich mitunter stark zwischen Berufsgruppen.

BMWK: Neue Wege bei der Finanzierung der Sozialsicherung. In: www.bmwk.de, 25.02.2021

B

Arbeitsminister Hubertus Heil [hält] nichts davon, die Altersgrenze bei der Rente noch weiter nach oben zu setzen. „Das Rentenalter noch weiter [...] zu erhöhen ist falsch und unfair, denn das würde eine reale Rentenkürzung für viele Menschen bedeuten, die einfach nicht so lange arbeiten können", sagte der SPD-Politiker [...]. Das gesetzliche Rentenalter von 67 Jahren ab 2031 sei im internationalen Vergleich schon sehr hoch, sagte Heil. Es noch höher zu setzen, würde zu Lasten der jüngeren Generation gehen.

Dpa: Bundesarbeitsminister Heil: Erhöhung des Rentenalters wäre falsch. In: www.zdf.de, 22.12.2022

Wie wird man Frührentner:in?
Frührentner:in kann werden, wer mindestens 63 ist und 35 Versicherungsjahre nachweisen kann. Ihre Renten werden pro Monat Renteneintritt vor dem regulären Ruhestandsalter um 0,3 Prozent gekürzt.

AUFGABEN

1. Erkläre mithilfe deiner bisherigen Kenntnisse zur Finanzierung der Sozialversicherungen auf welches Problem die Karikatur **M1** aufmerksam macht.
2. Arbeite aus **M2** Herausforderungen für die Finanzierbarkeit der Sozialversicherungen heraus.
3. Erörtert den Reformvorschlag zum Renteneintritt in **M3** im Hinblick auf die Zukunftsfähigkeit der Rentenversicherung. ◌

H zu Aufgabe 1
Nutze zur Analyse der Karikatur die Zusatzmaterialien neben der **M1**.

H zu Aufgabe 4
Beurteile, ob unser Sozialversicherungssystem möglicherweise ein „Auslaufmodell" ist.

▶ Minijobs: Gefährden geringfügige Beschäftigungen die soziale Absicherung?

Millionen von Menschen in Deutschland arbeiten auf der Grundlage eines Minijobs. Verdient eine Person nicht mehr als 520 Euro, muss sie keine Steuern oder Sozialbeiträge zahlen. Das macht Minijobs attraktiv, aber es gibt auch negative Folgen.

M4   Erfahrungen einer Minijobberin

Sie stand ganz plötzlich vor dem Nichts. Im Lockdown im [...] Dezember [2020] verlor Melanie Zobatschew aus Ulm zuerst ihren Ausbildungsplatz als Speditionskauffrau und dann ihren Minijob als Bedienung in einer Bar. „Das war nicht so einfach", erinnert sich die 20-Jährige. [...] Weil sie nicht in die Arbeitslosenversicherung einzahlen, gibt es für Minijobber kein Arbeitslosengeld. Der Beitrag zur Rentenversicherung ist freiwillig.

Denzel, Thomas: Minijobber sind große Pandemie-Verlierer. In: www.tagessschau.de, 30.06.2021

M5   Wie ist man im Minijob sozial abgesichert?

Ab einem Verdienst von 520 Euro zahlen Arbeitnehmerinnen und Arbeitnehmer in die Kranken- und Pflegeversicherung ein.

Wer langfristig als einzige Erwerbstätigkeit einen Minijob ausübt, hat im Alter nur einen sehr geringen Rentenanspruch, da der Pflichtbeitrag entsprechend der geringen Arbeitszeit sehr niedrig ist. Wer ausschließlich in Minijobs gearbeitet hat und dabei von der Rentenversicherung befreit war, hat am Ende seines Erwerbslebens keinerlei Rentenansprüche. In vielen Fällen heißt das: Minijobberinnen und Minijobber haben ein hohes Risiko für Altersarmut.

Bundesagentur für Arbeit: Minijob. In: www.arbeitsagentur.de, Abruf am 08.02.2023

M6   Lohnt sich Teilzeit? – ein Beispiel

Ergebnisse der Studie „Für wen lohnt sich Arbeit?" ifo Institut, 2020
In der Studie untersuchen die Volkswirte Maximilian Blömer und Andreas Peichl, welche Beschäftigungsanreize bzw. Arbeitsanreize das deutsche Abgaben-, Steuer- und Transfersystem bieten.

Zweitverdienerinnen in der Minijobfalle
Für doppelt so viel Arbeit nur knapp 1.000 Euro im Jahr mehr in der Tasche

Teilzeit
20 h/Woche

Steuer- und Abgabenbelastung

Minijob
10,4 h/Woche

5.400 €

6.293 €

Jährlicher Hinzuverdienst bei 10 € brutto pro Stunde

Nach: Blömer, M. / Peichl, A.: Für wen lohnt sich Arbeit? Partizipationsbelastungen im deutschen Steuer-, Abgaben- und Transfersystem. In: www.bertelsmann-stiftung.de, 17.11.2020

M7 Sozialversicherungspflicht ab dem ersten Euro?

Eine Sozialversicherungspflicht ab dem ersten Euro hieße, dass auch Menschen in geringfügiger Beschäftigung Anspruch auf Arbeitslosengeld und Kurz-
5 arbeitergeld hätten. Sie würden zwar nur einen Teil des bereits geringen Gehalts beziehen, Tom Krebs [Ökonom von der Universität Mannheim] erhofft sich von der Umstellung aber eine Ver-
10 besserung über einen Umweg. „Ohne die harte Grenze bei 450 Euro ist zu erwarten, dass mehr Menschen ihre Arbeitszeit und damit ihren Verdienst erhöhen. Und dann steigen auch die
15 Leistungen aus der Sozialversicherung."

Bleibt die Frage, ob diese Reformidee auch bei Arbeitgebern und Arbeitnehmern Gefallen findet. Gastwirt Wiezorrek jedenfalls fürchtet dann noch größe-
20 re Schwierigkeiten bei der Suche nach Personal. Minijobs seien gerade deshalb für Beschäftigte attraktiv, weil es keine Abzüge vom Lohn gebe. Ökonom Krebs hält dem entgegen, dass nach sei-
25 nem Modell bei einem Verdienst von 450 Euro gerade einmal 20 Euro Abgaben fällig würden.

Denzel, Thomas: Minijobber sind große Pandemie-Verlierer. In: www.tagessschau.de, 30.06.2021

520-Euro-Grenze
Mit der Erhöhung des Mindestlohns auf 12 Euro wurde die Entgeltgrenze für Minijobs auf 520 Euro erhöht. Diese gilt seit dem 1. Oktober 2022.

 # MINIJOB

Minijobs sind geringfügige Beschäftigungen mit höchstens 520 Euro monatlichem Arbeitsentgelt oder einem Arbeitseinsatz von maximal 70 Tagen pro Kalenderjahr.
Es gibt zwei Arten von Minijobs: Beim 520-Euro-Minijob darf das Arbeitsentgelt monatlich 520 Euro nicht übersteigen. [...] Auch für Minijobs gilt der gesetzliche Mindestlohn (2023: 12 Euro). Beim kurzfristigen Minijob (maximal 70 Tage bzw. drei Monate) kann der monatliche Verdienst schwanken. [...] Wer einen Minijob ausübt, muss keine Beiträge an die Arbeitslosenversicherung abführen [...] [und bekommt kein Arbeitslosengeld.]
Bundesagentur für Arbeit: Minijob. In: www.arbeitsagentur.de, Abruf am 18.02.2023

AUFGABEN

1. a) Beschreibe die Erfahrungen der Minijobberin (**M4**).
   b) Diskutiert ausgehend von dem Beispiel **M4** mögliche Vor- und Nachteile von Minijobs.

2. Erkläre anhand von **M5** Auswirkungen von Minijobs auf die soziale Absicherung.

3. Analysiere die Grafik **M6** im Hinblick auf mögliche Vor- und Nachteile eines Teilzeitjobs gegenüber einem Minijob.

4. Diskutiert auf Grundlage von **M7** die Idee einer Sozialversicherungspflicht ab dem ersten Euro.

H zu Aufgabe 4
Mögliche Kriterien: individuelle Interessen, Kosten-Nutzen, Sicherheit, Stabiltät etc.

Perspektiven:
Arbeitnehmer:innen, Arbeitgeber:innen, System bzw. Arbeitsmarkt, Politik

▶ Sind private und betriebliche Vorsorge ein Muss?

„Ist die Rente von morgen noch sicher?" Diese Frage schwebt über jeder Diskussion um das Alterseinkommen. Altersarmut ist in Deutschland ein Problem. Ist die zusätzliche Altersvorsorge damit ein Muss?

M8   Gute Zukunftsaussichten?!

Karikatur: Klaus Stuttmann, 2016

M9   Altersarmut in Deutschland

**Armutsgefährdungs-
quote der 65-Jährigen
und Älteren**
2021 lag die Quote bei
19,4 Prozent und die der
Gesamtbevölkerung bei
15,8 Prozent.

**Erklärfilm zur
Altersarmut**

70079-14

Löckmann ist 77 Jahre alt. Der gelernte Maschinenbauer hatte früher sein eigenes international erfolgreiches Ingenieurbüro. Doch die Firma ging pleite,
5 Löckmann verlor all seine Rücklagen. Bis er 69 Jahre alt war, arbeitete er für eine andere Firma und zahlte insgesamt elf Jahre in die gesetzliche Rentenkasse ein. Das reicht ihm heute nicht für eine
10 anständige Rente. [...]
Löckmann steht damit beispielhaft für viele andere, erklärt Martin Brussig, Soziologe am Institut für Arbeit und Qualifikation an der Universität Duisburg-Essen. „Altersarmut wird zunehmen, dass 15 ist eine der wenigen Dinge, die man sicher sagen kann. Die Erwerbsverläufe sind diskontinuierlicher geworden. Niedriglohnbezahlung hat sich ausgebreitet, das Rentenniveau wird rück- 20 läufig sein. All das sind starke Gründe, warum mehr Menschen in Zukunft von Altersarmut betroffen sein werden als bislang, als es heute der Fall ist."

Krinninger, Theresa: Wenn die Rente nicht reicht. In: www.deutschlandfunk.de, 05.12.2017

M10 Was ist die betriebliche Altersvorsorge?

[D]er Arbeitgeber ist gesetzlich dazu verpflichtet, [...] [eine betriebliche Altersvorsorge] anzubieten. Er kümmert sich um alles Bürokratische und entscheidet, welcher der Durchführungswege genutzt wird. In den meisten Unternehmen wird durch Direktversicherungen oder eine Pensionskasse betrieblich vorgesorgt. [...] Das Hauptargument für die betriebliche Altersvorsorge ist die Entgeltumwandlung. Durch sie werden die Beiträge für die Altersversorgung nicht aus dem Netto-, sondern aus dem Bruttoeinkommen gezahlt. Das niedrigere Brutto führt zu weniger Steuern und Sozialabgaben etwa für die Krankenversicherung. Die Befreiung ist allerdings begrenzt. [...] Durch die Entgeltumwandlung zahlen Arbeitnehmer [jedoch] auch weniger Beiträge an die gesetzliche Rentenversicherung. Dadurch reduziert sich die spätere Rente. Die Differenz muss die betriebliche Altersvorsorge erst einmal ausgleichen. Zudem haben Sparer geringere Ansprüche beim Krankengeld, Elterngeld und Arbeitslosengeld.

Finanzen: Wie sinnvoll ist die betriebliche Altersvorsorge? In: www.finanzen.de , Abruf am 09.02.2023

**Altersvorsorge:
Das 3-Säulensystem**

70079-15

M11 Was ist die private Altersvorsorge?

Eine zusätzliche Altersvorsorge ist mehr denn je notwendig und wird mit der Riester-Rente, der Rürup-Rente sowie der betrieblichen Altersvorsorge staatlich gefördert. Ein weiterer Baustein ist die private Altersvorsorge, bei der in Deutschland immer noch die Rentenversicherung ganz oben auf der Liste der Vorsorge-Optionen steht. Die private Rentenversicherung hat sich in der Ansparphase in den letzten Jahren deutlich gewandelt – nicht zuletzt wegen der Zinsflaute: weg vom festverzinsten Sparvertrag, hin zum flexiblen Vorsorgepaket mit Börsen-Chancen. [...] Die meisten Sparer setzen auf Rentenversicherungen, die ihr Geld in Fonds oder ETFs anlegen. Anders als bei den ersten fondsgebundenen Policen lässt sich das Verlustrisiko auf Wunsch begrenzen [...]. Die Kosten der Versicherung sind beim Abschluss der entscheidende Faktor: Je mehr Geld für die Verwaltung der Gesellschaft abgezwackt wird, umso weniger kommt beim Sparer an.

Deutsche Rentenversicherung: Ihre Vorsorge. Private Rentenversicherung. In: www.ihre-vorsorge.de, Abruf am 22.02.2023

Rechenbeispiel zur Kostenquote
Liegt die Kostenquote bei 1,8 Prozent und beträgt die Rendite vier Prozent, dann erhält der Sparer nach Abzug der Kosten 2,7 Prozent.

Rendite
Gewinn, den man mit angelegtem Geld in einem bestimmen Zeitraum macht.

AUFGABEN

1. Analysiere die Karikatur **M8** (→ **Methodenglossar**): Was will der Karikaturist mitteilen?
2. Stelle anhand von **M9** das Problem der Altersarmut dar.
3. Arbeitet arbeitsteilig aus **M10** und **M11** Vor- und Nachteile der betrieblichen und privaten Altersvorsorge heraus.
4. Beurteilt auf Grundlage der Ergebnisse die Notwendigkeit einer zusätzlichen Altersvorsorge, um Altersarmut entgegenzuwirken. ⟳

zu Aufgabe 3
Führt eine Internetrecherche zu verschiedenen Möglichkeiten der betrieblichen und privaten Altersvorsorge durch. Präsentiert eure Ergebnisse in der Klasse (z. B. Mindmap). **MK**

WAS FORDERT DAS SOZIALSYSTEM HERAUS?

M1-M3 ⟶ **DEMOGRAFISCHER WANDEL**

Eine geringe Geburtenrate und die Erhöhung der Lebenserwartung führen in Deutschland zu einer Verschiebung der Altersstruktur. Diese demografische Entwicklung stellt ein Problem für das Sozialversicherungssystem des Sozialstaats dar. Es gerät zunehmend unter Finanzierungsdruck. Für die Rente müssen immer weniger junge Menschen für mehr ältere aufkommen. Dadurch ist die Erhaltung des Lebensstandards im Alter gefährdet, da die Leistungen der gesetzlichen Rentenversicherung nicht mehr ausreichen. Auch führt der demografische Wandel zu Kostensteigerungen bei Kranken- und Pflegeversicherungen. Ältere Menschen nehmen durchschnittlich mehr Leistungen in Anspruch.

M4-M7 ⟶ **GERINGE BESCHÄFTIGUNGEN UND SOZIALE ABSICHERUNG**

Zur geringfügigen Beschäftigung zählen Minijobs, d.h. der monatliche Lohn überschreitet nicht die Grenze von 520 Euro oder die Arbeitszeit im Jahr beträgt maximal drei Monate bzw. 70 Tage. Minijobber:innen sind von den Beiträgen zur Sozialversicherung befreit, d. h. sie haben auch keine Ansprüche auf die Versicherungsleistungen. Dadurch steigt das Armutsrisiko. In diesem Zusammenhang kann z. B. diskutiert werden, ob eine Sozialversicherungspflicht ab dem ersten Euro sinnvoll wäre.

M5 ⟶ **UNBEZAHLTE FAMILIENARBEIT UND SOZIALE ABSICHERUNG**

Insbesondere Frauen leisten nach wie vor einen Großteil der unbezahlten Familienarbeit. Für Alleinerziehende und Partnerinnen und Partner, die hauptsächlich die Familienarbeit verrichten und Zweitverdiener im Haushalt sind, ist es oft attraktiver, einen Minijob auszuüben, da Steuern und Sozialabgaben entfallen. Unbezahlte Familienarbeit begünstigt das Verbleiben in geringfügiger Beschäftigung, was sich in der Regel negativ auf die individuelle soziale Absicherung auswirkt.

M8-M11 ⟶ **BETRIEBLICHE UND PRIVATE ALTERSVORSORGE**

Geringe Rentenansprüche führen oft zu Altersarmut. Das macht eine umfassende Altersvorsorge notwendig. Neben den gesetzlichen Versicherungen gibt es unterschiedliche Möglichkeiten der betrieblichen und privaten Altersvorsorge. Die betriebliche Altersvorsorge ist Pflicht für den Arbeitgeber. Die Beiträge werden aus dem Bruttoeinkommen bezahlt. Dadurch zahlt der Arbeitnehmer weniger Steuern und Abgaben, aber auch weniger Beiträge in die gesetzliche Rentenversicherung. Die private Vorsorge ist freiwillig. Zum Teil werden sie staatlich gefördert (z. B. Riester-Verträge). Welche Form der Altersvorsorge sich lohnt, hängt von der Lebenssituation und den Konditionen der Vorsorge ab.

3.4 Staatliche Grundsicherung

▶ Bürgergeld als Ausdruck staatlicher Fürsorge?

Mit der Einführung des Bürgergeldes am 1. Januar 2023 wurde das System der staatlichen Grundsicherung reformiert. Ersetzt wird das Arbeitslosengeld II (Hartz IV). Aber was hat sich genau verändert? Sind die Veränderungen positiv?

M1 Wie viel braucht man zum Leben?

Bürgergeld-Regelsatz für eine alleinstehende Person in Euro
(Stand: 2023)

502,00 €

- ■ Nahrungsmittel, alkoholfreie Getränke
- ■ Freizeit, Unterhaltung, Kultur
- ■ Verkehr
- ■ Post und Telekommunikation
- ■ Wohnen, Energie (Strom), Wohninstandhaltung
- ■ Bekleidung, Schuhe
- ■ andere Waren und Dienstleistungen
- ■ Innenausstattung, Haushaltsgeräte und -gegenstände
- ■ Gesundheitspflege
- ■ Beherbergungs- und Gaststättendienstleistungen
- ■ Bildung

1,81 € / 13,11 € / 19,16 € / 30,57 € / 40,06 € / 41,65 € / 42,55 € / 44,88 € / 45,02 € / 48,98 € / 174,19 €

©C.C.Buchner Verlag, aktuelle Daten nach: Landeszentrale für politische Bildung Baden-Württemberg (Datenerhebung: 2023; Grafikerstellung: 2023)

Hinweis:
Die Kosten für Unterkunft und Heizung werden grundsätzlich in Höhe der tatsächlichen Aufwendungen erbracht, soweit sie angemessen sind. Das Jobcenter orientiert sich dabei am örtlichen Mietniveau auf dem Wohnungsmarkt.

M2 Was ändert sich durch das Bürgergeld?

Damit die Leistungsberechtigten sich auf die Arbeitsuche konzentrieren können, gilt im ersten Jahr des Bürgergeldbezugs nun eine sogenannte Karenz-
5 zeit: Die Kosten für Unterkunft werden in tatsächlicher Höhe, die Heizkosten in angemessener Höhe anerkannt und übernommen. [Strom muss durch den Regelsatz bezahlt werden.]
10 Wer auf Bürgergeld angewiesen ist, darf in der Karenzzeit das Ersparte behalten. So darf Vermögen erst ab 40.000 Euro angetastet werden, für jede weitere Person in der Bedarfsgemeinschaft

ab 15.000 Euro. 15
Wer zwischen 520 und 1.000 Euro verdient, kann jetzt mehr von seinem Einkommen behalten. Die Freibeträge in diesem Bereich werden auf 30 Prozent angehoben. Zudem erhöhen sich die 20 Freibeträge für Einkommen von Schülerinnen und Schülern sowie Studierenden auf 520 Euro. Auch für Auszubildende gelten höhere Freibeträge für die Ausbildungsvergütung. 25
Die bisherige Eingliederungsvereinbarung wird durch einen Kooperationsplan abgelöst. Dieser wird von den

Leistungsberechtigen und Integrations-
30 fachkräften gemeinsam erarbeitet.

Der sogenannte Vermittlungsvorrang in Arbeit wird abgeschafft. Stattdessen werden Geringqualifizierte auf dem Weg zu einer beruflichen Weiterbil-
35 dung unterstützt, um ihnen den Zugang zum Fachkräftearbeitsmarkt zu öffnen. Eine umfassende Betreuung (Coaching) hilft Leistungsberechtigten, die aufgrund vielfältiger individueller Proble-
40 me besondere Schwierigkeiten haben, Arbeit aufzunehmen.

Sanktionen erfolgen jetzt nach einem dreistufigen System: Bei der ersten Pflichtverletzung mindert sich das Bürgergeld für einen Monat um zehn Pro-
45 zent, bei der zweiten für zwei Monate um 20 Prozent und bei der dritten für drei Monate um 30 Prozent. Eine Leistungsminderung darf nicht erfolgen, sollte sie im konkreten Einzelfall zu ei-
50 ner außergewöhnlichen Härte führen.

Die Bundesregierung: Mehr Chancen und mehr Respekt. Bürgergeld. In: www.bundesregierung.de, Abruf am 21.02.2023

Bürgergeld-Sätze
Stand: 2023

	2022	2023	
	Euro pro Monat		
Alleinstehende erwachsene Person	449	502	**+53 €/Monat**
Volljährige Partner	404	451	**+47 €**
Kinder von 14 bis 17 Jahre	376	420	**+44 €**
Kinder von 6 bis 13 Jahre	311	348	**+37 €**
Kinder bis 6 Jahre	285	318	**+33 €**

©C.C. Buchner Verlag, aktuelle Daten nach: BMAS (Datenerhebung: 2023; Grafikerstellung: 2023)

M3   Reicht das Bürgergeld? ○

A

Betrachtet man die derzeitige Inflation zwischen acht und zehn Prozent, kommt die Erhöhung um etwas mehr als 50 Euro in etwa einem Ausgleich des Verlustes der Kaufkraft gleich. [...] Reicht das Bürgergeld zukünftig also für ein Leben über dem Existenzminimum aus, ermöglicht es auch Teilhabe
5 und deckt mehr als nur die Grundbedürfnisse ab?

Unter sozialpolitischen Gesichtspunkten ist dies stark zu bezweifeln; mehr noch: es ist nahezu ausgeschlossen. Zwar ist eine Leistungserhöhung um mehr als 50 Euro für eine alleinstehende Person nicht zu vernachlässigen. Sie hilft dabei, die gestiegenen Preise für Menschen in Grundsicherung abzufedern.
10 Jedoch macht ein Inflationsausgleich allein den Regelsatz nicht automatisch armutsfest, denn dafür hätten die Beträge bereits vorher für ein Leben über dem Existenzminimum ausreichen müssen.

Das taten sie aber nicht. So sind im derzeitigen System beispielsweise für den

Bereich Strom lediglich 36,44 Euro im Monat vorgesehen. Dieser Betrag reicht schon lange nicht mehr aus, um die laufenden Stromkosten zu decken. [...] 15
Seit der „Einführung von Hartz IV im Jahr 2005 ist der Regelsatz schrittweise um rund 30 Prozent gestiegen [...]. Die Strompreise haben sich im selben Zeitraum jedoch um durchschnittlich 85 Prozent verteuert".
Wie hoch ein armutsfester Regelsatz aussehen müsste, hat die Paritätische Forschungsstelle Anfang des Jahres ausgerechnet. Demnach müsste dieser 20 mindestens 678 Euro betragen.

Zander, Thomas/Franke, Martin: Das neue Bürgergeld – ist es (un)möglich, Armut wirksam zu bekämpfen? In: www.wsi.de, 27.10.2022

Der Handwerksverband sieht im Bürgergeld-Konzept der Bundesregierung falsche Anreize für Geringverdiener. „Es sorgt für Demotivation bei denjenigen, die mit einem geringen Gehalt regulär arbeiten.
Am unteren Ende verschwimmen immer mehr die Grenzen zwischen regulärer Arbeit und dem Bürgergeld", sagte der Präsident des Zentralverbands 5 des Deutschen Handwerks (ZDH), Hans Peter Wollseifer, der „Rheinischen Post". [...]
Viele fragten sich, warum sie morgens um 7 Uhr schon arbeiten sollten, wenn Bürgergeld-Bezieher fast das Gleiche bekämen. „Die Verbesserungen für die Bezieher beim Schonvermögen, der Wegfall von Sanktionen, die deutliche 10 Anhebung des Regelsatzes, die komplette Übernahme der stark gestiegenen Heizkosten – all das wird dazu führen, dass sich für mehr Menschen als bisher das Nicht-Arbeiten mehr lohnt als das Arbeiten."

dpa, AFP: Handwerk kritisiert Heils Bürgergeld-Konzept. In: www.zdf.de, 12.09.2022

AUFGABEN

1. Wie viel brauchst du zum Leben? Vergleiche jeweils deine eigenen Ausgaben mit zwei ausgewählten Bereichen im Diagramm **M1**.

2. a) Arbeite aus **M2** die Änderungen heraus, die mit der Einführung des Bürgergeldes einhergehen.
   b) Diskutiert in Kleingruppen die reformbedingten Änderungen der Grundsicherung anhand von Kriterien, wie z. B. Kosten, Nutzen, Menschenwürde, Interessen, Gemeinwohl, Teilhabe, Sozialstaat etc.

3. a) Analysiert in Tandemarbeit **M3** im Hinblick auf die Kritik zum Bürgergeld.
   b) Vergleicht eure Ergebnisse.

4. Nehmt Stellung zu der Frage, ob das Bürgergeld ein menschenwürdiges Leben gewährleistet?

▶ Bedingungsloses Grundeinkommen: die Lösung für viele Probleme?

Im Zusammenhang mit der Kritik an Hartz IV und jetzt dem Bürgergeld wird immer wieder das bedingungslose Grundeinkommen (kurz: BGE) diskutiert. Im Kapitel erfahrt ihr, was es damit auf sich hat und welche Vor- und Nachteile es bietet.

M4   Ein Pilotprojekt in Deutschland zum bedingungslosen Grundeinkommen (BGE) ◌

Befürworter für das bedingungslose Grundeinkommen

Mehr als zwei Millionen Menschen hatten sich beworben, am Ende wurden 122 ausgewählt. Sie erhalten ab dem 01.06.2021 drei Jahre lang jeden Mo-
5 nat 1200 Euro. Der Verlauf wird wissenschaftlich untersucht und ist Teil eines Pilotprojekts, das die Wirkung eines Bedingungslosen Grundeinkommens (BGE) untersuchen will.
10 Die Teilnehmer mussten keine Bedürftigkeit nachweisen und dürfen während des Projekts so viel oder wenig arbeiten, wie sie wollen. Gegenüber den Geldgebern haben sie keine Verpflich-
15 tung, „außer innerhalb der drei Jahre Studienzeit sieben Online-Fragebögen auszufüllen", heißt es auf der Webseite des Projekts. [...]
Das Geld stammt von rund 150.000 pri-

vaten Spendern und ist für die Empfän- 20 ger nicht steuerpflichtig. Es entspricht einem Geldgeschenk von 43.200 Euro pro Teilnehmer, insgesamt rund 5,2 Millionen Euro – und das alles initiiert von einem gemeinnützigen Verein in 25 Berlin. „Wir testen, was die Menschen machen, wenn sie drei Jahre lang eine materielle Sicherheit haben", sagt Studienleiter Jürgen Schupp vom Deutschen Institut für Wirtschaftsforschung. „Ge- 30 ben sie das Geld aus oder bilden sie finanzielle Rücklagen? Hören sie auf zu arbeiten oder arbeiten weniger? Werden sie sozialer und spenden mehr?"

Becker, Andreas: Pilotprojekt Grundeinkommen startet: 1200 Euro – jeden Monat, einfach so. In: www.dw.com, 31.05.2021

M5   Was ist das bedingungslose Grundeinkommen?

Erklärfilm zum bedingungslosen Grundeinkommen

70079-18

Seit vielen Jahren wird immer wieder die Einführung eines bedingungslosen Grundeinkommens (BGE) in Deutschland diskutiert. Allen Bürgern soll ein
5 fester monatlicher Betrag ausbezahlt werden, ohne die Auszahlung dabei an Bedingungen zu knüpfen. Dieser Betrag soll unter anderem das Arbeitslosengeld I und II, das Sozialgeld, das Kinder-
10 geld sowie die Grundsicherung im Alter und bei Erwerbsminderung ersetzen und damit eine radikale Vereinfachung

und Entbürokratisierung der sozialen Absicherung ermöglichen. [...] [Allen Bürgerinnen und Bürgern soll ein exis- 15 tenzsicherndes Einkommen garantiert werden,] das Armut vermeidet. [...] Bezüglich der Höhe des BGE gibt es sehr unterschiedliche Vorstellungen. [Sie reichen von 800 Euro bis 1.500 Euro]. 20

Wissenschaftlicher Beirat beim Bundesministerium der Finanzen: Bedingungsloses Grundeinkommen. Gutachten 02/2021, In: www.bundesfinanzministerium.de, 21.07.2021, S. 2 f.

M6   Wer ist für das BGE?

Zustimmung für ein bedingungsloses Grundeinkommen

Befürworterinnen und Befürworter sind eher …

… jung.

… höher
gebildet.

… in einer
niedrigeren
Einkommens-
gruppe.

… politisch
links verortet.

4%
16%
16%
35%
29%

■ sehr dagegen
■ dagegen
■ dafür
■ sehr dafür
■ keine Angaben

Nach: Zustimmung für bedingungsloses Grundeinkommen eher bei jungen, bei besser gebildeten Menschen sowie in unteren Einkommensschichten / Jule Adriaans, Stefan Liebig, Jürgen Schupp. In: DIW Wochenbericht. – 86 (2019), 15, S. 263-270

M7   Die Diskussion um das BGE ○

A

Pro: Philip Kovce ist Ökonom und Philosoph. Er forscht an den Universitäten Witten/Herdecke und Freiburg im Breisgau sowie am Basler Philosophicum.

Ganz einfach: Es wäre alles anders! Die Coronakrise als Wirtschaftskrise würde es in dieser dramatischen Form nicht geben.

Warum? Weil das Grundeinkommen exakt jene unbürokratische, ja unbedingte Existenzsicherung darstellt, die unzähligen Menschen dieser Tage fatalerweise fehlt. […]

Stichwort Arbeitsmoral: […] Der Mensch ist von Natur aus kein Faultier. Im Gegenteil: Wir sind auf die freie Entfaltung unserer tatkräftigen Persönlichkeit angewiesen. Während zwangsweise Stubenhocker-Sesshaftigkeit ebenso wie unfreiwillige Arbeitsmarkthörigkeit auf die Stimmung schlägt, verspricht selbstbestimmte Tätigkeit, die ein Grundeinkommen ermöglicht, ein Hoch der Gefühle.

Stichwort Finanzierung: Ein Grundeinkommen könnte einen Großteil der bisherigen über 150 Sozialleistungen samt deren kostspieliger Kontrollbürokratie ersetzen und wäre damit, je nach Modell, sogar günstiger, jedenfalls aber liberaler als der heutige Sozialstaat.

Stichwort Gerechtigkeit: Warum ausgerechnet Grundeinkommen für Faule? Und warum ausgerechnet Grundeinkommen für Reiche? Darüber klagen viele, die gewohnt sind, dass Sozialleistungen nur brave Bedürftige erhalten. Sie übersehen, dass das Grundeinkommen gerade keine Sozialleistung, sondern ein verfassungsgemäßes Grundrecht ist, das das menschenwürdige Existenzminimum ausnahmslos aller gewährleistet.

Kovce, Philip: Die Zeit ist reif für das Grundeinkommen! In: www.deutschlandfunk.de, 07.04.2020

B

Kontra: Prof. Dr. Christoph Butterwegge lehrt Politikwissenschaft an der Universität Köln.

Das bedingungslose Grundeinkommen soll den Armen nützen [...]. Auf ungleiche Einkommens- und Vermögensverhältnisse würde mit einer Geldzahlung in gleicher Höhe reagiert [...].

5 Außerdem stellt die Finanzierung des Grundeinkommens seine Befürworter vor ein Dilemma: Entweder erhält jeder Bürger das Grundeinkommen, unabhängig von seinen Einkommens- und Vermögensverhältnissen. In diesem Fall müssten riesige Finanzmassen bewegt werden, die das Volumen des heutigen

10 Bundeshaushaltes [...] um ein Mehrfaches übersteigen, die öffentliche Armut vermehren dürften [...]. Außerdem würde sich unter Gerechtigkeitsaspekten die Frage stellen, warum selbst Milliardäre vom Staat monatlich ein von ihnen vermutlich als „Peanuts" betrachtetes Zubrot erhalten sollten, während beispielsweise Schwerstbehinderte viel mehr als den für alle Bürger einheitli-

15 chen Geldbetrag viel nötiger hätten. Alternativ bekommen wohlhabende und reiche Bürger das Grundeinkommen nicht bzw. bekommen es im Rahmen der Steuererhebung wieder abgezogen. Dann wäre es allerdings weder allgemein [...] [noch] bedingungslos. [...]

Man kann die soziale Sicherung nicht von der Erwerbsarbeit entkop-

20 peln, [...]. Allenfalls können Teile der Bevölkerung leben, ohne zu arbeiten, aber nur so lange, wie das andere (für sie) tun und den erzeugten Reichtum mit ihnen teilen. Selbst wenn Erwerbslose durch ein Grundeinkommen materiell besser abgesichert wären, bliebe das Problem ihrer sozialen Ausgrenzung bestehen. Denn in einer Arbeitsgesellschaft hän-

25 gen Lebenszufriedenheit, sozialer Status und Selbstwertgefühl an der Berufstätigkeit.

Butterwegge, Christoph: Das bedingungslose Grundeinkommen zerstört den Wohlfahrtsstaat. In: www.bpb.de, 21.12.2015

AUFGABEN

1. Nehmt spontan auf einer Positionslinie Stellung zu der Frage, ob das bedingungslose Grundeinkommen (BGE) in Deutschland eingeführt werden sollte (**M4**).

2. a) Erkläre, was das bedingungslose Grundeinkommen ist (**M5**).
   b) Arbeite heraus, wer für das BGE ist (**M6**).

3. a) Ermittelt zu zweit aus **M7** die Pro- und Kontra-Argumente zur Einführung eines bedingungslosen Grundeinkommens heraus. ○
   b) Präsentiert euch eure Ergebnisse und stellt sie in einer Tabelle gegenüber.
   c) Nehmt abschließend erneut auf einer Positionslinie Stellung zu der Frage in Aufgabe 1.

WAS IST DIE STAATLICHE GRUNDSICHERUNG?

BÜRGERGELD

←·· M1-M3

Unter staatlicher Grundsicherung versteht man seit dem 01. Januar 2023 die als Bürgergeld bezeichnete staatliche Leistung. Es gilt als Ausdruck staatlicher Fürsorge und stellt als Grundsicherung den Lebensunterhalt von Personen sicher, die arbeitssuchend und/oder bedürftig sind, ihren Partner:innen und Kindern. Es beziehen Personen, die keinen Anspruch (mehr) auf Arbeitslosengeld haben. Das Bürgergeld wird aus Steuermitteln finanziert. Kritik wird insbesondere an der Höhe der Beiträge zur Sicherung eines menschenwürdigen Lebens geübt.

STAATLICHE UNTERSTÜTZUNGSLEISTUNGEN

←·· M2-M3

Im Sozialstaat ist es Aufgabe der Politik dafür zu sorgen, dass sich Armutsrisiken für bestimmte gesellschaftliche Gruppen nicht verfestigen. Das bedeutet auch, dass der Staat jedem Bedürftigen Chancen zur Verbesserung der teilweise unverschuldeten prekären [= wirtschaftlich schwierigen] Lebenslage einräumen muss. Nicht zuletzt weil der Sozialstaat nach dem Prinzip des sozialen Ausgleichs funktioniert und Steuergelder entsprechend umverteilt werden müssen, stellt sich immer auch die Frage nach der Angemessenheit einer entsprechenden Unterstützungsleistung. Für Bedürftige kann die Ablehnung einer Leistung sehr schmerzlich sein und soziale Ausgrenzung bedeuten.

BEDINGUNGSLOSES GRUNDEINKOMMEN (BGE)

←·· M4-M7

Das BGE ist die Idee für eine sozialpolitische Maßnahme, die immer wieder in der Politik und Gesellschaft zu Diskussionen führt. Gemäß dem Konzept soll jedem Bürger und jeder Bürgerin ein bestimmter Betrag (z. B. 1000 Euro) bedingungslos gewährt werden. Dafür sollen andere Sozialleistungen wegfallen. Ziel ist, die Existenz jedes Gesellschaftsmitglieds zu sichern und Armut zu verhindern, gesellschaftliche Teilhabe zu ermöglichen und einen individuellen Rechtsanspruch ohne Prüfung der Bedürftigkeit und ohne Zwang zur Arbeit und anderen Gegenleistungen zu garantieren. Insbesondere die Aspekte der Finanzierbarkeit und Gerechtigkeit werden in diesem Kontext kontrovers diskutiert.

M1   Druck auf das Sozialversicherungssystem

Karikatur: Thomas Plaßmann

M2   Ein Glück für Bedürftige, eine Schande für den Sozialstaat

Die Tafeln sind Einkaufsorte, nein Ausgabestellen für Leute, die sich ein normales Einkaufen nicht leisten können. Dort finden sie Lebensmittel und oft
5 auch Kleidung. [...] Viele sagen, sie hätten nie gedacht, einmal "so was" in Anspruch nehmen zu müssen. Da stehen Obdachlose neben Leuten, die sich gerade noch die Miete leisten können; da
10 stehen Rentnerinnen und Rentner, die von ihrer Rente nicht leben können [...].

Die Tafeln gehören zu den erfolgreichsten Einrichtungen in Deutschland. Sie expandieren wie sonst nichts. Sie expandieren deshalb, weil Not und Be- 15 dürftigkeit in Deutschland expandieren. [...] Es ist [...] eine Katastrophe, dass es sie geben muss. Sie zeigen, dass die Not zurückgekehrt ist in ein reiches Land.

Prantl, Heribert: Ein Glück für Bedürftige, eine Schande für den Sozialstaat. In: www.sueddeutsche.de, 23.02.2018

AUFGABEN

1. Erläutere vor dem Hintergrund der Karikatur in **M1** die besonderen Herausforderungen, vor denen der Sozialstaat der Zukunft stehen wird.

2. Beurteile ausgehend vom Sozialstaatsgebot Artikel 20 (1) GG die Ansicht Heribert Prantls, es sei eine Schande für den Sozialstaat, dass es Tafeln gibt (**M2**).

In diesem Kapitel hast du dich mit sozialer Ungleichheit in Deutschland, mit unterschiedlichen Vorstellungen von sozialer Gerechtigkeit sowie mit der konkreten Ausgestaltung des deutschen Sozialstaats auseinandergesetzt. Außerdem hast du dich mit den Herausforderungen beschäftigt, denen sich ein moderner Sozialstaat stellen muss. Die nachfolgende Tabelle hilft dir dabei zu überprüfen, was du schon gut kannst bzw. wo du noch üben solltest.

Ich kann ...	Das klappt schon ...	Hier kann ich noch üben ...
... soziale Ungleichheit an Beispielen erklären.	👍 👉 👎	Kapitel 3.1: M1-M3, M7-M10, #Armut, Grundwissen
... Dimensionen sozialer Gerechtigkeit beschreiben.	👍 👉 👎	Kapitel 3.1: M5, Grundwissen
... Funktionen des deutschen Sozialstaats und Prinzipien sozialer Sicherung erklären.	👍 👉 👎	Kapitel 3.2: M2-M5, #Solidarprinzip, Grundwissen
... die Säulen des Sozialversicherungssystems darstellen.	👍 👉 👎	Kapitel 3.2: M5-M10, Grundwissen
... Probleme für die soziale Absicherung erklären.	👍 👉 👎	Kapitel 3.3: M1-M2, M4-M6, M9, #Minijob
... die Zukunftsfähigkeit des deutschen Sozialversicherungssystems beurteilen.	👍 👉 👎	Kapitel 3.3: M1-M2, Grundwissen
... sozialpolitische und individuelle Maßnahmen zur sozialen Absicherung beurteilen.	👍 👉 👎	Kapitel 3.3: M7, M10-M11, Grundwissen
... sozialpolitische Maßnahmen zur Grundsicherung bewerten.	👍 👉 👎	Kapitel 3.4: M1-M7, Grundwissen

Veranstaltung zum Europatag

Plakat für Erasmus+

Pro-Brexit Protest in London

Feuer im griechischen Flücht-
lingslager Moria

Eine EU-Flagge wird aus Protest
in Athen angezündet.

Plastikmüll

Was weißt du schon?

1. Recherchiert in Kleingruppen inhaltliche Hintergründe zu den abgebildeten Aspekten im Internet.
2. Welche Bilder oder Stichworte fallen dir zur Europäischen Union ein?
   Fülle die 12 Sterne der EU-Flagge (Vorlage im digitalen Aufgabenkasten)
   mit einem Bild, einer Zeichnung oder Stichworten.
3. Mit welchem Bild der EU kannst du dich identifizieren? Präsentiert eure
   Bilder und diskutiert, ob sie eher positive oder negative Aspekte der EU
   darstellen.

#Die Europäische Union als wirtschaftliche und politische Gemeinschaft

In der Europäischen Union (EU) herrscht seit über 70 Jahren Frieden. Die EU ist seit 2012 Friedensnobelpreisträgerin und erfährt auf der internationalen politischen Bühne große Akzeptanz. Als EU-Bürgerinnen und EU-Bürger profitieren wir von zahlreichen Freiheiten und dürfen durch die demokratische Organisationsstruktur der EU bei politischen Entscheidungen mitbestimmen.

Aber die EU steht auch vor vielfältigen politischen Herausforderungen in einer immer komplexer werdenden Welt. Politische Einschnitte in den vergangenen Jahren zeigen, dass es die EU nur selten schafft, mit einer gemeinsamen Stimme zu sprechen. Der Brexit, die Frage der Rechtsstaatlichkeit, die wirtschaftlichen Folgen des Klimawandels und der Corona-Pandemie sowie der Zulauf von Geflüchteten werden für Politiker:innen in der EU immer wieder zum Kräfteakt und zur Zerreißprobe.

Was lernst du in diesem Kapitel?

... den Einfluss der EU auf dein alltägliches Leben zu beschreiben.

... den historischen Weg zur europäischen Gemeinschaft zu skizzieren.

... Werte und Ziele der EU zu erläutern.

... Aufgaben von politischen Institutionen der EU und deren Zusammenspiel darzustellen.

... die Grundzüge der Europäischen Wirtschaftsunion zu beschreiben.

... Partizipationsmöglichkeiten von Bürgerinnen und Bürgern zu beschreiben.

... die Bedeutung einer europäischen Identität für die Entwicklungen und Herausforderungen der EU zu beurteilen.

Ein Zukunftsszenario für die Europäische Union entwerfen

Worum geht es?

Die Europäische Union ist in den letzten sieben Jahrzehnten seit ihrer Gründung zu einer starken politischen Instanz gewachsen. Angesichts der derzeitigen Entwicklungen nimmt die Frage nach der Zukunft der EU einen zentralen Stellenwert in politischen Diskussionen ein. Mit der Methode des Zukunftsszenarios formuliert ihr Entwicklungsprognosen und entwerft langfristige Zukunftsbilder: Wie wird sich die EU in den kommenden 15-20 Jahren entwickeln? Existiert der Staatenbund dann noch? Welche Auswirkungen hätten diese Veränderungen auf euer Leben?

Geht dabei so vor:

Analysen durchführen

Bearbeitet arbeitsteilig die Arbeitsaufträge aus den Unterkapiteln und haltet die Lösungen schriftlich fest.

a) Ist-Analyse:

   Welche Rahmenbedingungen sind in der EU warum vorzufinden?

- Wo treffe ich im Alltag auf die EU? (Kap. 4.1: M1-M3)
- Welche Motive gab es für die europäische Einigung? (Kap. 4.1: M4-M8)
- Wer ist Mitglied der EU? (Kap. 4.1: M10, M11)
- Wie stark ist der Zusammenhalt in der Wertegemeinschaft? (Kap. 4.1: M12-M15)
- Wie arbeitet die EU? (Kap. 4.2: M2, M3)
- Wen wählen wir? (Kap. 4.2: M5-M7)
- Wie entsteht ein Gesetz in der EU? (Kap. 4.2: M10, M11)
- Wie können sich EU-Bürger:innen beteiligen? (Kap. 4.2: M15-M18)
- Wozu dient ein gemeinsamer Markt? (Kap. 4.3: M1-M3)
- Gibt es grenzenlose Freiheiten für Arbeitnehmende? (Kap. 4.3: M4-M6)
- Was ist die Europäische Währungsunion? (Kap. 4.4: M1-M3)

b) Zukunfts-Analyse:

   Welche Fragen sind für die Entwicklung der EU relevant?

- Sollte das Vetorecht abgeschafft werden? (Kap. 4.2: M12-M14)
- Welche Folgen haben Einschränkungen des Binnenmarktes? (Kap. 4.3: M7, M8)
- Ist der Euro gut für den Zusammenhalt? (Kap. 4.4: M4-M6)
- Kann die Europäische Zentralbank den Euro retten? (Kap. 4.4: M7-M10)
- Sollte Europa außenpolitisch mit einer Stimme sprechen? (Kap. 4.5: M1-M4)
- Was passiert, wenn einer raus will? (Kap. 4.5: M5-M7)
- Wie wird ein Land EU-Mitglied? (Kap. 4.5: M8-M10)
- Ist der Green-Deal eine neue Hoffnung für unser Klima? (Kap. 4.5: M11-M13)
- Lohnt es sich, die europäische Idee zu verteidigen? (Kap. 4.5: M14-M17)

2

Die Entwicklung der Szenarien

Entwerft für eure bearbeiteten Themen und formulierten Fragestellungen drei denkbare Szenarien:

- 1. Positives Extremszenario: Wie sieht die Zukunft im besten Fall aus?
- 2. Negatives Extremszenario: Wie sieht die Zukunft im schlimmsten Fall aus?
- 3. Trendszenario: Wie sieht die Zukunft aus, wenn sich die derzeitige Situation fortsetzt?

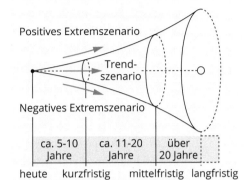

Positives Extremszenario

Trend-szenario

Negatives Extremszenario

ca. 5-10 Jahre	ca. 11-20 Jahre	über 20 Jahre

heute · kurzfristig · mittelfristig · langfristig

3

Die Zukunft darstellen

- Arbeitet eure drei Szenarien gestalterisch aus. Verdeutlicht dabei die Vielschichtigkeit des Problems und mögliche Zukunftsentwicklungen.
- Stellt dabei heraus, wie die Menschen nach euren Prognosen in Europa leben werden.
- Entwerft ausgehend vom Szenariotrichter Wandzeitungen, Reiseberichte aus der Zukunft, dreht Nachrichtensendungen aus dem Jahr 2035 oder studiert Rollenspiele ein.

4

Die Szenarien präsentieren

Stellt eure Szenarien vor und gebt den anderen Gruppen Feedback.

Vorlage Feedbackbogen

70079-70

Ziel

5

Die Zukunft gestalten: Strategien für eine bessere Zukunft entwerfen

- Entwickelt politische Maßnahmen, um bekannte Probleme zu vermeiden.
- Denkt dabei an Möglichkeiten, die die europäischen Institutionen, aber auch die Bürger:innen haben.

4.1 Leben in der Europäischen Union

▶ Die EU in deinem Alltag: Wo triffst du auf die EU?

Als EU-Bürger:in profitierst du in deinem Leben von vielen Richtlinien und Verordnungen der EU. So kannst du ohne Grenzkontrollen in den Urlaub fahren, vor Ort mit dem Euro bezahlen und ohne zusätzliche Gebühren Telefonate in andere Länder führen. Auch für dein späteres Berufsleben eröffnet dir die EU viele Möglichkeiten. Dazu kommen weitere Regelungen, sodass dich die EU von morgens bis abends umgibt.

M1   Durch den Tag mit Alex

Alex ist 16 Jahre alt, wohnt mit seinen Eltern und seiner Schwester in einer Wohnung in Essen und absolviert eine Ausbildung als Elektroniker. In seinem Leben gibt es viele Berührungspunkte mit Entscheidungen der EU …

Laut EU-Vorschrift müssen Haustiere, die innerhalb der EU mitreisen, in Form dieses Mikrochips oder einer Tätowierung gekennzeichnet sein.

Für das Leitungswasser legt die EU Qualitätsnormen fest. Die Kosmetikprodukte unterliegen ebenfalls EU-Rechtsvorschriften zu den Inhaltsstoffen und sind frei von Tierversuchen.

06:30 Uhr: Alex Wecker klingelt. Er geht ins Bad und putzt sich die Zähne.

07:40 Uhr: Alex fährt mit dem Zug zur Arbeitsstelle.

Die EU hat 2021 nochmals die Rechte von Bahnreisenden gestärkt. So kann man z. B. bei Verspätungen Geld zurückverlangen.

19:15 Uhr: Am Abend geht Alex mit dem Familienhund Bella spazieren. Bella wurde als Welpe gechipt, da die Familie oft Urlaub in Italien macht.

13:30 Uhr: Zurück am Arbeitsplatz lädt Alex sein Diensthandy auf.

09:30 Uhr: Alex erzählt seinen Kolleg:innen: „Wir haben uns gestern den neuen Film von Almodóvar angeschaut".

Ab 2024 wird es in der EU einheitliche Ladebuchsen geben.

Die EU unterstützt die Verbreitung von europäischen Filmen außerhalb des Herstellungslandes.

10:45 Uhr: Alex bespricht seinen Aufenthalt im Tochterunternehmen in Frankreich mit seiner Chefin.

12:30 Uhr: An der Imbissbude gibt es heute „Steak mit Spargel und Pommes".

Alex erfährt auf Nachfrage, dass die Produkte aus der EU kommen. Im Fleisch sind also keine Wachstumshormone vorhanden, da diese in der europäischen Viehzucht verboten sind.

Die EU hat eine gemeinsame Wirtschaftszone, welche es u. a. ermöglicht, in allen Ländern der EU arbeiten zu können.

Bearbeiterin

M2 Wie kommt die EU in deinen Alltag? ○

Die EU beruht auf dem Grundsatz der Rechtsstaatlichkeit. [Das bedeutet, dass alle] Bürgerinnen und Bürger [...] vor dem Gesetz die gleichen Rechte [haben], und die EU [...] sich in ihrem Handeln stets auf von ihren Mitgliedstaaten freiwillig und demokratisch vereinbarte Verträge [stützt]. Recht und Gesetz werden von einer unabhängigen Justiz aufrechterhalten. [...] Jede Maßnahme der EU gründet auf Verträgen, die alle EU-Länder freiwillig und demokratisch gebilligt haben. Die Verträge regeln die Ziele der Europäischen Union, die Arbeitsweise der EU-Institutionen, die Beschlussfassung sowie das Verhältnis zwischen der EU und ihren Mitgliedstaaten. In bestimmten spezifischen Fällen sind nicht alle Mitgliedstaaten an allen Bereichen der EU-Politik beteiligt. So ist beispielsweise der Euro zwar die einheitliche Währung der EU als Ganzes, der Euro-Raum umfasst aber nicht alle Mitgliedstaaten.

Nach: ©Europäische Union: Die Europäische Union. Was sie ist und was sie tut, 2020

M3 Beiträge in den Sozialen Medien zu Regelungen der EU

Damit Bürger:innen erfahren, welche Regelungen aktuell sind, postet die EU-Kommission wichtige Mitteilungen in sozialen Medien.

Umfrage: Wie stehen Jugendliche zur EU?

70079-71

Beiträge auf dem Instagram Kanal der EU-Kommission am 17.12.2022 (A) und 18.01.2023 (B)

AUFGABEN

1. a) Benenne die Bereiche, wo Alex im Alltag auf die EU trifft (**M1**).
   b) Wähle zwei Beispiele aus **M1**, die dir für deinen Alltag/für deine Zukunft am wichtigsten erscheinen. Begründe deine Meinung.

2. Erkläre die Rahmenbedingungen, nach denen die EU handelt (**M2**).

3. a) Beschreibe, worüber die EU in ihren Beiträgen aufklärt (**M3**) und recherchiere weitere Informationen zu den Themen der Beiträge.
   b) Begründe warum die EU Kommission diese Beiträge veröffentlicht.
   c) Stelle Vermutungen an, warum einige Bürger:innen EU-Vorgaben kritisieren oder sogar inhaltlich für populistische Zwecke nutzen.

H zu Aufgabe 1a
Erstelle dazu eine Mindmap (→ **Methodenglossar**).

F zu Aufgabe 1b
Schreibe deinen eigenen Tagesablauf mit Berührungspunkten der EU (Hilfen im → digitalen Aufgabenkasten).

▶ Die europäische Einigung: Welche Motive gab es, welche Ziele gibt es?

Eines ihrer zentralen politischen Ziele hat die Europäische Union in den letzten Jahrzehnten umsetzen können: ein friedliches demokratisches Zusammenleben. Was waren die Motive der Gründungsväter und müssen diese angesichts der aktuellen kriegerischen Auseinandersetzungen in Osteuropa wieder in den Fokus politischer Aktivitäten gerückt werden?

M4   Winston Churchills Visionen für Europa nach dem Zweiten Weltkrieg

Audio: Churchills Rede im Original (englisch)

70079-73

Der damalige britische Premierminister Winston Churchill stellt in seiner Züricher Rede an die akademische Jugend am 19.09.1946 seine Vorstellung von Europa vor:

> „Und doch gibt es all die Zeit hindurch ein Mittel, das [...] in wenigen Jahren ganz Europa, oder doch dessen größten Teil, so frei und glücklich [machen würde]. [...] Es ist die Neuschöpfung der europäischen Völkerfamilie, oder doch soviel davon, wie möglich ist, indem wir ihr eine Struktur geben, in welcher sie in Frieden, in Sicherheit und in Freiheit bestehen kann. Wir müssen eine Art Vereinigte Staaten von Europa errichten."
>
> *Churchill, Winston, Universität Zürich, 19. September 1946. In: www.churchill-in-zurich.ch, Abruf am 30.03.2023*

M5   Was waren die Motive für einen Staatenverbund nach dem Zweiten Weltkrieg?

Für den damaligen europäischen Integrationsprozess lassen sich fünf Motive benennen, die die Grundlage der heutigen EU bilden.

Staatenbund
Eine zwischenstaatliche Organisation, die aus einer lose verbundenen Gruppe von souveränen Staaten besteht. Die Mitgliedstaaten behalten ihre eigene Regierung und Rechtsprechung, treffen jedoch gemeinsame Entscheidungen in bestimmten Angelegenheiten.

1.	Der Wunsch nach einem neuen Selbstverständnis	ein neues, demokratisches Europa für eine neue Gemeinschaftserfahrung
2.	Der Wunsch nach Freiheit und Mobilität	ein gemeinsamer Markt für eine freie Bewegung von Personen, Waren und Informationen
3.	Der Wunsch nach Frieden und Sicherheit	ein geeintes Europa zum Verhindern weiterer Verbrechen
4.	Die Hoffnung auf wirtschaftlichen Wohlstand	ein gemeinsamer Markt für intensiven und effizienten Handel
5.	Die Erwartung gemeinsamer Macht	gemeinsame politische Einigung für eine europäische Zusammenarbeit

Bearbeiterin

M6 Welche Ziele verbinden die EU?

Aus den damaligen Motiven haben sich Leitziele der EU ergeben, welche in Artikel 2 des Vertrages von Lissabon festgelegt sind. Neben der politischen und
5 wirtschaftlichen Verflechtung der europäischen Staaten haben die Gründungsväter und -mütter die Ziele verfolgt, gemeinsame Werte zu stärken und Herausforderungen gemeinsam als Soli- dargemeinschaft zu lösen. Zu den ge- 10
sellschaftlichen Werten, durch die sich die Mitgliedstaaten auszeichnen, gehören Pluralismus, Nichtdiskriminierung, Toleranz, Gerechtigkeit, Solidarität und die Gleichheit von Frauen und Män- 15
nern.

Bearbeiterin

Der Vertrag von Lissabon

70079-74

M7 70 Jahre Frieden – (k)eine Selbstverständlichkeit?

Karikatur: Patrick Chappatte, 2007

AUFGABEN

1. Erkläre Churchills Visionen zum Aufbau eines Staatenverbundes mithilfe von **M4**.

2. a) Erläutere, warum die Leitmotive insbesondere als Staatenbund umsetzbar sind (**M5, #Staatenbund**).
   b) Stelle die fünf Leitmotive der EU grafisch dar.

3. Beurteile, welche Ziele und Werte der EU für dich besonders wichtig sind (**M6**).

4. Gestaltet in Kleingruppen eine Mindmap zum Thema „Die EU als Friedensprojekt". Recherchiert eigenständig zusätzliche Informationen und schaut auch in den Vertrag von Lissabon (**QR-Code neben M6**).

5. Diskutiert auf Grundlage der Karikatur, inwiefern „70 Jahre Frieden in Europa" für euch „(k)eine Selbstverständlichkeit" ist (**M7**). ⟳

F zu Aufgabe 3
Überlegt im Kontext aktueller Geschehnisse, ob neue Zielsetzungen oder Werte formuliert werden sollten.

H zu Aufgabe 4
Hilfreiche Links findet ihr im → digitalen Aufgabenkasten.

▶ Die Entwicklung der EU: Wer ist Mitglied der EU?

Zu Beginn der europäischen Integration konnten die Gründer noch nicht erahnen, in welchem Ausmaß Europa zusammenwächst und welche Erfolgsgeschichte die EU schreiben wird. Welche bedeutsamen Etappen wurden im Laufe der letzten Jahrzehnte genommen?

M8   Zitate zum Gründungsprozess

A Wir vereinigen keine Staaten, wir vereinigen Menschen.

Jean Monnet (1889-1979), französischer Diplomat und Vordenker eines vereinten Europas. In: www.zitate.eu, 25.03.1957

B „Die Einheit Europas war ein Traum von wenigen. Sie wurde die Hoffnung für viele. Sie ist heute die Notwendigkeit für alle."

Konrad Adenauer (1876-1967) – Erster Bundeskanzler der BRD (1949-1963). In: www.zitate.eu, Abruf am 13.07.2023

M9   Etappen der europäischen Einigung

1 Am 18. April 1951 gründen Frankreich, Deutschland, Italien, Luxemburg, Belgien und die Niederlande die Europäische Gemeinschaft für Kohle und Stahl. In den Römischen Verträgen vom 25. März 1957 vereinbaren diese sechs Staaten die Abschaffung der Binnenzölle und die Zusammenarbeit bei der friedlichen Nutzung der Kernenergie. Die Europäische Wirtschaftsgemeinschaft (EWG) und die Europäische Atomgemeinschaft (EAG) werden gegründet.
Im Jahr 1967 werden die drei Gemeinschaften zusammengelegt.

2 Mit dem Vertrag von Maastricht wird 1992 die EU besiegelt. Die mittlerweile 12 Mitglieder vereinbaren die Zusammenarbeit in den Bereichen Justiz und Inneres sowie eine Gemeinsame Außen- und Sicherheitspolitik (GASP).

3 1993 ist der Europäische Binnenmarkt „vollendet". Er gewährleistet den freien Verkehr von Personen, Waren, Dienstleistungen und Kapital. Das Schengener Abkommen von 1995 besiegelt den Wegfall von Passkontrollen.

4 Die Einführung einer einheitlichen Währung (Bargeld: 2022) und die Schaffung der Europäischen Zentralbank (1998) soll die angestrebte wirtschaftliche Vereinigung vervollständigen. Die Banken- und Staatsschuldenkrise (ab 2007) gefährdet die Gemeinschaftswährung und den Bestand der Eurozone.

5 Der Vertrag von Lissabon (2009) fasst bestehende Verträge zusammen, reformiert EU-Institutionen und stärkt das Mitspracherecht des EU-Parlaments und der Bürger:innen. Dies stärkt die politische Zusammenarbeit in der EU.

6 Im Jahr 2015 wird der Zusammenhalt in Europa durch die sogenannte „Flüchtlingskrise" auf eine harte Probe gestellt. 2020 führt die Corona-Pandemie zu nationalen Alleingängen, Grenzkontrollen und einer tiefen Rezession. Diese Krisen kosten der EU viel Vertrauen ihrer Bürger:innen.

Bearbeiterin

M10 Chronik der EU-Erweiterungen

EU: Gründerstaaten, Beitritte, Beitrittskandidaten und Austritte
Stand: 2023

Gründerstaaten
1958: Belgien, Deutschland, Frankreich,
Italien, Luxemburg, Niederlande

Beitritte
1973: Dänemark, Großbritannien, Irland
1981: Griechenland
1986: Portugal, Spanien
1995: Finnland, Österreich, Schweden
2004: Estland, Lettland, Litauen, Malta,
Polen, Slowakei, Slowenien,
Tschechien, Ungarn, Zypern
2007: Bulgarien, Rumänien
2013: Kroatien

Beitrittskandidaten
Albanien, Moldawien, Montenegro,
Nordmazedonien, Serbien, Türkei, Ukraine

Austritt
2020: Großbritannien

Wegmarken der europ. Einigung:
1957: Europäische Wirtschaftsgemeinschaft (EWG);
Europäische Atomgemeinschaft (EURATOM)
1979: Erste Wahl zum europ. Parlament
1992: Vertrag von Maastricht
1993: Vollendung des EU-Binnenmarktes
2002: Einführung des Euro
2007: Vertrag von Lissabon

©C.C. Buchner Verlag, aktuelle Daten nach: EU-Kommission (Datenerhebung: 2023; Grafikerstellung: 2023)

AUFGABEN

1. a) Tauscht euch zu zweit über die Zitate in **M8** aus. Beschreibt die jeweilige Haltung zum Gründungsprozess, die hinter den Zitaten steckt.
   b) Begründet, welches Zitat ihr für den europäischen Integrationsprozess am treffendsten findet und warum die Zitate auch heute noch Gültigkeit besitzen (**M8**, **M9**).

2. a) Erstelle einen Zeitstrahl zu den Etappen der europäischen Einigung (**M9**, **M10**). ⟳
   b) Benenne zu den jeweiligen Etappen die damit verbundenen Intentionen.

3. In **M9** ⑥ werden Krisen genannt, die die EU zu bewältigen hat. Beurteile, ob die Erfolgsgeschichte Europas an den Herausforderungen scheitert.

F **zu Aufgabe 3**
Stell dir vor, du wärst eine Politikberaterin/ ein Politikberater. Was würdest du der EU empfehlen, damit sie zurück in die Erfolgsspur findet? Worauf sollte sie sich besinnen? Erstelle einen Maßnahmenkatalog.

▶ Viele Länder, viele Interessen: Wie stark ist der Zusammenhalt in der Wertegemeinschaft?

Die Mitgliedstaaten der Europäischen Union haben Verträge unterschrieben, um dem Staatenverbund anzugehören. Mitgliedsländer profitieren von der Gemeinschaft und sollen sich in Krisen gegenseitig unterstützen. Doch derzeit stellt sich immer wieder die Frage, wie lange die Gemeinschaft noch zusammenhält.

M11   Fallbeispiel: Die Energieversorgung in der EU

Solidarität, notfalls mit Zwang

Tag 147 sei angebrochen in Wladmir Putins Angriffskrieg, sagte Ursula von der Leyen zu Beginn ihrer Rede. [...] Wenn es der EU nicht gelingt, sich für einen Winter ohne russisches Gas zu wappnen, dann drohen der EU wirtschaftliche und soziale Verwerfungen, dann wir der Rückhalt für Sanktionen gegen Russland schwinden [...]. Das Wort „Solidarität" spielte in ihrer Rede eine entscheidende Rolle. Nach geltendem EU-Recht haben private Haushalte und soziale Dienste gegenüber der Wirtschaft eindeutig Priorität bei der Versorgung mit Gas, daran werde keinesfalls gerüttelt [...]. Theoretisch müsste die deutsche Industrie also Gas an Haushalte eines Nachbarlandes abgeben, falls dort die Versorgung nicht mehr gewährleistet werden kann. Umgekehrt würden deutsche Haushalte über die Industrie von Nachbarländern versorgt [...]. Einige Länder haben Skepsis angemeldet, Polen zum Beispiel. Vom ungarischen Regierungschef Viktor Orbán ist bereits bekannt, dass er sich in Energiefragen der europäischen Solidarität verweigern will. Er ließ vergangene Woche den Energienotstand für sein Land ausrufen und kündigte an, demnächst kein Gas mehr an andere EU-Länder zu liefern.

Nach: Kelnberger, Josef: Wie die EU ohne Putins Gas durch den Winter kommen will. In: www.sueddeutsche.de, 20.07.2022

M12   Herausforderung Zusammenhalt

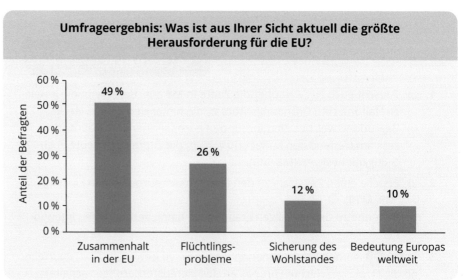

Umfrageergebnis: Was ist aus Ihrer Sicht aktuell die größte Herausforderung für die EU?

Nach: Statista, Daten nach: ZDF Politbarometer vom 28.03.2019

SOLIDARITÄT UND KOMPROMISSBEREITSCHAFT IN DER EU

Zu einer von vielen Prinzipien der EU zählt die Solidarität sowie die Bereitschaft zum Kompromiss. Der Begriff der Solidarität ist sowohl politisch als auch wirtschaftlich zu verstehen und verpflichtet alle Mitgliedstaaten, den schwächeren zu helfen, ihre Probleme anzupacken und stärker zu werden. Eine wichtige Voraussetzung für das Funktionieren der EU ist die Bereitschaft zum Kompromiss, [...]. Mit einer Vielzahl an Mitgliedstaaten ist es nicht immer leicht, zu einem Beschluss zu kommen. So sind die Mitgliedstaaten dazu angehalten, eine Bereitschaft zum Kompromiss mitzubringen, da es nicht möglich ist, dass jedes Land seine Positionen vollständig durchsetzen kann.

Landeszentrale für politische Bildung Baden-Württemberg: Prinzipien der Europäischen Union. In: www.europaimunterricht.de, Abruf am 28.04.2023

> **Solidarität**
> Zusammengehörigkeit, Zusammenhalt von verschiedenen Personen oder Gruppen: Sie helfen oder unterstützen sich gegenseitig. Oft teilen sie gemeinsame Werte oder eine politische Überzeugung.

M13 Interessenkonflikte erschweren die Kompromissbildung

Unsere 27 EU-Mitgliedstaaten zeichnen sich durch 27 landesspezifische Besonderheiten und ihre damit verbundenen unterschiedlichen nationalen Interessen aus. Trotz der gemeinsam vereinbarten Ziele und Prinzipien ist es einzelnen Nationalstaaten wichtig, individuelle Interessen auf EU-Ebene durchzusetzen. Fehlt es an Kompromissbereitschaft einzelner Regierungschefs können politische Alleingänge oder festgefahrene Standpunkte der europäischen Solidargemeinschaft schaden. Der Austritt Großbritanniens aus der EU ist ein Beispiel dafür, dass Bürger:innen, aber auch Politiker:innen gegensätzlich über die (Weiter)Entwicklung der EU denken. So gibt es Fraktionen, die eine Rückbesinnung auf die Nationalpolitik fordern und andere, die sich für weitere Schritte des europäischen Integrationsprozesses einsetzen.

Befürworter:innen einer solidarischen EU-Politik verweisen auf die politische Stärke, die beispielsweise durch eine gemeinsame europäische Armee oder durch die Fokussierung auf eine gemeinsame Sozial- und umfassende Umweltpolitik noch ausgebaut werden kann. Andererseits gibt es Kritiker:innen, die die enormen Unterschiede hinsichtlich wirtschaftlicher Leistungsfähigkeiten sowie gesellschaftlicher Strukturen herausstellen. Die Heterogenität der Mitgliedstaaten zeigt sich beispielsweise in den folgenden Politikbereichen:

> **Heterogenität**
> Verschiedenheit

Migrationspolitik
Länder wie Griechenland, Italien oder Malta fordern eine gerechtere Verteilung der Verantwortung zwischen den Mitgliedstaaten.

Sozialpolitik
In Bulgarien, Rumänien oder Lettland sind die Menschen eher von Armut bedroht als in Tschechien, Slowenien, Dänemark oder Finnland.

Währungspolitik
Einführung der gemeinsamen Währung und supranationale Geldpolitik vs. das Festhalten an der nationalen Geldpolitik.

Bearbeiterin

M14   Das gemeinsame Haus Europa?

Karikatur: Gerhard Mester, 2016

AUFGABEN

1. a) Beschreibe den Sachverhalt in **M11**.
   b) Lege dar, inwiefern Polen sich den Prinzipien der EU entgegenstellt (**#Solidarität und Kompromissbereitschaft in der EU**).

2. a) Formuliere Aussagen zu der Grafik in **M12**.
   b) Teile deinen Standpunkt in einer (digitalen) Abstimmung mit deiner Klasse.

3. „Die EU zerbricht an mangelndem Zusammenhalt." Fälle ein Spontanurteil zu dieser Aussage und setze den Zeitungsartikel (**M11**) mit der Grafik (**M12**) in Verbindung.

4. a) Erkläre, wie unterschiedliche Interessen die Kompromissbereitschaft der EU Mitgliedstaaten erschweren (**M13**).
   b) Recherchiere Informationen zu aktuellen Interessenkonflikten innerhalb der EU und ordne diese in Politikfelder ein. ⟳

5. a) Analysiere die Karikatur (**M14**) (→ **Methodenglossar**) unter dem Aspekt „Zusammenarbeit in der EU". ⟳
   b) Recherchiere, ob es Länder in der EU gibt, die eine hohe bzw. niedrige Kompromissbereitschaft zeigen.

6. Diskutiert in der Klasse, ob ihr den Zusammenhalt der EU bedroht seht und erarbeitet mögliche Lösungsvorschläge zur Stärkung des Zusammenhalts innerhalb der EU.

WIE IST DIE EU ENTSTANDEN UND WIE BEEINFLUSST SIE DEIN LEBEN?

 ### DIE EU IN DEINEM ALLTAG

M1-M3

Die EU ist ein Zusammenschluss von derzeit 27 Mitgliedstaaten, die in vielen Politikbereichen eng zusammenarbeiten. Die Zusammenarbeit funktioniert nach dem Grundprinzip der Subsidiarität: Erst wenn ein Staat Probleme nicht selbst lösen kann, wird die EU zuständig. Die EU und ihre Politik haben großen Einfluss auf deinen Alltag. Ein Beispiel ist die Vereinheitlichung von Ladebuchsen ab 2024.

 ### RECHTSSTAATLICHKEIT IN DER EUROPÄISCHEN UNION

M2

Die EU beruht auf dem Grundsatz der Rechtsstaatlichkeit. Alle Bürger:innen haben vor dem Gesetz die gleichen Rechte. Ferner sind die freiwillig und demokratisch vereinbarten Verträge mit den Mitgliedstaaten die Grundlage für das Handeln der EU.

 ### DER EUROPÄISCHE INTEGRATIONSPROZESS

M4-M10

Die EU ist aus der Europäischen Wirtschaftsgemeinschaft hervorgegangen, die 1957 in Rom gegründet wurde. Das oberste Ziel war es, dass die europäischen Staaten nach zwei großen Kriegen endlich friedlich leben und miteinander Handel betreiben können. Die ersten Maßnahmen der Gründungstage waren es, Kohle, Stahl und Atomenergie gemeinsam zu nutzen und den wirtschaftlichen Austausch zu vereinfachen. So sollte für alle der Wohlstand vergrößert werden. In mehreren Schritten der Erweiterung und durch weitere Verträge ist die heutige Europäische Union entstanden. Alle Mitgliedstaaten haben sich auf gemeinsame Werte verpflichtet: die Wahrung der Menschenwürde, Freiheit, Demokratie, Menschenrechte und Rechtsstaatlichkeit.

SOLIDARITÄT UND KOMPROMISSBEREITSCHAFT ALS PRINZIPIEN DER EU

M11-M14

Damit die Politiker:innen gemeinsame Lösungen erarbeiten und zusammenarbeiten können, ist eine Kompromissbereitschaft der nationalen Staaten unabdingbar. Immer wieder kommt es zu Streitigkeiten zwischen den Mitgliedstaaten, die gemeinsame Handlungsstrategien blockieren können. Insbesondere nach dem Austritt Großbritanniens aus der EU kommt die Frage nach dem Zusammenhalt innerhalb der EU auf. Trotz der Unterschiede in den Bereichen der Migrationspolitik, Sozialpolitik oder Währungspolitik bedarf es einer stetigen Rückbesinnung auf die Solidarität in der EU.

4.2　Das politische System der EU

▶ Die politischen Organe: Wie arbeitet die EU?

In den ersten EU-Verträgen wurde festgelegt, welche Institutionen die Europäische Union haben soll. Das politische System legt fest, wie Gesetze gestaltet und verabschiedet werden. Es legt fest, welche Politiker:innen für welche Aufgaben zuständig sind. Welche politischen Organe gibt es und wie wird in diesen (zusammen-) gearbeitet?

M1　Schlagzeilen aus der Politik

A Tschüss Plastiktüte: Europäisches Parlament verabschiedet eine neue Richtlinie, um den Verbrauch von dünnen Plastiktüten in der EU zu reduzieren.

B Gemeinsame Corona-Strategie für die Wintermonate – Ministerrat beschließt neue Corona-Bekämpfungsverordnung.

C Weiterer Schritt für Verbraucher: Europäischer Gerichtshof schützt Kunden vor dubiosen Mobilfunktarifen und verbietet einige komplett.

D Entscheidung der Europäischen Kommission: Keine Bereitstellung von Kreuzfahrtschiffen für die Geflüchteten von Moria

E Der Europäische Rat stimmt für MiCa-Verordnung – Jetzt kommen einheitliche Regelungen im Umgang mit Kryptowährungen

Bearbeiterin

MiCa
Die Abkürzung steht für „Markets in Crypto-assets" und bedeutet übersetzt „Märkte für Kryptoanlagen".

M2　Die Organe der Europäischen Union: Wer ist für was verantwortlich?

Europäisches Parlament

Das Parlamentsgebäude in Straßburg

Das EU-Parlament wird alle 5 Jahre von den Bürgerinnen und Bürgern der Mitgliedstaaten gewählt und ist damit das einzige direkt gewählte EU-Organ. Die Anzahl der Abgeordneten aus jedem Mitgliedsland orientiert sich an der Bevölkerungsgröße der Mitgliedstaaten. Im Parlament finden sich die Abgeordneten in länderübergreifenden Fraktionen zusammen. Das Parlament entscheidet neben dem Ministerrat über Richtlinien und Verordnungen und wählt die Kommissionspräsidentin bzw. den Kommissionspräsidenten auf Vorschlag des Europäischen Rates.

Europäische Kommission

Die EU-Kommission ist das Exekutivorgan der EU. Sie besteht aus der Kommissionspräsidentin bzw. dem Kommissionspräsidenten, die bzw. der vom EU-Parlament gewählt wird und 27 Kommissarinnen und Kommissaren. Jedes Mitgliedsland schlägt eine Kommissarin oder einen Kommissar für die Kommission vor, die bzw. der vom

Sitz der EU-Kommission in Brüssel

Parlament bestätigt werden muss. Jede:r Kommissar:in ist für ein bestimmtes Sachgebiet zuständig. Die Kommission sorgt für die Einhaltung des EU-Rechts. Sie verfügt zudem als einziges Organ der EU über das Gesetzinitiativrecht und wird deshalb auch oft als Motor der EU bezeichnet.

Exekutive
die ausführende Gewalt, d. h. Regierung und Verwaltung

Rat der Europäischen Union

Die drei Gebäude in Brüssel, in denen der Rat der EU arbeitet und tagt

Der Rat der EU bzw. der Ministerrat ist die Vertretung der Mitgliedstaaten in der EU. Er setzt sich aus jeweils einer Vertreterin oder einem Vertreter der 27 Mitgliedstaaten zusammen. In ihm sitzen je nach Politikbereich die Ministerinnen bzw. Minister der Mitgliedstaaten, d. h. er tagt je nach Politikbereich

in unterschiedlicher Zusammensetzung. Gemeinsam mit dem Parlament entscheidet er über die Gesetzesvorschläge der Kommission. Die Ratspräsidentschaft wechselt alle sechs Monate zwischen den Mitgliedstaaten.

Europäischer Rat

Der Europäische Rat ist das Gremium der Staats- und Regierungschefinnen und -chefs der EU. Mindestens zweimal pro Halbjahr findet sich der Rat zu einem Treffen ein, welches auch als EU-Gipfel bezeichnet wird. Der Europäische Rat legt die allgemeinen politischen Zielvorstellungen und Prioritäten der EU fest. Er gehört nicht zu den Ge-

Sitzungssaal des Europäischen Rates in Brüssel.

setzgebungsorganen der EU und erörtert oder verabschiedet daher keine EU-Rechtsvorschriften. Er bestimmt vielmehr die politische Agenda der EU; hierzu nimmt er auf seinen Tagungen jeweils „Schlussfolgerungen" an, in denen er die zur Diskussion stehenden Themen ermittelt und die zu ergreifenden Maßnahmen vorgibt.

Der Europäische Gerichtshof (EuGH)

Der EuGH ist das höchste europäische Gericht im Gerichtssystem der EU und hat u. a. die Aufgabe, auf Antrag zu prüfen, ob die Rechtsakte der EU rechtmäßig sind (Nichtigkeitsklagen) und die Mitgliedstaaten ihren Verpflichtungen aus den Verträgen nachkommen (Vertragsverletzungsverfahren). Jedes EU-Mitgliedsland entsendet eine Richterin bzw. einen Richter auf sechs Jahre mit der Möglichkeit der Verlängerung der Amtszeit. Der Präsident bzw. die Präsidentin des EuGH wird von den EuGH-Richter:innen ebenfalls auf sechs Jahre gewählt. Er bzw. sie kann uneingeschränkt wiedergewählt werden.

Die Haupttürme des Europäischen Gerichtshofes in Luxemburg

Bearbeiterin

M3   Wie arbeiten die Organe der EU zusammen?

autonom
unabhängig

Die Organe der EU verfügen über autonome Entscheidungskompetenzen, sind aber zu einer loyalen Zusammenarbeit mit den anderen Organen verpflich-
5 tet. Rechtlich (aber nicht unbedingt politisch) sind alle Organe gleichrangig, d. h. dass kein Organ dem anderen übergeordnet ist. Politisch gesehen haben zum Beispiel der Rat der EU und
10 der Europäische Rat mehr Macht, da sie generell die politischen Zielvorstellungen der EU und die Durchführung der Politik beschließen. Die Organe be-
finden sich folglich in einem institutionellen Gleichgewicht, was wiederum 15 den Gewaltenteilungsgrundsatz sicherstellen soll. Gewaltenteilung ist der Begriff dafür, dass die Gewalt der Gesetzgebung (Legislative), der Rechtsprechung (Judikative) und der Ausführung 20 der Legislative (Exekutive) nicht bei einer Institution liegen. Die verschiedenen Organe sollen sich daher gegenseitig kontrollieren.

Landeszentrale für politische Bildung Baden-Württemberg: Organe und Institutionen der EU. In: www.europaimunterricht.de, Abruf am 28.04.2023

F **zu Aufgabe 1**
Recherchiere weitere Inhalte und Beschlüsse zu den genannten Themen.

AUFGABEN

1. Nenne die politischen Themen, an denen die einzelnen Gremien der EU gearbeitet haben (**M1**).
2. Beschreibt die Aufgaben der politischen Organe (**M2**) in Form eines Gruppenpuzzles (→ **Methode, S. 114**).
3. a) Erkläre, warum es für die Europapolitik die Mitarbeit aller Organe bedarf (**M2**, **M3**).
   b) Gibt es ein Organ, welches du für besonders wichtig erachtest? Diskutiert in der Klasse und begründet eure Meinungen (**M2**, **M3**).

▶ Die Europawahl: Wen wählen wir?

Mit der Teilnahme an der Europawahl drücken alle Bürgerinnen und Bürger ihren politischen Willen aus. Während des Wahlkampfes wird von den Parteien viel Werbung für die Kandidierenden gemacht. Auf den ersten Blick scheint alles wie bei den Kommunal-, Landtags-, oder Bundestagswahlen abzulaufen. Wie kommen die Politiker:innen in das EU-Parlament?

M4   Der Wahlzettel für die Wahl des Europäischen Parlaments

Hamburgs Landeswahlleiter Oliver Rudolf zeigt in einer Niederlassung der Deutschen Post den 96 Zentimeter langen Wahlzettel für die Europawahl 2019.

Ein Ausschnitt eines Musterstimmzettels für die Europawahl in NRW 2019.

M5   Welche Rahmenbedingungen gibt es für die EU-Wahl?

Die EU-Wahl findet seit 1979 alle fünf Jahre in den Mitgliedstaaten der EU statt. Bei der Wahl werden die Abgeordneten des Europaparlamentes von den
5 Bürger:innen der Mitgliedstaaten bestimmt. Es gelten die Wahlgrundsätze, dass die Wahlen allgemein, frei, geheim und direkt sind. Es können nur Parteien aus dem eigenen Land gewählt werden. Im Jahr 2019 standen in Deutschland 41 Parteien zur Wahl.

Alle Wahlberechtigten haben eine Stimme. Mit dem Kreuz werden keine einzelnen Personen gewählt, sondern Listen der jeweiligen Parteien. Auf den Listen stehen die Kandidierenden in einer festgelegten Reihenfolge. Die Anzahl der Stimmen, die eine Partei erhalten hat, entscheidet dann, wie viele Personen von der Liste in das EU-Parlament einziehen. 20

Die Parteien, die den Einzug in das EU-Parlament geschafft haben, schließen sich auf EU-Ebene zu europäischen Parteienfamilien oder auch Fraktionen 25 zusammen. Auch kleine Parteien haben eine gute Chance, in das EU-Parlament einzuziehen, da es die sogenannte 5 %-Hürde nicht gibt.

Im November 2022 hat die Bundesregierung beschlossen, das Wahlalter für 30 die Europawahl in Deutschland zu senken: Bei der nächsten Wahl im Mai 2024 dürfen Bürger:innen ab 16 Jahren wählen. 35

Bearbeiterin

Grafik: Wahlalter für die Europawahl

70079-79

M6   Ergebnisse der EU-Wahl 2019

a) Das Europäische Parlament nach der Wahl 2019

©C.C. Buchner Verlag, Daten nach: Europäisches Parlament, 2019

b) Die Wahlergebnisse aus Deutschland

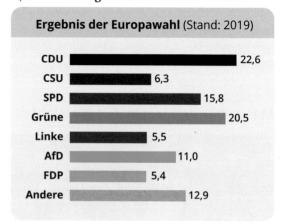

©C.C. Buchner Verlag, Daten nach: Der Bundeswahlleiter, 2019

M7   Politiker:innen im Parlament: Wie sieht ein Arbeitstag aus?

Petra Kammerevert ist seit 2009 Abgeordnete des Europäischen Parlaments (MdEP). Im Interview berichtet sie von ihrer Arbeit im Europäischen Parlament:

MdEP
Die Abgeordneten des Europäischen Parlaments werden auch als MdEP (Mitglied des Europäischen Parlaments) oder MEP (Member of the European Parliament) bezeichnet.

Das EU-Parlament befindet sich in Brüssel. Wir befinden uns für das Interview in Ihrem Büro in Düsseldorf. Wie passt das zusammen?

5 Ich habe eigentlich drei Arbeitsplätze. Als EU-Abgeordnete hat man immer einen Platz zu Hause, also in seinem Betreuungsbereich, einen in Brüssel und einen in Straßburg, wo das EU-Parla-
10 ment seine Arbeitsorte hat. [...]

Wie sieht ein typischer Arbeitsalltag aus?

Ein Arbeitsalltag ist geprägt von vielen Gesprächen und auch Sitzungen. Meine
15 nächste Woche ist so geplant: Montag und Dienstag finden meine Ausschusssitzungen im Ausschuss für Kultur und Bildung statt. [...] Zwischendurch habe ich eine Mittagspause, wo ich meine
20 Mails verwalte, in Kontakt mit meinem Büro stehe oder manchmal auch Lobbyisten treffe. Mittwoch findet morgens eine nationale Fraktionssitzung statt. Hier treffen sich alle Parteimit-

glieder des EU-Parlaments. Um 15 Uhr 25 findet dann ein kleines Plenum in Brüssel statt. [Außerdem] empfange ich zwei Besuchergruppen. Am späten Nachmittag treffen wir uns mit den spanischen Sozialisten, um Themen zu besprechen. 30 Donnerstag gibt es weitere Gesprächstermine und eine Abstimmung im Plenum. Anschließend fahre ich nach Düsseldorf zurück, wo ich abends eine Diskussionsveranstaltung an der Uni- 35 versität habe. Dazwischen findet noch eine Videokonferenz statt. Der Freitag ist dann für Termine in meinem Betreuungsgebiet reserviert.

Wie sieht die Ausschussarbeit aus? 40
In den Ausschüssen gibt es Diskussionsprozesse zu bestimmten Gesetzen und Stellungnahmen. Die Ergebnisse werden im Anschluss abgestimmt. Aktuell geht es um ein Medienfreiheitsge- 45 setz über das wir diskutieren. [...]
Gibt es weitere Aufgaben im Parlament?

Wir haben als Parlamentarier:innen immer noch einen Stellvertreterausschuss. Hinzu kommt auch noch die Zugehörigkeit zu einer parlamentarischen Delegation. Hier treffen sich etwa zweimal im Jahr Abgeordnete aus dem Europäischen Parlament mit Kolleginnen und Kollegen aus Parlamenten anderer Länder, um sich auszutauschen. Ich bin beispielsweise Mitglied in der Montenegro Delegation und stellvertretendes Mitglied in der Albanien Delegation. Beide Länder möchten Mitglied in der EU werden und so tauschen wir uns regelmäßig über die Fortschritte im Beitrittsprozess aus und diskutieren politische Fragen.

Das Interview mit Frau Kammerevert führte unsere Autorin Veronika Simon, 23.03.2023

Das ganze Interview mit der EU-Abgeordneten Petra Kammerevert

70079-80

M8   Wie wichtig sind die Europawahlen?

Karikatur: Michael Hüter, 2014

AUFGABEN

1. Stelle Vermutungen an, warum der Wahlzettel so lang ist (**M4**).
2. Erkläre die Rahmenbedingungen der EU-Wahl (**M5**).
3. a) Analysiere die Wahlergebnisse aus dem Jahr 2019 (**M6**).
   b) Ordne den europäischen Fraktionen die deutschen Parteien zu (**M6**).
4. Erkläre die Aufgabenbereiche einer bzw. eines EU-Abgeordneten (**M7**).
5. a) Sammelt Vor- und Nachteile, die das Mandat einer bzw. eines EU-Abgeordneten hat.
   b) Diskutiert, ob ihr gerne EU-Abgeordnete:r sein möchtet. Lest dazu auch das gesamte Interview mit Frau Kammerevert (**QR-Code**, **M7**).
6. Analysiere die Karikatur (**M8**) im Hinblick darauf, wie wichtig die Europawahl ist. (→ **Methodenglossar**)

F **zu Aufgabe 1**
Recherchiere, welche Parteien an der EU-Wahl teilnehmen dürfen.

F **zu Aufgabe 3**
Recherchiere, welche Abgeordneten das Bundesland NRW im Europäischen Parlament vertreten. Kennst du einige?

▶ EU-Gesetzgebung am Beispiel des Umweltschutzes: Wie entsteht ein Gesetz?

Plastikmüll verschmutzt Flüsse, Seen, Meere und Strände weltweit. Zudem wird das Plastik durch Wind und Wasser in winzige Teilchen zerkleinert. Dieses Mikroplastik gelangt in unsere Nahrungskette und kommt so im menschlichen Körper an. Am Beispiel der Plastikmüllrichtlinie kann gezeigt werden, wie Entscheidungen der EU zustande kommen, welche Rolle dabei die EU-Institutionen spielen und wie die von den Regelungen Betroffenen reagieren.

M9 Plastik im Wasser und in der Nahrung

WWF
WWF steht für World Wide Fund For Nature und ist eine der größten Organisationen weltweit für Natur- und Umweltschutz.

Der WWF hat ausrechnen lassen, wie viel Plastik jeder Mensch weltweit durchschnittlich über Wasser, Nahrung und Atemluft aufnimmt.

M10 Wie kann die Europäische Kommission vorgehen?

Grafik: Wie entsteht ein Gesetz in der EU?

70079-82

Wenn die EU bzw. die Europäische Kommission zur Reduktion des Plastikmülls den Verbrauch von Plastiktüten eindämmen möchte, ist die erste Fra-
5 ge, welche Art von Gesetz verabschiedet werden soll.
Grundsätzlich stehen der EU vier verschiedene Rechtsakte zur Verfügung: Richtlinen, Verordnungen, Empfeh-
10 lungen und Entscheidungen/Beschlüsse. Die EU kann z.B. eine unverbindliche Empfehlung aussprechen. An diese Empfehlung sind die Mitgliedstaaten al-

lerdings nicht gebunden.
Die EU könnte auch ein festes Ziel vor- 15
geben, z.B. den Verbrauch von Plastiktüten in jedem Mitgliedstaat bis zu einem gewissen Zeitpunkt, um eine gewisse Prozentzahl zu reduzieren. Es obliegt dann den 27 Mitgliedstaaten selbst, 20
wie diese Richtlinie umgesetzt und ausgeführt werden soll, um das vorgegebene Ziel zu erreichen (→ EU-Richtlinie).
Oder die EU könnte z.B. ein allgemeines Verbot von Plastiktüten bis zum 25
Jahr 2025 aussprechen. Die Umsetzung

dieser Verordnung wäre in diesem Fall verpflichtend für die Mitgliedstaaten (→ EU-Verordnung).

30 Während bei einer Richtlinie also alle Mitgliedstaaten noch ein eigenes konkretes Gesetz erlassen müssen, sind EU-Verordnungen so etwas wie EU-Gesetze, die dementsprechend in den Na-
35 tionalstaaten unmittelbar gelten und detaillierte Regelungen enthalten können. Der Vorteil einer Richtlinie liegt darin, dass nationale Unterschiede bezüglich der Gesetzgebung besser berücksichtigt werden können. Die Grundsatzfrage, 40 ob eine Richtlinie oder eine Verordnung verabschiedet wird, muss für jedes Problem neu entschieden werden.

Entscheidungen/Beschlüsse stehen meist in Zusammenhang mit einem bestimmten 45 Einzelfall. Für die betroffenen Mitgliedstaaten, Unternehmen oder Einzelpersonen sind die EU-Entscheidungen dann bindend.

Bearbeiterin

M11 Plastikmüllrichtlinie – eine Fallanalyse

Anfang 2018 hat die EU-Kommission den Kampf gegen Plastik aufgenommen und eine Strategie für die Verwendung von Kunststoffen in der Kreislaufwirtschaft vorgestellt. Diese Strategie mündete im Mai 2018 in einen konkreten Vorschlag der EU-Kommission.

1 Mai 2018: Vorschlag der EU-Kommission für eine Richtlinie gegen Einwegplastik

Ziel des Kommissionsvorschlags ist es, die Produktion von Wegwerfprodukten wie Plastikgeschirr und Plastikbesteck, Wattestäbchen, Strohhal-
5 me usw. zu reduzieren und teilweise zu verbieten bzw. das Herstellen von Alternativprodukten finanziell zu fördern. Die Produzenten müssen demnach verstärkt nachhaltige und 10 Mehrwegprodukte herstellen. Darüber hinaus sollen alle EU-Mitgliedstaaten dazu verpflichtet werden, Kosten für Nachhaltigkeitskampagnen und -programme zu übernehmen. 15

Bearbeiterin

2 Oktober 2018: EU-Parlament stimmt für Einwegplastikverbot

Das Europaparlament hat für ein Verbot von Einwegartikeln aus Plastik gestimmt und möchte damit unnötige Müllmengen reduzieren. Die 5 Verbraucher werden damit für nachhaltige Produkte sensibilisiert und Unternehmen werden angehalten, recyclebare Artikel herzustellen. Für einige Umweltschützer sind die De-
10 finitionen, was zu Einwegprodukten zählt, zu offen formuliert, andererseits fürchten Unternehmen in der Kunststoffindustrie Einbußen beim Umsatz. Nachdem sich das EU-Parlament für ein Verbot von Einwegplas- 15 tik ausgesprochen hat, diskutieren jetzt die EU-Umweltminister und die EU-Kommission über die Thematik.

Bearbeiterin

❸ Dezember 2018: EU-Staaten einigen sich mit EU-Parlament und Europäischer Kommission

Im Dezember 2018 einigte sich das EU-Parlament und die EU-Kommission mit den Botschafterinnen und Botschaftern der Mitgliedstaaten über die Ausgestaltung der EU-Plastikrichtlinie. Die Zustimmung des Rates der Europäischen Union, in dem die Umweltminister:innen der Mitgliedstaaten zusammenkommen, gilt nun nur noch als Formsache. Im sogenannten Trilogverfahren konnte man sich auf Kompromisse einigen.

Bearbeiter

❹ Mai 2019: Der Ministerrat nimmt die neue Plastikrichtlinie an

Der Rat hat heute eine neue Richtlinie verabschiedet, mit der die Herstellung und Benutzung von Einwegartikeln aus Plastik eingeschränkt wird. Mit der heutigen förmlichen Annahme der neuen Vorschriften durch den Rat ist das Gesetzgebungsverfahren abgeschlossen.

© *Rat der EU: Pressemitteilung. In: www.consilium.europa.eu, 21.05.2019*

❺ Sommer/Herbst 2020: Umsetzung der EU-Richtlinie in nationales Recht

Trinkhalme, Rührstäbchen für den Kaffee, Einweg-Geschirr aus konventionellem Plastik und aus „Bioplastik" sowie To-go-Becher und Einweg-Behälter aus Styropor sollen verboten werden. Das hat das Bundeskabinett beschlossen. Nach dem Bundestag hat am 6. November auch der Bundesrat zugestimmt. [Die neue Verordnung] soll am 3. Juli 2021 in Kraft treten.

© *2021 Presse- und Informationsamt der Bundesregierung: Teller, Besteck, To-go-Becher, Einweg-Plastik wird verboten. In: www.bundesregierung.de, 17.05.2021*

AUFGABEN

1. a) Tauscht zu zweit euer Vorwissen über das Problem Plastikmüll und dessen Folgen aus.
   b) Stelle dar, inwiefern Plastikmüll ein nationales, europäisches und bzw. oder weltweites Problem ist.
   c) Analysiere das Werbeplakat und fasse die Intention des Plakates von der WWF (**M9**) zusammen. ⭕

2. Erstelle zu den vier Rechtsakten der EU (digitale) Karteikarten und erkläre einer/ einem Lernpartner:in die Begriffe (**M10**). ⭕

3. Stelle die Fallanalyse zur Plastikmüllrichtlinie (**M11**) mithilfe der Methodenkarte auf der nächsten Seite grafisch dar.

F zu Aufgabe 1c
Erstellt ein eigenes Plakat, um auf das Thema aufmerksam zu machen.

F zu Aufgabe 3
Recherchiere nach einer weiteren EU-Richtlinie und stelle den politischen Prozess bis zu der Umsetzung der Richtlinie grafisch dar.

Texte visualisieren

Worum geht es?

Manchmal ist es hilfreich, Texte grafisch aufzubereiten. Das bedeutet, die Wissensinhalte und Sachverhalte übersichtlich darzustellen. Es gibt je nach Inhalt eines Textes verschiedene Möglichkeiten, diesen zu visualisieren.

Geht dabei so vor:

1. Schritt: Text lesen und Darstellungsform auswählen

- Lest den Text aufmerksam durch und entscheidet, welche Darstellungsform zur Visualisierung am geeignetsten ist. Dies hängt auch davon ab, was ihr durch die Visualisierung herausarbeiten möchtet.
- Folgende Darstellungsformen gibt es:

Mindmap: Übersichtliche Strukturierung von Informationen

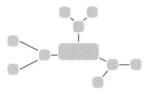

Usachen-Wirkungsdiagramm: Darstellung von Ursache-Wirkungszusammenhängen und Reihenfolgen

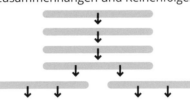

Prozessmodell: Darstellung von Reihenfolgen oder Prozessen

Positionen: Herausarbeitung unterschiedlicher Positionen

2. Schritt: Informationen in Modelle übertragen

- Nachdem eine Darstellungsform gewählt wurde, geht es darum, die Informationen und Zusammenhänge aus dem Text in dem Modell übersichtlich darzustellen.
- Lest dazu den Text erneut durch und macht euch Notizen.
- Übertragt eure Notizen in die Grafik.

3. Schritt: Präsentieren

Präsentiert eure Ergebnisse in der Klasse und gibt euren Mitschülerinnen und Mitschülern ein Feedback.

▸ Machtpoker im Europäischen Rat: Sollte das Vetorecht abgeschafft werden?

Es scheint oft so, als ob die Staats- und Regierungschefinnen bzw. -chefs aus den 27 EU-Mitgliedstaaten zusammenkommen, um ihre nationalen Interessen durchzusetzen und die Wählerinnen und Wähler im eigenen Land zufriedenzustellen. So haben beispielsweise insbesondere Ungarn und Polen in der jüngeren Vergangenheit zukunftsweisende Entscheidungen für die gesamte EU wiederholt mit ihrem Veto blockiert. Ist es in Ordnung, wenn einzelne Länder die gesamte Union blockieren?

M12   Fallbeispiel: Mehr Geld für Europa? ○

Gipfeltreffen des Europäischen Rates in Brüssel: Deutschland steht vor Zerreißprobe

Die Staats- und Regierungschef:innen haben ein großes Problem: Das Geld im EU-Haushalt wird nach dem Austritt Großbritanniens knapp. Neue Einnahmequellen müssen erschlossen werden. Bis auf
5 Deutschland sind sich alle EU-Staaten daher einig: Sie wollen die finanzstarken Länder, zum Beispiel Deutschland, noch stärker zur Kasse bitten. In Deutschland stehen allerdings demnächst Bundestagswahlen an. Stimmt Deutschland zu, so steigt der deutsche Mitgliedsbeitrag in Europa an. Steuer- 10 geld für Europa zu verwenden, ist für die anstehende Wahl aber leider nur schwer vermittelbar. Legt Deutschland hingegen ein Veto ein, so werden europäische Partnerstaaten verprellt und in Europa herrscht Stillstand. Brüssel ist gespannt, wie Deutsch- 15 land sich entscheiden wird ...

Bearbeiter

M13   Wie werden im Europäischen Rat Beschlüsse gefasst?

Im Europäischen Rat erfolgt die Beschlussfassung in der Regel einstimmig und im Konsens. Jeder Mitgliedstaat besitzt eine Stimme. Wenn ein Mitglied-
5 staat mit einer Entscheidung nicht einverstanden ist, kann er von seinem Vetorecht Gebrauch machen und das Vorhaben damit blockieren. [Mit dem Vetorecht wird jedem Staat im europäi-
10 schen Rat die Möglichkeit gegeben, gegen Beschlüsse Einspruch zu erheben. Wendet ein Staat das Vetorecht an, wird der Beschluss unwirksam und muss nach neuen Verhandlungen vertagt
15 werden.] Es ist in der Tat nicht einfach, alle 27 Staats- und Regierungschefs auf einen gemeinsamen Nenner zu bringen.

In der Vergangenheit sind so schon viele Pläne gescheitert. Deshalb hat sich im Europäischen Rat folgendes Prinzip 20 etabliert: Bei den Treffen des Europäischen Rates werden sogenannte 'Verhandlungspakete' geschnürt, bei denen Forderungen und Angebote aus verschiedenen Politikbereichen gegenei- 25 nander verrechnet werden. Das Motto lautet: Eine Hand wäscht die andere. Es gilt schließlich, die unterschiedlichen Wünsche und Auffassungen der Mitgliedstaaten durch Kompromisse auf ei- 30 nen europäischen Kurs zu bringen.

Nach: EU-Info.Deutschland: Europäischer Rat – die Staats- und Regierungschefs treffen sich. In: www. eu-info.de, Abruf am 30.06.2023

M14   Aufatmen in Brüssel: EU-Haushaltsstreit ist beigelegt

[D]er EU-Haushaltsstreit ist beigelegt. Damit können auch die Milliarden aus dem Corona-Hilfsfonds fließen. Zugeständnisse wurden an Polen und Ungarn gemacht. Unklar bleibt, wer die Einigung als Sieg verbuchen kann.

Der Europäische Rat hat im Streit über den langfristigen EU-Haushalt eine Einigung erzielt. Das teilte Ratspräsident Charles Michel auf Twitter mit. Damit ist auch der Weg frei für das Wiederaufbauprogramm namens „Next Generation EU". Damit könne nun mit der konkreten Umsetzung begonnen werden, „um unsere Volkswirtschaften wieder aufzubauen", erklärte Michel. Insgesamt umfassen der Haushalt und die Corona-Hilfen rund 1,8 Billionen Euro. Voraussetzung für den Kompromiss war ein Ende des Streits über den sogenannten Rechtsstaatsmechanismus. Diesen nahmen Polen und Ungarn zum Anlass, die Entscheidung über den Mehrjährigen Finanzrahmen von 2021 bis 2027 und den Corona-Hilfsfonds zu blockieren. Der Rechtsstaatsmechanismus gilt als Bedingung des Europaparlaments und soll es der EU-Kommission künftig erlauben, Verstöße gegen die Werte und Grundsätze der Staatengemeinschaft finanziell zu bestrafen.

Bayerischer Rundfunk: Einigung im Haushaltsstreit: EU-Milliarden können fließen. In: www.br.de, 10.12.2020

Zugeständnisse an Ungarn und Polen:
– Die EU mischt sich nicht in „nationale Identität" der Mitgliedstaaten ein.
– Der Rechsstaatsmechanismus darf erst nach einer Prüfung durch den EuGH angewendet werden (Dauer: ca. 2 Jahre).

Basierend auf: Utz, Tobias/ Schmid, Mirko: Corona-Hilfspaket der EU: Ungarn und Polen stimmen Kompromiss zu – Gelder können fließen. In: www.fr.de, 04.12.2020

AUFGABEN

1. Stelle dir vor, du verhandelst als Bundeskanzler:in für Deutschland im Europäischen Rat über die neuen Einnahmequellen der EU:
   a) Entscheide, ob finanzstarke Länder wie Deutschland einen höheren Beitrag zahlen sollen. Denke daran, dass ohne deine Zustimmung das Vorhaben scheitert.
   b) Begründe deinen Standpunkt (**M12**).

2. Erkläre, wie der Europäische Rat Beschlüsse fasst (**M13**).

3. a) Tauscht euch darüber aus, wer den Haushaltsstreit für sich gewinnen konnte (Polen, Ungarn oder die anderen Mitgliedstaaten)? (**M14**).
   b) Erkläre, warum die Einigung im Haushaltsstreit für die Zukunft der EU wichtig war.
   c) Nenne Gründe, warum die beiden Länder im Haushaltsstreit eingelenkt haben (**M14**).

4. a) Führt eine (digitale) Positionslinie durch: Soll das Vetorecht abgeschafft werden?
   b) Erstellt eine Pro- und Kontraliste zum Vetorecht.
   c) Diskutiert, ob das Vetorecht beibehalten oder abgeschafft werden sollte: Schadet das Einstimmigkeitsprinzip mehr als es nutzt?
   d) Wiederholt anschließend die (digitale) Positionslinie aus Aufgabe 4a. Hat sich das Ergebnis verändert?

F **zu Aufgabe 3**
Stelle Vermutungen an, weshalb beide Länder mit der Ausübung des Vetorechtes gedroht haben (**M14**).

▶ Politische Entscheidungen in der EU: Wie können sich EU-Bürgerinnen und -Bürger beteiligen?

Viele Entscheidungen in der Union gehen meist auf die Initiative der Regierungen der Mitgliedstaaten oder der Europäischen Kommission in Brüssel zurück. Nach und nach sind durch Reformen die Mitwirkungsrechte der Bürgerinnen und Bürger gestärkt worden, z. B. dürfen sie die Abgeordneten direkt in das Parlament wählen und mithilfe von Europäischen Bürgerinitiativen ihre Interessen einbringen. Wie bürgernah und demokratisch ist die EU?

M15　Fallbeispiel einer Europäischen Bürgerinitiative: "Stop plastic in the Sea"

Expédition MED
französische Nichtregierungsorganisation, die das erste wissenschaftliche Forschungsprogramm zu Mikroplastik im Mittelmeer initiiert hat.

Infolge der Europäischen Bürgerinitiative „Stop plastic in the sea" von Expédition MED gegen die Verunreinigung des Mittelmeers durch Plastikmüll hat die Europäische Union Richtlinien verabschiedet, die den Mitgliedstaaten eine Reduktion der Nutzung von Plastiktüten auferlegen. Ziel war eine Verringerung von Einwegplastiktüten von 50 % bis 2017 und 80 % bis 2019. Mehrere EU-Mitgliedstaaten haben bereits Maßnahmen in diese Richtung ergriffen. In Frankreich wurde ein Gesetz verabschiedet, das die Nutzung von Einweg- und oxo-fragmentierbaren Plastiktüten von 2016 an verbietet.

M16　Beispiele für Bürgerbeteiligung in der EU

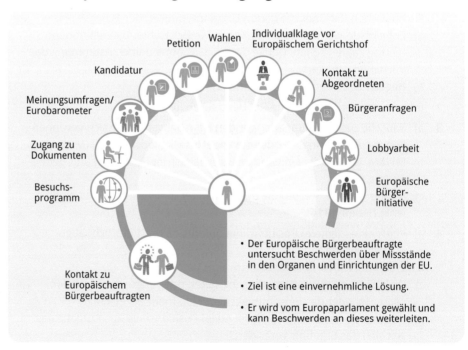

Petition　Wahlen　Individualklage vor Europäischem Gerichtshof

Kandidatur

Kontakt zu Abgeordneten

Meinungsumfragen/ Eurobarometer

Bürgeranfragen

Zugang zu Dokumenten

Lobbyarbeit

Besuchsprogramm

Europäische Bürgerinitiative

Kontakt zu Europäischem Bürgerbeauftragten

- Der Europäische Bürgerbeauftragte untersucht Beschwerden über Missstände in den Organen und Einrichtungen der EU.

- Ziel ist eine einvernehmliche Lösung.

- Er wird vom Europaparlament gewählt und kann Beschwerden an dieses weiterleiten.

Nach: Bundeszentrale für politische Bildung / www.bpb.de / CC BY-NC-ND 3.0, Bonn

DIE EUROPÄISCHE BÜRGERINITIATIVE (EBI)

Die Bürgerinnen und Bürger der EU können Unterschriften für eine Bürgerinitiative sammeln. Damit kann die Europäische Kommission aufgefordert werden, einen Gesetzentwurf in den europäischen Gesetzgebungsprozess einzubringen.

Diese Regelung gibt es seit 2012. Bürgerinitiativen sollen die Entscheidungen in der EU demokratischer machen und die europäische Öffentlichkeit stärken. Mindestens eine Million Unterschriften müssen gesammelt werden und sie müssen mindestens aus einem Viertel der EU-Staaten kommen. Der Ablauf einer Bürgerinitative ist genau geregelt.

M17 Die Europäische Bürgerinitiative als Beteiligungsinstrument

Ablauf der Europäischen Bürgerinitiative

(1) START EINER EBI
Bildung des Bürgerausschusses,
das zentrale Organ der EBI-Organisatoren

(2) REGISTRIERUNG
Dauer maximal: 2 Monate
Die Kommission entscheidet über die Zulassung einer EBI.

(3) UNTERSCHRIFTENSAMMLUNG
Dauer maximal: 12 Monate
Start direkt nach der Registrierung
1 Million Unterschriften aus 7 Mitgliedstaaten (1/4 der EU-Staaten)
Mindestalter: 18 Jahre

(4) ÜBERPRÜFUNG DER UNTERSCHRIFTEN
Dauer maximal: 3 Monate
Nationale Behörden prüfen und zertifizieren

(5) EINREICHUNG UND FOLLOW-UP
Dauer maximal: 3 Monate
Treffen des Organisationsteams mit der Kommission
Gedankenaustausch und Beantwortung von Fragen

Öffentliches Hearing im EP
Das Hearing ist der zentrale Output einer EBI und zieht im Idealfall eine Gesetzesinitiative nach sich. Das Organisationsteam hat die Möglichkeit, sein Anliegen vor Vertretenden des Parlamentes, der Kommission und Interessengruppen vorzutragen und zu diskutieren.

Kommission entscheidet über weitere Reaktionen
Die Kommission entscheidet, ob sie eine Gesetzesinitiative anstößt, andere Maßnahmen in Betracht zieht oder nicht tätig wird.

Nach: Bertelsmann Stiftung: Wissenswertes zur Europäischen Bürgerinitiative. Factsheet 2/2018. S. 2

M18   Vorstellung einiger Bürgerinitiativen

Auf der Internetseite für Europäische Bürgerinitiativen hast du die Möglichkeit, verschiedene Anliegen zu unterstützen. Hier findest du einige Beispiele (Stand: Mai 2023):

a) Initiative zur Verwirklichung einer tabakfreien Umgebung und der ersten tabakfreien Generation Europas bis 2030

Registrierung: 24.08.2022
Beginn der Sammlung: 16.01.2023
Ziel: Gesundheits- und Umweltgefährdung durch Tabak und Zigaretten bekämpfen u. a. durch ein Verkaufsverbot von Tabakerzeugnissen und Nikotinprodukten.

b) Initiative für hochwertige Kleidung und faire Löhne

Registrierung: 01.06.2022
Beginn der Sammlung: 19.07.2022
Ziel: Neue EU-Rechtsvorschriften, mit denen Unternehmen verpflichtet werden in ihrer Lieferkette auf faire Löhne zu achten.

c) Initiative für das Beenden der Tierschlachtung

Registrierung: 27.04.2022
Beginn der Sammlung: 05.06.2022
Ziel: Tierhaltung nicht für Agrarsubventionen nutzen und die Erzeugung und den Verkauf alternativer pflanzlicher Erzeugnisse fördern.

Basierend auf: © Europäische Kommission: Europäische Bürgerinitiative. In: www.europa.eu, Abruf am 02.05.2023

Webseiten der Bürgerinitiativen

70079-129

AUFGABEN

1. Benenne das Ziel der französischen Bürgerinitiative (**M15**).

2. Fasse das Schaubild zur Europäischen Bürgerinitiative (**M16**) in eigenen Worten zusammen. ⟳

3. Dreht in Kleingruppen ein Erklärvideo (→ **Methodenglossar**) zum Ablauf einer Europäischen Bürgerinitiative (**M17**).

4. a) Ermittle, in welcher Phase einer Europäischen Bürgerinitiative sich die abgebildeten Initiativen befinden (**M17,M18**).
     b) Recherchiere nach weiteren aktuellen Europäischen Bürgerinitiativen (→ digitaler Aufgabenkasten) und stelle drei Initiativen vor.
     c) Begründe, an welchen du dich beteiligen würdest.

5. Überlegt gemeinsam, zu welchem Thema ihr eine Initiative starten könntet.

F zu Aufgabe 5
Entwerft gemeinsam ein eigenes Banner oder einen Flyer für eine Bürgerinitiative.

WIE FUNKTIONIERT DAS POLITISCHE SYSTEM DER EU?

DIE POLITISCHEN ORGANE DER EU

← M1-M3

Wie bei den politischen Systemen auf Landes- oder Bundesebene sind die politischen Organe der EU nach dem Prinzip der Gewaltenteilung festgelegt. Im Rat der EU (Ministerrat) stimmen sich die Regierungen der Mitgliedstaaten ab. Die Zusammenarbeit zwischen den Staaten findet hier durch die jeweiligen Fachminister:innen statt.

Die Europäische Kommission gilt auch als „Regierung der EU", da hier die jeweiligen Kommissarinnen und Kommissare der Mitgliedstaaten zusammen an den Themenbereichen arbeiten oder Gesetzesinitiativen einbringen. Das EU-Parlament verabschiedet im Zusammenspiel mit dem Ministerrat die Gesetze der EU. Es wird alle fünf Jahre direkt von den EU-Bürger:innen gewählt. Der Europäische Gerichtshof hat die Aufgabe, auf Antrag die Rechtsakte der EU zu prüfen.

DIE RECHTSAKTE DER EU

← M10-M11

Bevor die EU politische Rechtsakte durchführt, stellt sich die Frage, welche Form von Gesetz formuliert werden soll. Die EU-Verordnungen sind für die Mitgliedstaaten ohne nationale Rechtsakte verbindlich. EU-Richtlinien müssen von den Mitgliedstaaten umgesetzt werden, wobei es den Mitgliedstaaten selbst überlassen ist, wie sie die Vorgaben gestalten. EU-Entscheidungen und Beschlüsse sind verbindliche Festlegungen im Einzelfall. Spricht die EU lediglich Empfehlungen aus, sind diese nicht verbindlich.

DAS VETORECHT

← M12-M14

Im Europäischen Rat kommen die Staats- und Regierungschefs aus den 27 EU-Mitgliedstaaten zusammen, um Beschlüsse zu fassen. Jedes Land hat dafür eine Stimme, aber auch ein Vetorecht. Macht ein Land vom Vetorecht Gebrauch, wird nach weiteren Verhandlungen erneut über den Beschluss abgestimmt. Oft werden die Beschlüsse im Konsens gefasst. In der Außen- und Sicherheitspolitik müssen die Entscheidungen einstimmig getroffen werden.

DIE EUROPÄISCHE BÜRGERINITIATIVE

← M15-M18

Mit der Europäischen Bürgerinitiative als Beteiligungsinstrument können EU Bürger:innen sich in die EU-Politik einbringen. Damit eine Europäische Bürgerinitiative von der Kommission angehört wird, bedarf es mind. 1 Million Unterschriften von mindestens einem Viertel der Mitgliedstaaten innerhalb von zwölf Monaten. Durch die Europäische Bürgerinitiative werden die direkten Einflussmöglichkeiten der Bürger/innen gegenüber den EU-Institutionen gestärkt.

4.3 Die Grundfreiheiten des EU-Binnenmarktes

▶ Leben im Binnenmarkt: Wozu dient ein gemeinsamer Markt?

Der Binnenmarkt als gemeinsamer Wirtschaftsraum zählt zu den großen Errungenschaften der Europäische Union. Wir können täglich Produkte aus Frankreich, Belgien oder Spanien kaufen. In Unternehmen gibt es Angestellte aus Deutschland, aber auch aus Polen oder Rumänien. Wie erleben die Europäer:innen die Freiheiten und bergen die vielen Chancen auch Gefahren?

M1   Freiheiten für Europäer:innen

A Ich lebe in Offenburg und fahre jeden Tag zur Arbeit nach Straßburg. (Frau Schmidt, 35)

B Seit fünf Jahren investiere ich in Aktien aus Belgien. (Frau Janssen, 48)

Bearbeiterin

C Ich spiele in einer Band und toure oft durch Europa, um Konzerte zu spielen. Die Tickets verkauft unsere Band im Internet. (Joshi, 20)

D Ich shoppe gerne im Internet. Die Produkte erhalte ich oft aus dem europäischen Ausland. (Herr Öztürk, 40)

E Ich bin gelernter Landschaftsgärtner und komme aus Polen. Mein Geschäft habe ich in Frankfurt an der Oder eröffnet. Hier verdiene ich mehr und kann Pflanzen und Steine günstig aus Polen einkaufen. (Paul, 30)

M2   Der Europäische Binnenmarkt und seine Freiheiten ⟳

Seit der Umsetzung der Freiheiten ist das Bruttoinlandsprodukt (BIP) der Mitgliedstaaten gestiegen.

BIP
Das Bruttoinlandsprodukt ist eine Maßzahl, mit der man vergleichen kann, wie leistungsfähig die Volkswirtschaft eines Landes ist. Alle Güter, die produziert werden (z. B. Autos, Medikamente, ...) und alle Dienstleistungen, die auf dem Markt angeboten werden (z. B. ein Friseurbesuch oder eine Beratung bei einer Bank) werden in € bewertet und zusammengezählt.
Im Jahr 2022 betrug das BIP Deutschlands rund 3,87 Billionen Euro.

Der Europäische Binnenmarkt und seine Vier Freiheiten

ca. 450 Mio. Einwohner:innen

15,81 Billionen € BIP 2022

... der Waren
ungehinderter Import und Export

... des Kapitals
Investieren und Geld anlegen, wo man will

FREIHEIT
...

... der Dienstleistungen
Niederlassungsfreiheit

... der Freizügigkeit der Arbeitskräfte
Arbeiten, wo man will

Nach: Bundeszentrale für politische Bildung / www.bpb.de / CC BY-NC-ND 3.0, Bonn, von Bearbeiterin aktualisiert

DER EUROPÄISCHE BINNENMARKT

Die Europäische Union hat seit 1993 eine gemeinsame Wirtschaftszone, den Europäischen Binnenmarkt, mit seinen vier Freiheiten: Freiheit für die arbeitenden Menschen, Waren, Dienstleistungen und das Kapital.
Zu dem Binnenmarkt gehören über die EU-Mitgliedstaaten hinaus auch Norwegen, Island und Liechtenstein und teilweise die Schweiz.
Die Ziele des Binnenmarktes sind die Stärkung und Erhaltung der internationalen Wettbewerbsfähigkeit sowie die Schaffung von Arbeitsplätzen in der gemeinsamen Wirtschaftszone. So profitieren u. a. Unternehmen von der Abschaffung des Zolls und Verbraucher:innen beispielsweise durch günstigere Preise und einem vielfältigen Produktangebot.

Erklärfilm zum EU-Binnenmarkt

70079-86

M3   Mit DiscoverEU durch die EU

Du bist 18 Jahre alt und wohnst in einem EU-Land oder einem Land, das bei Erasmus + mitmacht? Dann wird es Zeit, Europa kennenzulernen!

DiscoverEU ist eine Aktion von Erasmus +. Sie gibt dir Gelegenheit, durch Reisen mehr über Europa zu lernen. Auf Entdeckung gehst du mit dem Zug,
5 in Ausnahmefällen auch mit anderen Verkehrsmitteln, [...].
Wenn du 18 Jahre alt bist und in der Europäischen Union oder in einem der mit Erasmus + assoziierten Länder [...]
10 wohnst, nimmt dich DiscoverEU mit auf ein Reiseerlebnis, bei dem du die Vielfalt Europas, sein Kulturerbe und seine Geschichte entdecken und Menschen aus jedem Winkel des Kontinents kennenlernen wirst. [...]
15
Die ausgewählten Teilnehmenden erhalten eine DiscoverEU-Jugendkarte, mit der sie Rabatte für Kulturbesuche, Lernaktivitäten, Sport, Transportmittel, Unterkunft, Verpflegung usw. erhalten.
20

Nach: Europäische Union: Was ist DiscoverEU? In: www.youth.europa.eu, Abruf am 30.06.2023

Erasmus +
EU-Programm für Bildung, Jugend und Sport

 AUFGABEN

70079-87

1. a) Beschreibe die in **M1** genannten Freiheiten, von denen die Personen profitieren.
    b) Nenne Freiheiten, die dir für deinen jetzigen und zukünftigen Alltag wichtig erscheinen.
2. a) Erkläre die „Vier Freiheiten des Europäischen Binnenmarktes" und die Zielsetzung ihrer Einführung (**M2**, **#Der Europäische Binnenmarkt**).
    b) Ordne die vier Freiheiten aus **M2** den Beispielen in **M1** zu. ⟳
3. Beschreibe die Initiative Discover-EU und begründe, ob du an dieser teilnehmen würdest.
4. Schreibt einen Kommentar zu der Frage: Welchen Nutzen hat der Binnenmarkt für das Leben in der EU? ⟳

F zu Aufgabe 2
Finde für jede Freiheit eigene Beispiele.

▶ Arbeiten im Binnenmarkt: grenzenlose Freiheiten für Arbeitnehmende?

Viele Menschen nutzen den freien Personenverkehr, um in einem anderen Land zu arbeiten, mit dem eigenen Unternehmen in das europäische Umland zu expandieren oder aufgrund des Lohnniveaus in anderen EU-Ländern mehr zu verdienen. Insbesondere an den Grenzen gibt es Pendlerinnen und Pendler, die von dem Freiheitsrecht Gebrauch machen. Leider gibt es auch Fälle, in denen Arbeitnehmende von reicheren Ländern ausgebeutet werden und Arbeitgebende, die europäische Standards im Arbeitsrecht missachten.

M4   Fallbeispiel: Osteuropäische Pflegekräfte in Deutschland

Radiobeitrag zu den Arbeitsbedingungen in der EU

70079-88

Schätzungen zufolge arbeiten in Deutschland 300.000 bis 600.000 Menschen als 24-Stunden-Betreuerinnen. Die meisten von ihnen sind Frauen.
5 Viele stammen aus Osteuropa, aus Polen oder Rumänien etwa, und kommen über Vermittlungsagenturen hierher. Sie machen einen Job, bei dem die Bedingungen so schlecht sind, dass ihn
10 Menschen aus Deutschland oft nicht wollen: Sie arbeiten teilweise ohne Pausen und ohne freie Tage zu geringem Lohn. [...] Kontrollen gibt es in dem Bereich kaum, etwa bei den Arbeitszeiten. Eine 24-Stunden-Betreuerin erzählt 15 von ihrem Vertrag: "Bei mir steht sechs Stunden am Tag, fünf Tage die Woche. Und ich arbeite 20, 21 Stunden am Tag, sieben Tage die Woche, die Nächte dazu. [...]." Und die Bedingungen für 20 Betreuerinnen werden eher schlechter statt besser: Es herrscht Preisdruck und die Nachfrage wächst.

Nach: Bidian, Alexandra/ Banholzer, Lennart: Betreuungskräfte aus Osteuropa: Immer da und ausgenutzt? In: www.ndr.de, 09.01.2023

M5   Rechtliche Grundlagen für das Arbeiten in der EU

Die Freizügigkeit von Arbeitnehmern ist ein in Artikel 45 des Vertrags über die Arbeitsweise der Europäischen Union verankerter Grundsatz, dessen Umsetzung
5 durch abgeleitetes EU-Recht und die Rechtsprechung des Europäischen Gerichtshofs gewährleistet wird. EU-Bürgerinnen und Bürgern steht es demnach zu,
- in einem anderen EU-Land Arbeit zu
10 suchen,
- dort zu arbeiten, ohne eine Arbeitserlaubnis beantragen zu müssen,
- zu diesem Zweck dort zu wohnen,
- selbst nach Beendigung des Beschäftigungsverhältnisses dort zu bleiben,
15
- hinsichtlich Zugang zu Beschäftigung, Arbeitsbedingungen und aller anderen Sozialleistungen und Steuervorteile genauso behandelt zu werden wie die Staatsangehörigen des 20 Aufnahmelandes.

Bei EU-Bürgern können bestimmte Ansprüche des Kranken- und Sozialversicherungsschutzes auf die Systeme des Landes übertragen werden, in dem sie 25 Arbeit suchen. [...]

In bestimmten Berufen können die in einem EU-Land erworbenen beruflichen Qualifikationen auch in den anderen Ländern anerkannt werden. 30

© Europäische Union, 1995-2020, Freizügigkeit EU-Bürger, www.ec.europa.eu, Abruf am 01.07.2020

M6   Urteil zum Mindestlohn für 24-Stunden-Pflege

Bulgarische Pflegekräfte, die rund um die Uhr in einem deutschen Haushalt beschäftigt werden, haben Anspruch auf Mindestlohn. Das hat das Gewerkschaftliche Centrum für Revision und Europäisches Recht im Juni vergangenen Jahres beim Bundesarbeitsgericht durchgesetzt (Bundesarbeitsgericht, Urteil vom 24. Juni 2021 - 5 AZR 505/20). [...]

Das Urteil hat erhebliche Wellen geschlagen: Den nach Deutschland entsandten ausländischen Betreuungskräften, die in einem Privathaushalt arbeiten, steht grundsätzlich Mindestlohn zu. Und zwar nicht nur für ihre gesamte Arbeitszeit, sondern auch für den Bereitschaftsdienst. Dieser kann darin bestehen, dass die Betreuungskraft im Haushalt der zu betreuenden Person wohnen muss und verpflich-

Eine Pflegerin hilft einem älteren Mann.

tet ist, rund um die Uhr bei Bedarf die Arbeit aufzunehmen.

Das Landesarbeitsgericht hatte den Aufwand der bulgarischen Klägerin auf 21 Stunden geschätzt und ihr hierfür etwa 30.000 Euro zugesprochen. Nach dem Arbeitsvertrag hätte sie nur 30 Stunden in der Woche arbeiten sollen und bekam auch nur diese bezahlt.

Bender, Till: Mindestlohn für 24-Stunden-Pflege: Das Verfahren geht weiter. In: www.dgbrechtsschutz.de, 22.04.2022

AUFGABEN

1. Fasse die Situation der Pflegekräfte aus Osteuropa zusammen (**M4**).

2. Veranschauliche die rechtlichen Grundlagen für das Arbeiten in der EU in einem Schaubild (**M5**).

3. a) Erkläre mithilfe von **M5**, warum die Arbeitsbedingungen des Pflegepersonals (**M4**) nicht mit dem EU-Recht übereinstimmen.
   b) Nenne politische Entscheidungen, die die Arbeitsbedingungen verbessern könnten.

4. a) Fasse das Urteil des Bundesarbeitsgerichts in eigenen Worten zusammen (**M6**).
   b) Diskutiert in Kleingruppen, inwiefern das Urteil die Arbeitsbedingungen des osteuropäischen Pflegepersonals verbessert.

5. Recherchiert nach weiteren Vor- und Nachteilen des Europäischen Binnenmarktes für Arbeitnehmende.

6. Notiert im Brainstorming Vorschläge zur Optimierung des Binnenmarktes für Arbeitnehmende und diskutiert eure Vorschläge in der Klasse.

F **zu Aufgabe 4b**
Recherchiere im Internet, ob das Gerichtsurteil die Arbeitsbedingungen wirklich verbessert hat.

▶ Corona-Pandemie: Welche Folgen haben Einschränkungen des Binnenmarktes?

Grenzkontrollen und Staus vor den Grenzen unserer Nachbarländer auf dem Weg in den Urlaub sollten aufgrund des freien Personenverkehrs nicht an der Tagesordnung sein. Doch damit musste in der jüngsten Vergangenheit wieder gerechnet werden.

M7   Grenzkontrollen sind wieder möglich!

Stau an den Grenzen nach Österreich

Negative PCR-Tests als Voraussetzung zum Passieren der Binnengrenzen

Verzug bei Warenlieferungen: LKWs warten an einem Grenzübergang.

Ohne Pendlerbestätigung kein Passieren der Grenze möglich, Kehl 2020

E Dänemark kontrolliert an den Grenzen – Verzögerungen im Zugverkehr

F Pandemie: Schüler:innen an der Grenze zur Niederlande können nicht in ihre Schule

 #   SCHENGENER ABKOMMEN

Das erste Schengener Abkommen (im Grenzort Schengen – Luxemburg geschlossene Vereinbarung, 1985) hatte das Ziel, die Grenzkontrollen an den (Binnen-) Grenzen abzuschaffen. Die Staaten, welche die Vereinbarung unterschrieben haben, einigten sich im Gegenzug darauf, die europäischen Außengrenzen verstärkt und gemeinsam zu kontrollieren, um so illegale Einwanderung, Drogenkriminalität oder internationalen Verbrechen entgegenzuwirken. Das Schengener Abkommen ist die Voraussetzung für den freien Personenverkehr innerhalb der Europäischen Union.

M8 Pro und Kontra: Grenzschließungen während der Pandemie ○

Während der Corona-Pandemie haben viele EU-Mitgliedstaaten Grenzkontrollen zur Eindämmung der Infektionszahlen durchgeführt. Der Nutzen dieser Grenzschließungen wurde kontrovers diskutiert:

Pro: Grenzschließungen als bewährtes Mittel zur Eindämmung der Infektionszahlen

Der grenzfreie Schengenraum ist eine großartige Errungenschaft des europäischen Staatenbunds. Dennoch müssen zeitlich begrenzte Einschrän-
5 kungen im innereuropäischen Grenzverkehr möglich sein, wenn sie im Ausnahmefall dazu beitragen können, das Pandemiegeschehen zu einem kritischen Zeitpunkt besser zu kontrollie-
10 ren. Im Fall von Tschechien ist die Infektionslage eklatant unterschiedlich von der deutschen. Gemessen an der Bevölkerung liegt die Inzidenz beim Fünffachen. Hinzu kommen Anste-
15 ckungsherde mit dem britischen Virus [...]. Die Einschränkung des Grenzverkehrs kann hier kostbare Zeit erkaufen, die Deutschland braucht, bis die ersten Impfungen Wirkung zeigen.
20 [...] Immer wieder wird auf die erfolgreiche Pandemiebekämpfung in Asien verwiesen. Strikte Einreisekontrollen gehören zu den elementaren Bestandteilen dieser Erfolgsstrategie. Auch
25 Norwegen hat im Januar bereits die Einreise für Nicht-Norweger an negative Corona-Tests und eine zehntägige Quarantäne geknüpft. Die Infektions-

zahlen des Landes sind nicht umsonst derzeit so gering. [...] Die Grenzkon-
30 trollen innerhalb der Europäischen Union sind letztlich nur ein Symptom: Leider haben sich die EU-Länder innerhalb eines Jahres nicht auf gemeinsame Corona-Standards bei festen In-
35 zidenzen einigen können. Da sind bei gleichen Inzidenzen in dem einen Land die Schulen auf, im anderen zu. Das Gleiche gilt für Restaurants und Läden. Kanzlerin Angela Merkel hat-
40 te vor Wochen bereits gewarnt, dass verschärfte Grenzkontrollen die Folge von stark ungleichem Infektionsgeschehen und -vorgehen sein könn-
ten. [...]
45 Ja, Deutschland ist inmitten Europas eine Drehscheibe der Wirtschaft, verschärfte Grenzkontrollen und Zugangsbeschränkungen [...] sind auch immens kostspielig. Damit sind sie
50 ein Mittel der letzten Wahl. Aber das gilt auch für Schul- und Ladenschließungen. Auch hier sind die Kosten hoch.

Nach: Bastian, Nicole: Ist es richtig, im Kampf gegen Corona Grenzkontrollen in Europa einzuführen? In: www. handelsblatt.com, 16.02.2021

Kontra: Grenzschließungen in der EU gefährden unseren Wohlstand

Die Logik scheint überzeugend: Es gibt mehr mutierte Viren im Ausland als im Inland, also machen wir die Grenzen dicht und unsere Bür-
5 ger sind geschützt! Horst Seehofer

hat [Grenzkontrollen] bereits einmal ausprobiert, im vergangenen Jahr an der Grenze zu Frankreich. Als er von den Abgeordneten der Deutsch-Französischen Parlamentarischen Ver-
10

sammlung um den Nachweis gebeten wurde, dass das Mittel hilft, musste er passen. Die Mischung aus völlig versperrten und scharf kontrollier-
15 ten Grenzübergängen hatte keinen Bremseffekt auf das Infektionsgeschehens. [...]

Sind Grenzkontrollen oder -schließungen – der Übergang ist gleitend – im-
20 mer unsinnig? Nein. Ein Land wie Senegal, in dem das Coronavirus fast nicht zu finden und das nicht intensiv in die internationale Arbeitsteilung eingebunden ist, kann das Instru-
25 ment einsetzen. [...] Aber die Bundesrepublik Deutschland ist nicht Senegal. Hier, wo sämtliche Varianten des Virus bereits großflächig verbreitet sind, müsste man konsequenter-
30 weise nicht die Grenzen, sondern alle Gebiete mit hoher Inzidenz abriegeln. [...] Das Virus grassiert nicht wegen der Lkw-Fahrer, die im Schnelltempo ihre Fahrzeuge entladen und wieder
35 abrauschen. Es verbreitet sich durch lange Kontakte etwa in der Familie oder im Büro, weil dann die für eine

Infektion nötigen hohen Viruslasten übertragen werden. [...] Wir sind die Drehscheibe der Euro-Zone, Europa-
40 meister der verbundenen Produktion. Wir beziehen aus und liefern in Regionen, die Partner und nicht mehr fremdes Ausland sind. Manche Industrieprodukte werden vier-, fünfmal
45 über die Grenze bewegt, bis sie fertig sind. Dienstleister begleiten Warenlieferungen, warten Anlagen. Wer dieses Geflecht zerschneidet, und sei es nur für wenige Wochen, legt die
50 Axt an unseren Wohlstand und an den unserer Nachbarn. Die Autoindustrie erlebt soeben, welche Folgen es hat, wenn ein paar Chips fehlen: Die Produktion muss gestoppt werden. Poli-
55 tiker verstehen vergleichsweise wenig von Produktion und Logistik. [...] Diese Unkenntnis sollte nicht auch noch in der Wirtschaft ihr Unwesen treiben. Grenzen müssen gesetzt wer-
60 den: für eine unverantwortliche Symbolpolitik.

Nach: Hanke, Thomas: Ist es richtig, im Kampf gegen Corona Grenzkontrollen in Europa einzuführen? In: www. handelsblatt.com, 16.02.2021

F **zu Aufgabe 2**
Recherchiere, welche Länder das Schengener Abkommen unterzeichnet haben und kennzeichne den Schengen-Raum in einer Karte.

AUFGABEN

1. Beschreibe Folgen von durchgeführten Grenzkontrollen während der Corona-Pandemie (**M7**).

2. Erkläre die Grundzüge des Schengener Abkommens (**#Schengener Abkommen**).

3. a) Stelle die Vor- und Nachteile von Grenzkontrollen während der Pandemie in einer Tabelle gegenüber (**M8**).
   b) Ergänze die Tabelle um weitere, eigene Argumente.
   c) Vergleiche deine Tabelle mit der Tabelle deiner Sitznachbarin bzw. deines Sitznachbars und ergänze sie gegebenenfalls.

4. Führt eine Podiumsdiskussion zu folgendem Thema durch: Die Pandemie lässt das Schengener Abkommen vergessen: Die durchgeführten Grenzkontrollen waren (k)ein geeignetes Mittel zur Pandemiebekämpfung. ⟳

← M1-M3

← M4-M6

← M7,M8

WAS SIND DIE GRUNDFREIHEITEN DES EU-BINNENMARKTES?

DIE VIER FREIHEITEN DES EUROPÄISCHEN BINNENMARKTES

Die Europäische Union hat eine gemeinsame Wirtschaftszone, den Europäischen Binnenmarkt mit seinen vier Freiheiten: Freiheit für die arbeitenden Menschen, Waren, Dienstleistungen und das Kapital. Das bedeutet, dass z. B. ein polnischer Krankenpfleger in Deutschland arbeiten darf, denn er hat das Recht auf Freizügigkeit. Schwedischer Käse darf in Frankreich verkauft werden. Eine Spanierin darf in Belgien ein Reisebüro eröffnen und dort ihre Dienstleistungen anbieten. Und ein Österreicher kann ein Girokonto bei einer niederländischen Bank eröffnen. Es darf keine Zölle oder Produktionsvorschriften geben, die den freien Verkehr in diesen vier Bereichen verhindern.

RECHTLICHE GRUNDLAGEN FÜR DAS ARBEITEN IN DER EU

Aufgrund der Freiheiten des Europäischen Binnenmarktes können Arbeitssuchende (EU-Bürger:innen) in ein anderes EU-Land ziehen, wenn bestimmte Bedingungen erfüllt sind. So können EU-Bürger:innen auch in einem anderen EU-Land arbeiten. Die Rahmenbedingungen für die Freizügigkeit von Arbeitnehmern sind gesetzlich verankert. Problematisch wird es, wenn Bürger:innen aus anderen EU-Ländern in Deutschland arbeiten und nicht angemessen bezahlt oder Arbeitsschutzbedingungen missachtet werden.

DAS SCHENGENER ABKOMMEN

Das erste Schengen-Abkommen (im Grenzort Schengen – Luxemburg geschlossene Vereinbarung, 1985) hatte das Ziel, die Grenzkontrollen an den (Binnen-)Grenzen abzuschaffen. Die Staaten, welche die Vereinbarung unterschrieben haben, einigten sich im Gegenzug darauf, die europäischen Außengrenzen verstärkt und gemeinsam zu kontrollieren, um so illegaler Einwanderung, Drogenkriminalität oder internationalen Verbrechen entgegenzuwirken. Das Schengen-Abkommen ist die Voraussetzung für den freien Personenverkehr innerhalb der Europäischen Union.

Während der Corona-Pandemie haben viele EU-Mitgliedstaaten wieder Kontrollen an den Grenzen aufgenommen, um die Infektionszahlen einzudämmen. Dies führte zu Staus an den Binnengrenzen.

4.4 Die Grundzüge der Europäischen Währungsunion

▶ 20 Jahre Euro: Was war, was bleibt?

1999 wurde der Euro zunächst als Buchgeld eingeführt. 2002 gelangte er als Bargeld in die Portemonnaies aller EU-Bürgerinnen und Bürger. Mit der Einführung des Euros als gemeinsame Währung konnte der Binnenmarkt weiter gestärkt werden. Mit der Neuerung waren Hoffnungen, aber auch Ängste verbunden.

M1 20 Jahre Euro: Ein Gespräch am Küchentisch

Bei Familie Beyer liegt die Tageszeitung auf dem Küchentisch (Titelbild: 20 Jahre Euro). Mara möchte wissen, wie ihre Eltern damals die Euroeinführung wahrgenommen haben.

Mara: Da steht „20 Jahre Euro". Könnt ihr euch noch daran erinnern, als die neuen Münzen eingeführt wurden?

Mutter: Selbstverständlich. Das war ziemlich spannend! Wir mussten uns an das neue Aussehen der Scheine und Münzen gewöhnen.

Vater: Nicht zu vergessen, dass beim Einkaufen erst alles sehr günstig erschien, da die Preise durch den Umtauschkurs um die Hälfte sanken.

Mara: Seid ihr dann einfach zur Bank gegangen und habt das alte Geld umgetauscht?

Mutter: Genau! Ab März 2002 war die Deutsche Mark dann kein gesetzliches Zahlungsmittel mehr. In vielen Geschäften konnte man aber trotzdem noch mit der Deutschen Mark zahlen.

Vater: Bis heute kann man die Deutsche Mark bei Kreditinstituten wechseln lassen. Bei deinen Großeltern liegen bestimmt noch alte Münzen herum.

Mara: Das wäre prima. Dann kann ich mir das Geld nochmal anschauen und vielleicht mit in die Schule nehmen.

Mutter: Dann kannst du auch eines unserer Starterkits mitnehmen. Das war ein Päckchen mit den verschiedenen Euromünzen. So konnten wir das neue Geld kennenlernen.

Bearbeiterin

M2 Die Eurozone und der Schengen-Raum im Vergleich

a) Welche Länder haben den Euro als Währung?

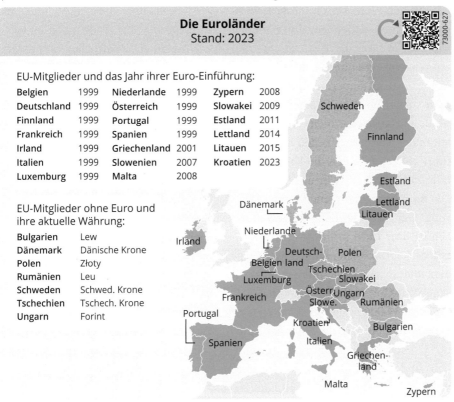

Die Euroländer
Stand: 2023

EU-Mitglieder und das Jahr ihrer Euro-Einführung:

Belgien	1999	Niederlande	1999	Zypern	2008
Deutschland	1999	Österreich	1999	Slowakei	2009
Finnland	1999	Portugal	1999	Estland	2011
Frankreich	1999	Spanien	1999	Lettland	2014
Irland	1999	Griechenland	2001	Litauen	2015
Italien	1999	Slowenien	2007	Kroatien	2023
Luxemburg	1999	Malta	2008		

EU-Mitglieder ohne Euro und ihre aktuelle Währung:

Bulgarien	Lew
Dänemark	Dänische Krone
Polen	Złoty
Rumänien	Leu
Schweden	Schwed. Krone
Tschechien	Tschech. Krone
Ungarn	Forint

Europäische Währungsunion (EWU)
Als europäische Währungsunion (auch Eurozone genannt) bezeichnet man den Zusammenschluss der Länder, die den Euro eingeführt haben. Sie zeichnet sich durch eine gemeinsame Geld- und Währungspolitik aus, in der gemeinsame Entscheidungen getroffen und umgesetzt werden. Die EWU hat 20 Mitglieder (Stand: 2023).

©C.C. Buchner Verlag, aktuelle Daten nach: Europäische Kommission
(Datenerhebung: 2023; Grafikerstellung: 2023)

b) Welche Länder sind Teil des Schengen-Raums?

Der Schengen-Raum
Stand: 2023

■ **EU-Staaten im Schengen-Raum**
Deutschland, Belgien, Dänemark, Estland, Finnland, Frankreich, Griechenland, Italien, Kroatien, Lettland, Litauen, Luxemburg, Malta, Niederlande, Österreich, Polen, Portugal, Schweden, Slowakei, Slowenien, Spanien, Tschechischen, Ungarn

■ **Nicht-EU-Staaten im Schengen-Raum**
Island, Liechtenstein, Norwegen, Schweiz

■ **EU-Staaten nur teilweise im Schengen-Raum**
Bulgarien, Rumänien

■ **EU-Staaten nicht im Schengen-Raum**
Irland, Zypern

* Diese Staaten wenden noch nicht alle Inhalte des Schengener Abkommens an. Die Personenkontrollen an den Binnengrenzen bestehen noch.

Das Schengener Abkommen
Innerhalb des Schengenraums gibt es: keine Binnengrenzkontrollen für den Personenverkehr, gemeinsame Asyl- und Visabestimmungen, eine stärkere Zusammenarbeit der Polizei und des Justizsystems

©C.C. Buchner Verlag, aktuelle Daten nach: Europäische Kommission
(Datenerhebung: 2023; Grafikerstellung: 2023)

M3   Der Euro – unsere gemeinsame Währung

Der Euro ist eine der wichtigsten Währungen der Welt. Durch die gemeinsame Währung haben es Unternehmen leichter, Waren im Ausland zu kaufen oder zu verkaufen. Und wenn man in Portugal im Supermarkt steht, weiß man sofort, ob das Eis am Stiel teurer ist als zu Hause oder nicht. Beim Bezahlen in den Ländern, die den Euro eingeführt haben, entfallen die Umtauschgebühren für andere Währungen.

Die Einführung der gemeinsamen Währung war für die EU ein gewaltiger Schritt. Der Euro sollte zu einem Symbol der europäischen Integration werden und so ein gemeinsames europäisches Wir-Gefühl (Identität) stiften.

An der Währungsunion können nur Staaten teilnehmen, die einander in ihrer wirtschaftlichen Entwicklung ähnlich sind. Um dies zu gewährleisten, wurden für die Aufnahme von Ländern in die Währungsunion Kriterien formuliert (Konvergenzkriterien). Konvergenz bezeichnet dabei die allmähliche Annäherung der Teilnehmerländer in wichtigen wirtschaftlichen Grunddaten (Staatsverschuldung, Inflation, Zinsen). Dies ist notwendig, da Spannungen zwischen Ländern entstehen können, wenn sie sich wirtschaftlich unterschiedlich entwickeln.

Um dies zu verhindern, wurde auch der Stabilitäts- und Wachstumspakt (kurz: Eurostabilitätspakt) im Vertrag von Amsterdam im Jahre 1997 verankert. Dieser fordert von den Euroländern in wirtschaftlich normalen Zeiten einen annähernd ausgeglichenen Staatshaushalt, damit in wirtschaftlich ungünstigen Zeiten Spielraum besteht, durch eine Erhöhung der Staatsausgaben die Wirtschaft zu stabilisieren. Bei Verstößen gegen diese Regeln drohen dem Mitgliedsland Geldstrafen.

Bearbeiterin

AUFGABEN

1. a) Fasse die Erfahrungen der Familie Beyer zur Einführung des Euros zusammen (**M1**).
   b) Führe mithilfe der nachfolgenden Methodenkarte Interviews mit deinen Großeltern, Eltern oder Lehrkräften zur Einführung des Euros.

2. a) Erkläre die Europäische Währungsunion in eigenen Worten (**#Europäische Währungsunion**). ⟳
   b) Vergleiche die Grafiken in **M2**. Wo gibt es Gemeinsamkeiten, wo Unterschiede? ⟳
   c) Stelle Vermutungen an, warum nicht alle EU-Staaten Mitglied in der EWU sind. ⟳
   d) Diskutiert, ob eine Ausweitung der EWU gut für den Schengenraum wäre.

3. a) Erläutere Vorteile, die die Mitgliedschaft in der Währungsunion hat (**M3**).
   b) Diskutiert, welche möglichen Risiken, mit Blick auf die Konvergenzkriterien, die Währungsunion mit sich bringt (**M3**).

Ein Interview führen

Worum geht es?

Interviews ermöglichen einen ganz konkreten und persönlichen Einblick in ein bestimmtes Thema. Persönliche Erfahrungen werden benannt und bieten neue Perspektiven. Durch die Möglichkeit, direkt nachfragen zu können, wenn etwas nicht verstanden wurde, sind Interviews interaktive Formen der Informationsrecherche.

Geht dabei so vor:

1. Schritt: Expertenauswahl – Interviewpartner:in aus dem privaten Umfeld finden

- Stellt zusammen, welche Kontakte für ein Interview zur Verfügung stehen und fragt bei den Personen nach.
- Vereinbart einen Termin, einen Ort und den Ablauf der Befragung.

2. Schritt: Vorbereitung in der Klasse

- Jede:r formuliert eine oder mehrere Fragen. Diese werden zusammengetragen und sortiert.
- Macht aus, wer welche Fragen stellt.
- Legt fest, wo und in welcher Sitzordnung die Befragung durchgeführt wird. Wer wird aufzeichnen (per Video, Tonband oder Mitschrift?)

3. Schritt: Durchführung der Befragung

- Begrüßt die Person, dir ihr interviewt, und erläutert eure Ziele und den Ablauf des Gesprächs (Duzt oder siezt ihr die Person?)
- Folgende Fragen helfen bei der Gesprächsführung:
    - eröffnende Fragen („Wir interessieren uns für ….")
    - Fragen zur genaueren Information („Können Sie das noch weiter ausführen?")
    - offene Fragen („Warum, wie, wozu haben Sie das gemacht?")
    - Fragen für eine Einschätzung („Was halten Sie von ...", „Welche Erfahrungen haben Sie damit gemacht?")
    - Fragen für eine Beurteilung („Wie beurteilen Sie ...?")

4. Schritt: Auswertung

- Fasst die Ergebnisse zusammen und bewertet sie.
- Folgende Fragen helfen euch:
    - Welche Informationen wurden gegeben?
    - Gibt es neue Erkenntnisse?
    - Bleiben Informationslücken und können diese geschlossen werden?
    - Gibt es Widersprüche in verschiedenen Interviews?

Bearbeiterin

▶ Eurokrisen: Ist der Euro gut für den Zusammenhalt?

Seit der Weltwirtschaftskrise von 2007/2008 haben sich viele Euro-Staaten stark verschuldet, sodass die Staaten vor der Herausforderung standen, sich gegenseitig finanziell zu helfen, um die Folgen für die betroffenen Menschen abzuschwächen. Ist es politisch und ökonomisch sinnvoll, dass wirtschaftlich unterschiedlich starke Volkswirtschaften eine gemeinsame Währung haben?

M4   „Scheitert der Euro, dann scheitert Europa"

Von einer „existenziellen Bewährungsprobe für Europa" hat Bundeskanzlerin Dr. Angela Merkel (CDU) am Mittwoch, 19. Mai 2010, im Bundestag gesprochen. In ihrer Regierungserklärung zu Maßnahmen zur Stabilisierung des Euro sagte Merkel: „Scheitert der Euro, dann scheitert Europa." [...] Um die Stabilität des Euro zu gewährleisten, solle ein Schutzschirm für notleidende Euro-Länder im Umfang von bis zu 750 Milliarden Euro gespannt werden.

Nach: ©Deutscher Bundestag: „Scheitert der Euro, dann scheitert Europa". In: www.bundestg.de, Abruf am 03.05.2023

M5   Krisen können den Zusammenhalt stärken

Auch die Corona-Pandemie und die Energiekrise sorgen dafür, dass finanziell schwächeren Ländern geholfen werden muss.

Schon (in der Finanzkrise 2009) zeigte sich, dass die EU unter dem Druck einer existenziellen Krise zu Integrationsschritten fähig ist, die bis dahin politisch nicht durchsetzbar waren. [...] (So) spannte die Eurozone einen gemeinsamen Rettungsschirm auf, um in Zahlungsschwierigkeiten geratene Mitgliedstaaten auffangen zu können. [...] In der Finanz- und Schuldenkrise beschränkte sich die Eurozone noch darauf, hilfsbedürftige Mitgliedstaaten mit Darlehen zu unterstützen.

In der Corona-Krise geht die EU nun einen Schritt weiter: Der schuldenfinanzierte Corona-Wiederaufbaufonds vergibt nicht nur Kredite, sondern auch Subventionen, die nicht zurückbezahlt werden müssen. [...] Kanzlerin Merkel hat offenbar erkannt, dass der nun schon seit vielen Jahren andauernde ökonomische Niedergang Südeuropas nicht im deutschen Interesse liegt. Wenn die Volkswirtschaften Italiens, Spaniens, Portugals und Griechenlands permanent schrumpfen, verliert die deutsche Exportwirtschaft wichtige Absatzmärkte. Schlimmer noch: Die enttäuschte Bevölkerung dieser Länder macht die EU für ihre Wohlstandsverluste verantwortlich und wendet sich mehr und mehr EU-skeptischen Parteien zu: [...]

Nur eine starke und einige EU kann sich zwischen den immer aggressiver agierenden Weltmächten USA, China und Russland behaupten. Der ökonomische [wirtschaftliche] Zusammenhalt der EU liegt also im ureigensten deutschen Interesse.

Nach: Berschens, Ruth: Europäische Solidarität aus der Not heraus. In: www.bpb.de, 18.12.2020

M6   Ist eine gemeinsame Währung sinnvoll?

a) Kontra: Der Euro hat die Europäische Union geschwächt

Eine gemeinsame Währung einzuführen, kann für Volkswirtschaften durchaus sinnvoll sein. Wenn man in ein Land mit gleicher Währung reist, dort einkauft oder investiert, muss man vorher nicht mehr eigenes in fremdes Geld umtauschen. Auch das Risiko, dass sich der Wechselkurs ändern könnte, entfällt – somit haben Unternehmen in der Eurozone nicht mehr das Risiko, dass sich während eines laufenden Geschäftes die Wechselkurse verändern. [...] Je enger Volkswirtschaften miteinander verflochten sind, desto sinnvoller ist es, eine Währungsunion zu gründen.

Eine gemeinsame Währung bedeutet aber auch, dass es zwischen den beteiligten Volkswirtschaften keine Auf- oder Abwertung der Wechselkurse mehr gibt. [...] Insofern stehen wir in Europa derzeit vor der Situation, dass die Gründung einer Währungsunion in einem Währungsraum mit wirtschaftlich ganz unterschiedlichen Staaten die Integration eher gefährdet als befördert hat. Die politisch motivierte Hoffnung, eine gemeinsame Währung werde zu der notwendigen wirtschaftlichen Angleichung der Mitgliedsländer führen, hat sich offenkundig nicht erfüllt.

Nach: Vögel, Henning: Debatte Europäische Schuldenkrise. In: www. bpb.de, 12.10.2016

b) Pro: Für den Euro: Stärkere Zusammenarbeit notwendig

Es erscheint widersinnig: Eine effiziente Industrienation wie Deutschland hat die gleiche Währung wie das vergleichsweise rückständige Griechenland [...]. Doch wäre es ein Missverständnis zu glauben, dass eine Währung nur funktioniert, wenn sie für ein ziemlich einheitliches Wirtschaftsgebiet gilt. Deutschland selbst ist dafür ein gutes Beispiel. Die D-Mark galt bekanntlich von Mecklenburg-Vorpommern bis Bayern. Doch der ökonomische Abstand zwischen beiden Bundesländern ist bis heute groß: [...]. Die Euro-Krise ist im Kern eine Wettbewerbskrise. Die Löhne in Griechenland, Portugal und Spanien sind zu stark gestiegen, während umgekehrt die Deutschen ihre Löhne nach unten gedrückt haben. Also wurden die deutschen Produkte im Vergleich immer billiger, während die griechischen oder spanischen Güter zu teuer wurden. [...] Der zentrale Fehler ist eigentlich banal: Man kann nicht eine Währungsunion gründen und damit die Wechselkurse abschaffen – ohne auch den Rest der Politik zu vereinheitlichen. [...] Richtig wäre, die Eurozone noch stärker auszubauen [...]. Das Projekt Euro lohnt sich, und niemand hat davon so sehr profitiert wie die Deutschen.

Nach: Herrmann, Ulrike: Debatte Europäische Schuldenkrise. In: www. bpb.de, 30.10.2015

AUFGABEN

1. „Scheitert der Euro, dann scheitert Europa". Erkläre die Aussage (**M4**).
2. Erkläre, warum Deutschland den Corona-Wiederaufbaufonds befürwortet (**M5**).
3. Arbeitet aus **M6** heraus, welche Vor- und Nachteile die gemeinsame Währung mit sich bringt.
4. Beurteilt, ob die Eurozone verkleinert oder auf alle Staaten der EU ausgeweitet werden sollte.

F **zu Aufgabe 4**
Recherchiere nach Gründen, warum Kroatien im Jahr 2023 den Euro eingeführt hat.

▶ Die Europäische Zentralbank: Kann sie den Euro retten?

Die Europäische Zentralbank (EZB) gilt als Hüterin unserer Währung. Mit Sitz in Frankfurt überwacht sie die Preisentwicklungen und trifft Entscheidungen, um Preisstabilität zu gewährleisten. In Zeiten von wirtschaftlichen Krisen, die zur Inflation führen, stellt dies eine Herausforderung dar.

M7   Eine Schlagzeile zur Anhebung des Leitzins

Grafik: Entwicklung der Inflationsrate und der gemittelte Leitzins der EZB seit 2000

73000-277

> ### Die EZB hebt erstmals seit elf Jahren den Leitzins an
> Als Reaktion auf die Euroteuerung und der damit verbundenen Inflation hat EZB-Präsidentin Christine Lagarde 2022 den Leitzins auf 2,5 Prozent angehoben. Ab Februar 2023 soll dieser erneut um 0,5 % angehoben werden.

Bearbeiterin

M8   Die Europäische Zentralbank als Hüterin des Euro

Die Europäische Zentralbank wurde 1998 gegründet. Sie ist ein politisch unabhängiges Organ und für den Euro und die Gestaltung und Durchführung der Wirtschafts- und Währungspolitik der EU zuständig. Das oberste Ziel der EZB ist die Preisstabilität in der Eurozone.

a) Zusammensetzung der EZB

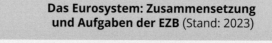

Das Eurosystem: Zusammensetzung und Aufgaben der EZB (Stand: 2023)

73000-634

Euro-Staaten-Zentralbanken

Direktorium Leitung der EZB	**EZB-Rat** Oberstes Beschlussorgan	**Erweiterter Rat** Beratungsgremium
Präsident:in, Vizepräsident:in + 4 weitere Mitglieder	Direktorium + 20 Präsident:innen der Euro-Staaten-Zentralbanken	Präsident, Vizepräsident + 27 Präsident:innen der EU-Mitgliedstaaten-Zentralbanken

Ziel des Eurosystems: Preisstabilität

Die Geldpolitik festlegen und ausführen | Die Devisengeschäfte durchführen | Die Währungsreserven verwalten und verwahren | Einen reibungslosen Zahlungsverkehr fördern

Staatsfinanzierung verboten
Die EZB darf Regierungen keine Kredite zur Finanzierung von Haushaltslöchern geben.

Unabhängiges Gremium
Die EZB entscheidet allein über die Geldpolitik der Währungsunion. Sie ist unabhängig von den Regierungen und den Organen der EU.

© C.C. Buchner Verlag, aktuelle Daten nach: Bundesbank (Datenerhebung: 2023; Grafikerstellung: 2023)

b) Was sind die Aufgaben der EZB?

Preisstabilität

Die Preise sollen auf einem Niveau bleiben, sodass sie nicht stark steigen oder fallen. Stabile Preise sorgen bei Unternehmen und privaten Haushalten für Planungssicherheit.

Festlegung des Leitzinses

Der Leitzins legt die Gebühr fest, die Banken zahlen müssen, wenn sie sich bei der EZB Geld leihen.

Festlegung der Geldmenge

Soll die Geldmenge, die im Umlauf ist, niedriger werden, kann die EZB zum Beispiel von den Banken höhere Mindestreserven verlangen. Dieses Geld wird sozusagen eingefroren und kann nicht mehr verliehen werden. Dadurch wird jeder Euro, der im Umlauf ist, wertvoller und das drückt die Inflation.

Verwaltung der Währungsreserven der Euroländer

Die EZB hat den Euro als Ganzes im Blick, d.h. sie handelt, wenn sich der Euro gegenüber anderen Währungen ungewollt schlecht entwickelt. Und die EZB beaufsichtigt viele Banken: große und wichtige Banken für einzelne Euroländer oder die gesamte Union.

Bearbeiterin

M9   Was bedeutet ein steigender Leitzins und wie beeinflusst er die Inflation?

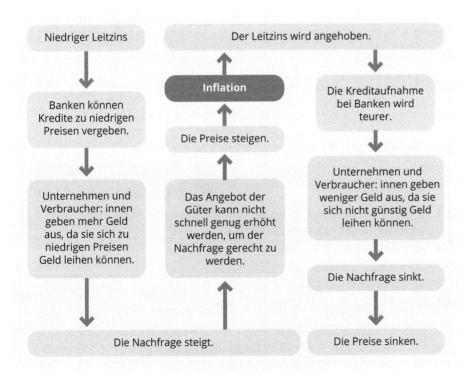

Bearbeiterin

M10   Welche Gefahren birgt das Anheben des Leitzinses: was spricht dafür, was dagegen?

Die Corona-Pandemie und der russische Angriffskrieg hatten zur Folge, dass der Import von Gütern zurückging und Rohstoffe knapp und damit teurer wurden. Ebenso stiegen Strom- und Benzinpreise. Die Inflation stieg auf über 10 Prozent. Mit dem Anheben des Leitzinses möchte die EZB wieder für Preisstabilität sorgen und der Inflation entgegenwirken. Doch auch negative Effekte können eintreten:

Lohn-Preis-Spirale: Aufgrund der gestiegenen Lebenshaltungskosten und der Inflation fordern Gewerkschaften mehr Geld für Angestellte (Inflationsausgleich). Unternehmen schrecken nicht davor zurück, gestiegene Lohnkosten über die Preise umzulegen. Damit kann die Inflation noch verstärkt werden.

Kredite werden teurer:
- Insbesondere für Start-Up Unternehmen, die noch kein Vermögen haben oder liquide sind, können die Zinsen für Kredite zu teuer werden.
- Die Finanzierung von größeren Anschaffungen (Auto, E-Bike, Waschmaschine, Kühlschrank) wird teurer.
- Die Finanzierung von Baukrediten wird teurer.
- Für verschuldete Staaten wird es teurer, an Kredite zu kommen. Eine Eurokrise ist dann wiederum nicht auszuschließen.

Sparende freuen sich über steigende Zinsen. Der Ertrag hat allerdings nur geringe Effekte.

Bearbeiterin

F Aufgabe
Analysiere die Entwicklung des Leitzinses (→ **QR-Code neben M7**).

AUFGABEN

1. Stelle Vermutungen dazu an, was die EZB mit der Anhebung der Leitzinsen erreichen möchte (**M7**). ⟳

2. a) Erkläre den Aufbau und die Zuständigkeiten der Europäischen Zentralbank (**M8**).
   b) Fasse die geldpolitischen Möglichkeiten der EZB zusammen (**M8**).

3. Erkläre das Schaubild in **M9**. In welchem Zusammenhang stehen Inflation und Leitzins? ⟳

4. Diskutiert, ob das Anheben des Leitzinses (insbesondere in Krisenzeiten) eine gute Möglichkeit ist, um den Euro stabil zu halten (**M10**).

WAS SIND DIE GRUNDZÜGE DER WÄHRUNGSUNION?

 ### DIE EUROPÄISCHE WÄHRUNGSUNION

M1–M3

In Deutschland wurde der Euro im Jahr 2002 eingeführt. Der Europäischen Währungsunion (kurz: EWU) gehören derzeit 20 EU-Länder an. Die Einführung einer gemeinsamen Währung galt als großer Schritt für den europäischen Integrationsprozess, da mit dem einheitlichen Geldmittel ein neues „Wir-Gefühl" vermittelt wurde.

Um an der EWU teilnehmen zu können, gibt es Voraussetzungen, die ein Land erfüllen muss. Diese werden auch Konvergenzkriterien genannt. So darf der Bestand der Staatsschulden nur 60 % des BIPs betragen. Außerdem soll die Inflationsrate nur wenig von den drei preisstabilsten Euro-Staaten abweichen. Tritt ein Land durch die Einführung des Euros in den Schengenraum ein, haben es Unternehmen leichter, Waren im Ausland zu kaufen oder zu verkaufen. Ebenso entfallen Umtauschgebühren für andere Währungen.

 ### DER EURO UND DER INTERNATIONALE ZUSAMMENHALT

M4–M6

Es gibt Vertreter:innen in der Wirtschaft und Politik, die meinen, dass der Euro die Europäische Union geschwächt hätte. Sie sind der Meinung, dass die europäische Integration dadurch gefährdet wird, dass für wirtschaftlich stark heterogene (unterschiedliche) Staaten eine Währung eingeführt wurde. Durch das Fehlen einer Auf- oder Abwertung der Wechselkurse kann eine Volkswirtschaft, der es konjunkturell schlechter geht, nicht mehr über eine Abwertung Exporte billiger machen, um die Wirtschaft anzukurbeln.

Auf der anderen Seite gibt es durch den Corona-Wiederaufbaufonds ein Beispiel, dass durch gemeinsame Geldpolitik die europäische Gemeinschaft ausgebaut werden kann, um eine entschlossene und einheitliche Position in der Weltpolitik zu zeigen.

 ### DIE EUROPÄISCHE ZENTRALBANK

M7–M10

Die europäische Zentralbank ist ein politisch unabhängiges Organ, welches für Preisstabilität in der Eurozone sorgen soll. Dazu hat sie verschiedene Instrumente: Die Festlegung des Leitzinses, die Festlegung der Geldmenge, die im Umlauf ist und die Verwaltung der Währungsreserven der Euroländer. Darüber hinaus beaufsichtigt die EZB nationale Banken.

Aufgrund der Corona-Pandemie und des russischen Angriffskriegs sowie der damit verbundenen Knappheit einiger Güter, kam es zu Preissteigerungen und einer Inflation. Deshalb wurde der Leitzins der EZB angehoben. Ziel ist es, die Preise zu senken. Allerdings werden so auch neue Kredite für verschuldete Staaten teurer.

4.5   Die Europäische Zukunft: Entwicklung und Herausforderung

▶ Die EU und die Weltpolitik: Sollte die EU außenpolitisch mit einer Stimme sprechen?

Die EU gilt noch immer als wirtschaftspolitischer Riese, aber als außenpolitischer Zwerg. Die Mitgliedstaaten der Europäischen Union weigern sich bis heute außenpolitische Souveränitätsrechte an die EU abzugeben. Im Vertrag von Lissabon gab es zwar Fortschritte auf der Suche nach einer Gemeinsamen Außen- und Sicherheitspolitik (kurz: GASP), aber in vielen weltpolitischen Konflikten tritt die EU gespalten auf.

M1   Gemeinsame EU-Flüchtlingspolitik erwünscht?

Karikatur: Heiko Sakurai, 2015

M2   Außenpolitische Leitlinien und Ziele der EU

Die auf Konfliktlösung und internationale Verständigung ausgerichtete Gemeinsame Außen- und Sicherheitspolitik der EU stützt sich auf Diplomatie, flankiert
5 durch Maßnahmen in den Bereichen Handel, Entwicklungshilfe, Sicherheit und Verteidigung. Die politische Krise in der Ukraine und die Unruhen im Nahen Osten haben gezeigt, wie wichtig
10 es ist, dass Europa nach außen zusammensteht. Aus diesen Gründen strebt die EU eine Stärkung ihrer Außenpolitik an. Wenn sie gemeinsam handeln, erlangen die EU-Staaten weit mehr [politisches] Gewicht, als wenn jedes Land 15 seine Interessen allein vertreten würde. [Dies] bedeutet für die EU, dass sie in der Lage ist, effizienter auf globale Herausforderungen zu reagieren, die Werte der EU zu fördern und einen Beitrag 20 zu Frieden und Wohlstand in der Welt zu leisten.

Nach: Europäische Union, 1995-2021. Europäische Kommission: Die EU und ich. Brüssel 2020, S. 51. In: www.op.europa.eu, Abruf am 04.01.2021

M3   Wie funktioniert die GASP?

Ziel der GASP ist es, langfristig eine gemeinsame Außen- und Sicherheitspolitik zu entwickeln. Politische Entscheidungen in den Politikfeldern werden dann gemeinsam getroffen und nach außen getragen. So kann eine engere Zusammenarbeit der Mitgliedstaaten verstärkt werden und die EU kann in der internationalen Politik mit einer Stimme sprechen.

Bearbeitergrafik

M4   Aktuelle außenpolitische Herausforderungen der EU

A Der russische Angriffskrieg gegen die Ukraine

B Expansive Tendenzen von China und Russland

C Die USA war in den letzten Jahren nicht immer ein verlässlicher Partner für die EU.

D Große Zahlen von Geflüchteten, die Asyl in Europa suchen.

expansiv
ausdehnend

Bearbeiterin

AUFGABEN

1. Analysiere die Karikatur (**M1**) mit Blick auf die Aussage, dass die EU auf der Suche nach einer Gemeinsamen Außen- und Sicherheitspolitik in vielen weltpolitischen Konflikten gespalten auftritt (→ **Methodenglossar**). ⟳

2. Beschreibe die außenpolitischen Leitlinien und Ziele der EU (**M2**).

3. Erkläre die Funktionsweise der GASP (**M3**).

4. Beurteile, ob die EU für die Herausforderungen der heutigen Zeit bereits gut aufgestellt ist (**M3**, **M4**).

5. Schreibe eine Rede zu dem Thema: Die gemeinsame Außen- und Sicherheitspolitik in der EU muss intensiviert werden. ⟳

▶ Der Brexit: Was passiert, wenn einer raus will?

Im Sommer 2016 hat zum ersten Mal ein Staat mit einer Volksabstimmung beschlossen, die EU zu verlassen. Bis dahin war die Geschichte der EU eine Geschichte der ständigen Erweiterung um neue Mitgliedstaaten.

M5   Schlagzeilen zum Brexit

A Verlorene Arbeitnehmerfreizügigkeit führt zum Mangel in verschiedenen Bereichen des britischen Arbeitsmarktes.

B Wegen Brexit-Regelung dürfen zwei Fußballspieler mit gambischen und nigerianischen Pässen nicht am Spiel in GB teilnehmen. Grund: Einreiseregelung für Nicht-EU-Bürger:innen

C Praktika, Studium und Arbeitsplatzwahl werden schwieriger.

D Der Brexit gleicht einer Ohrfeige für unsere Kinder.

E Kursverluste auf den Aktienmärkten

F Briten haben wieder die Kontrolle über ihre Außengrenzen.

G Aufatmen: London darf endlich wieder selbst entscheiden.

Bearbeiterin, angelehnt an reale Schlagzeilen

M6   Das Austrittsverfahren Großbritanniens aus der EU

Grafik: Das EU-Austrittsverfahren

70079-95

Brexit
Der Begriff Brexit ist aus den Wörtern Britannien und Exit zusammengesetzt.

Ein Austritt aus der EU ist in Artikel 50 des Vertrages von Lissabon geregelt: „Jeder Mitgliedstaat kann im Einklang mit seinen verfassungsrechtlichen Vor-
5 schriften beschließen, aus der Union auszutreten".
Nach der Volksabstimmung im Juni 2016 beantragte Großbritannien am 29.03.2017 offiziell den Austritt aus
10 der EU. Ab diesem Tag hatten Großbritannien und die EU zwei Jahre Zeit, um ein Austrittsabkommen zu verhandeln. Inhalte dieses Abkommens sind die zukünftigen Beziehungen Großbri-
15 tanniens zur EU, welche bei allen EU-Mitgliedstaaten und dem EU-Parlament auf Zustimmung stoßen müssen. Dazu gehören z. B. die Rechte von EU-Bürger:innen in Großbritannien und die Rechte britischer Staatsbürger:innen 20 in EU-Mitgliedstaaten, finanzielle Verpflichtungen und Grenzfragen.
Die Verhandlungen zum Brexit waren komplex und immer wieder kam es zu Uneinigkeiten. Die Frist wurde mehr- 25 fach verlängert. Ein Austritt ohne Abkommen stand ebenfalls zur Debatte. Am 30.12.2020 wurde schließlich das Abkommen von beiden Seiten unterzeichnet:

Einige Regelungen aus dem Austrittsabkommen:

A Großbritannien befolgt weiterhin die Lebensmittelstandards der EU und hält Quoten für einen nachhaltigen Fischfang ein.

B Die Freizügigkeit endet für britische Staatsbüger:innen in der EU und für EU-Bürger:innen in Großbritannien.

C Beruflich Qualifikationen von Fachkräften wie Ärztinnen, Pharmazeuten oder Ingenieuren werden erst nach Prüfung anerkannt.

D Die Zusammenarbeit der Flugsicherheit bleibt bestehen.

E Großbritannien verlässt das Austauschprogramm Erasmus.

F Großbritannien ist nicht mehr Mitglied des gemeinsamen Energiemarktes und der Europäischen Atomgemeinschaft Euratom. Es findet kein Emissionshandel mehr statt.

Grafik: Wie stimmten die Briten beim Referendum ab?

70079-96

Bearbeiterin

M7 Die Folgen des Brexits

Am 9. Februar 2022 legte der zuständige Ausschuss des britischen Parlaments einen Bericht zu den Auswirkungen und Folgen des Brexits vor. In dem Bericht heißt es, dass der Brexit der britischen Wirtschaft vor allem Probleme gebracht habe. So stellte der Ausschuss fest, dass „höhere Kosten, mehr Bürokratie und Verzögerungen an den Grenzen" die „einzigen feststellbaren Auswirkungen" des Brexits für britische Unternehmen seien. Der Rückgang des Handels lässt sich ebenfalls nicht vom Brexit trennen. Dabei warnen die Parlamentarier vor weiteren Folgen. Die Vorsitzende des Ausschusses Meg Hillier kritisiert, dass der Brexit bislang nur für mehr Belastung gesorgt hat, anstatt die britischen Unternehmen zu „befreien, um ihnen mehr Raum für die Maximierung ihrer Produktivität zu geben".

Bearbeiterin

AUFGABEN

1. Ordne die Zeitungsüberschriften in eine Tabelle ein: Pro- und Kontra Brexit (**M5**).

2. Visualisiert zu zweit das Austrittsverfahren Großbritanniens aus der EU in einem Flussdiagramm (**M6**) (→ **Methode, S. 155**).

3. Beurteile die Aussagen der Parlamentarierinnen und Parlamentarier zu den Brexit-Folgen (**M7**).

4. Erörtere die Folgen des Brexits für den Zusammenhalt der verbleibenden Mitgliedstaaten in der Europäischen Union.

5. Führt eine Diskussion zu dem folgenden Thema durch: Nach dem Brexit – Brauchen wir jetzt mehr oder weniger Europa?

▶ Die Ukraine als Beitrittskandidat: Wie wird ein Land EU-Mitglied?

In den letzten Jahrzehnten haben europäische Länder wie Albanien, Montenegro oder die Türkei Anträge zur Aufnahme in die Europäische Union gestellt. Der Staatenbund bietet angesichts globaler Herausforderungen der heutigen Zeit viele Chancen. Wie reagiert die EU auf neue Beitrittsanträge? Und wie können neue Länder in die europäische Familie aufgenommen werden?

M8   Die Ukraine möchte in die EU

Der ukrainische Präsident Selenskyj stellte am 28. Februar 2022 den Antrag zur Aufnahme der Ukraine in die EU. Nachdem die EU-Kommission diesen geprüft hatte, stimmte der Europäische Rat am 24. Juni 2022 dafür, dass die Ukraine den Status „Beitrittskandidat" erhält. Auf einem EU-Sondergipfel in Brüssel wurde die aktuelle Perspektive für die Ukraine zum EU-Beitritt dargestellt:

Audiobeiträge zum EU-Beitritt der Ukraine

70079-98

[E]inen schnellen Beitritt der Ukraine sehen viele der 27 europäischen Staats- und Regierungschefs nicht. Ausdrücklich hat das heute auch niemand gefor-
5 dert – im Gegenteil. Man sei auf dem Weg, hieß es. Jetzt komme es darauf an, weiter daran zu arbeiten. [...] Bundeskanzler Olaf Scholz erinnerte daran, dass auch andere Staaten mit Kandida-
10 tenstatus schon lange auf einen Beitritt warteten. Die Westbalkan-Staaten vor allem zu lange, so Scholz: So eine Geschichte dürfe sich nicht wiederholen. Den Ländern sei vor 20 Jahren der Bei-
15 tritt zugesagt worden. „Da müssen wir mehr Tempo machen auch mit Blick auf unsere eigenen Entscheidungsprozesse", sagte der Bundeskanzler. Dabei schwingt eine Botschaft mit: Es sollte sich niemand Illusionen machen, auch 20 nicht in Kiew. EU-Kommissionspräsidentin Ursula von der Leyen zufolge hat die Ukraine zuletzt beeindruckende Fortschritte auf dem Weg zur europäischen Integration gemacht. Sie beton- 25 te aber, es gebe keinen starren Zeitplan und das alles sei ein "leistungsabhängiger Prozess".

Nach: Beckmann, Holger: Ein Kampf für Freiheit und Demokratie. In: www.tagesschau.de, 09.02.2023

Westbalkan-Staaten
Albanien, Bosnien-Herzegowina, Kosovo, Mazedonien, Montenegro, Serbien

M9   Wer kann EU-Mitglied werden?

a) Grundsätze einer EU-Mitgliedschaft nach Art. 49 EUV

> **Art. 49 EUV**
> „Jeder europäische Staat, der die in Artikel 2 genannten Werte achtet und sich für ihre Förderung einsetzt, kann beantragen, Mitglied der Union zu werden. Das Europäische Parlament und die nationalen Parlamente werden über diesen Antrag unterrichtet. Der antragstellende Staat richtet seinen Antrag an den Rat; dieser beschließt einstimmig nach Anhörung der Kommission und nach Zustimmung des Europäischen Parlaments, das mit der Mehrheit seiner Mitglieder beschließt. Die vom Europäischen Rat vereinbarten Kriterien werden berücksichtigt."

b) Beitrittskriterien: Kopenhagener Kriterien

Um der EU beitreten zu dürfen, müssen die sog. Kopenhagener Kriterien erfüllt werden:

Kopenhagener Kriterien	
Das politische Kriterium	Garantie institutioneller Stabilität, Schaffung einer demokratischen und rechtsstaatlichen Ordnung, Einhaltung der Menschenrechte und Schutz von Minderheiten.
Das wirtschaftliche Kriterium	Verpflichtung zur Schaffung einer funktionsfähigen Marktwirtschaft und Nachweis, dem Wettbewerbsdruck innerhalb des EU-Binnenmarktes standhalten zu können.
Das Acquis Kriterium	Übernahme aller Rechte und Pflichten, die sich aus der Mitgliedschaft ergeben. (Acquis communautaire: gemeinschaftlicher Besitzstand)

Bearbeiterin

M10   Die EU zur Bedeutung der EU-Erweiterung

Eines der Ziele der Erweiterung ist das Bemühen, die Solidarität zwischen den Völkern Europas zu vertiefen, ihren Wohlstand und ihre Chancen zu fördern und gleichzeitig die Vielfalt zu achten und zu wahren. [...] Während des Erweiterungsprozesses hilft die Kommission den Ländern, die Mitglied der EU werden möchten, bei der Erfüllung der Kriterien für die Mitgliedschaft und unterstützt sie bei der Umsetzung der entsprechenden wirtschaftlichen und demokratischen Reformen. Wenn die Verhandlungen und ent-sprechenden Reformen zur Zufriedenheit beider Seiten abgeschlossen wurden, kann das Land der EU beitreten, sobald alle EU-Mitgliedstaaten zustimmen. [...] Die Perspektive der Mitgliedschaft ist eine der wesentlichen Triebfedern für den Transformationsprozess im westlichen Balkan und trägt zu Versöhnung und Stabilität bei. [...] Beitrittskandidaten müssen Rechtsstaatlichkeit, Justiz und Grundwerten oberste Priorität einräumen.

Transformation
Wandlung

© *Europäische Union, 2020, Europäische Kommission (Hg.): Die Europäische Union. Was sie ist und was sie tut. Luxemburg 2020. S. 31*

AUFGABEN

1. Schreibt eine eigene Einschätzung zum EU-Beitritt der Ukraine (**M8**).
2. Erstellt in Kleingruppen einen Flyer, der über die Bedingungen, EU-Mitglied zu werden, informiert (**M9**).
3. Prüfe mithilfe der Kopenhagener Kriterien, welche Chancen die Ukraine auf eine EU Mitgliedschaft hat (**M8**, **M9**). ⟲
4. Stelle die Bedeutung einer EU-Erweiterung dar (**M10**).
5. Beurteilt: Sollte jeder Staat in Europa Mitglied der EU werden dürfen?

Ⓕ **zu Aufgabe 1**
Stelle die Pro- und Kontra-Argumente aus dem Podcast zum möglichen Ukraine-Beitritt gegenüber.

Ⓕ **zu Aufgabe 4**
Erstellt Plakate zu möglichen Beitritts- und Austrittskandidaten der EU.

▶ Der Green-Deal: neue Hoffnung für unser Klima?

Internationale Herausforderungen lassen sich gemeinsam und länderübergreifend besser lösen. So versucht die EU, politische Maßnahmen zur Förderung einer umweltfreundlichen Wirtschaft und Gesellschaft durchzusetzen. Ziel ist es, dass die EU 2050 klimaneutral wird. Wie ist es möglich, der erste klimaneutrale Kontinent zu werden?

M11   Rat der EU billigt Schlussfolgerungen zur neuen EU-Strategie für die Anpassung an den Klimawandel

João Pedro Matos Fernandes, portugiesischer Minister für Umwelt und Klimaschutz

„Der Klimawandel ist nicht nur eine zukünftige Bedrohung – er findet bereits statt. Wir müssen besser auf seine Folgen für die menschliche Gesundheit, ⁵die Natur und die Wirtschaft vorbereitet sein. Die heutigen Schlussfolgerungen sind der Startschuss für verstärkte Anpassungsmaßnahmen. In der neuen Strategie stehen bessere Daten und ¹⁰eine bessere Nutzung vorhandener Daten, die Förderung naturbasierter Lösungen, die Einbeziehung finanzieller und wirtschaftlicher Überlegungen und die Intensivierung der Maßnahmen auf internationaler Ebene im Mittelpunkt. ¹⁵ Der Klimaschutz ist eine der wichtigsten Prioritäten des portugiesischen Vorsitzes und wir freuen uns, dass der Rat heute die neue EU-Strategie für die Anpassung an den Klimawandel gebilligt ²⁰ hat. Sie wird zusammen mit dem kürzlich vereinbarten Europäischen Klimagesetz der EU dabei helfen, in den nächsten Jahrzehnten klimaresistent und klimaneutral zu werden." ²⁵

João Pedro Matos Fernandes in: Rat der EU Pressemitteilung: Rat billigt Schlussfolgerungen zur neuen EU-Strategie für die Anpassung an den Klimawandel. In: www.consilium.europa.eu, 10.06.2021

M12   Die Umsetzung des Green-Deals

Mit dem Green-Deal hat die EU-Kommission einen Katalog an Maßnahmen zusammengestellt, mit denen eine klimafreundliche Wirtschaft gefördert werden soll. Ebenso wird ein effizienter Umgang mit Ressourcen sowie die Verringerung von Schadstoffbelastungen angestrebt. Der europäische Green-Deal sichert uns und künftigen Generationen ein besseres und gesünderes Leben durch:

Biodiversität
Die Arten-, Pflanzen,- und Tiervielfalt sowie der Schutz und die nachhaltige Nutzung der Natur

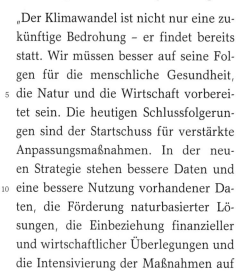

A saubere Luft, sauberes Wasser, einen gesunden Boden und Biodiversität

B sanierte, energieeffiziente Gebäude

C gesundes und bezahlbares Essen

D mehr öffentliche Verkehrsmittel

E saubere Energie und modernste saubere Technologien

F langlebigere Produkte, die repariert, wiederverwertet und wiederverwendet werden können.

Website des Green Deals

70079-100

(G) zukunftsfähige Arbeitsplätze und Vermittlung der für den Übergang notwendigen Kompetenzen

(H) weltweit wettbewerbsfähige und krisenfeste Industrie

Nach: Europäische Kommission: Europäischer Grüner Deal. In. www.commission.europa.eu, Abruf am 03.05.2023

M13 Harmoniert der Green-Deal mit den Folgen der Corona-Pandemie?

Der "Green Deal" ist ein Kernprojekt der EU-Kommission. Doch durch die Corona-Pandemie gerät das Klimaschutzprogramm in Gefahr. Lobbyverbände und Industrievertreter:innen versuchen, das Vorhaben auf Eis zu legen.

Nein, der Green-Deal ist durch die Folgen der Pandemie nicht mehr umzusetzen!	Ja, an den Zielen des Green-Deals muss festgehalten werden.
• Dachverband der europäischen Autohersteller fordert Verschiebung der CO_2-Grenzwerte, da die Unternehmen durch die Pandemie ums Überleben kämpfen. • Die Plastik- und Agrarindustrie betont, dass strengere Auflagen erst möglich sind, wenn höhere Gewinne realisiert werden können. • Viele Unternehmen müssen erst die Arbeitsplätze sichern, um überleben zu können. Sie sind auf staatliche finanzielle Hilfe angewiesen.	• Trotz wirtschaftlicher Krisen bleibt der Klimawandel bestehen. Artensterben findet weiter statt. • Unternehmen, die Investitionen für nachhaltiges Wirtschaften nicht unterstützen, haben es auch schon vor Corona nicht gemacht. • Gelder zum Ausgleich wirtschaftlicher Einbußen sollen nur an Unternehmen gezahlt werden, die den Green-Deal unterstützen.

Bearbeiterin

AUFGABEN

1. Erkläre die Ziele des Green-Deals (**M11**).
2. Beschreibe Maßnahmen, mit denen der Green-Deal umgesetzt werden soll (**M12**).
3. Erkläre die Kritik an dem Green-Deal seitens der Industrie (**M13**). ⭕
4. Beurteile, ob der Green-Deal zu realisieren ist (**M13**). Führt hierzu auch eine (digitale) Umfrage in der Klasse durch.
5. Entwerft eine eigene (digitale) Wortwolke mit euren Gedanken zum Green-Deal.

▶ Die EU und der Nationalismus: Lohnt es sich, die europäische Idee zu verteidigen?

Wiederaufflammender Nationalismus hat sich in den vergangenen Jahren als ernstzunehmendes Problem für das europäische Projekt erwiesen. Die Krisen der vergangenen Jahre haben in fast allen europäischen Staaten rechtspopulistische und europakritische Parteien erstarken lassen. Muss man darin eine Bedrohung für Europa sehen? Und lohnt es sich, die europäische Idee zu verteidigen?

M14   Wahlplakat der AfD

M15   Stimmenanteile rechtspopulistischer Parteien in Europa

A Stimmenanteile rechtspopulistischer Parteien bei nationalen Wahlen in europäischen Ländern (Auswahl) (Stand: 2021)

Ungarn (2018), Fidesz — 49,2 %
Polen (2019), PiS — 43,6 %
Italien (2018), M5S — 32,7 %
Schweiz (2019), SVP — 25,6 %
Ungarn (2018), Jobbik — 19,1 %
Schweden (2018), SD — 17,5 %
Italien (2018), Lega Nord — 17,3 %
Österreich (2019), FPÖ — 16,2 %
Spanien (2019), VOX — 15,1 %
Frankreich (2017), FN — 13,2 %
Niederlande (2021), PVV — 10,8 %
Deutschland (2021), AfD — 10,3 %
Dänemark (2019), DF — 8,7 %
Polen (2019), Konfed — 6,8 %

Anteil der Stimmen in Prozent %

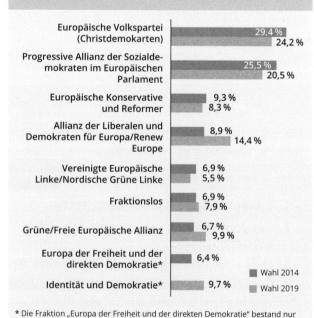

B Anteile der Fraktionen im Europäischen Parlament (Wahl 2014 vs Wahl 2019) (Stand: 2023)

Europäische Volkspartei (Christdemokarten) — 29,4 % / 24,2 %
Progressive Allianz der Sozialdemokraten im Europäischen Parlament — 25,5 % / 20,5 %
Europäische Konservative und Reformer — 9,3 % / 8,3 %
Allianz der Liberalen und Demokraten für Europa/Renew Europe — 8,9 % / 14,4 %
Vereinigte Europäische Linke/Nordische Grüne Linke — 6,9 % / 5,5 %
Fraktionslos — 6,9 % / 7,9 %
Grüne/Freie Europäische Allianz — 6,7 % / 9,9 %
Europa der Freiheit und der direkten Demokratie* — 6,4 %
Identität und Demokratie* — 9,7 %

■ Wahl 2014
■ Wahl 2019

* Die Fraktion „Europa der Freiheit und der direkten Demokratie" bestand nur in der Wahlperiode 2014-2019. Die Fraktion „Identität und Demokratie" wurde nach der Wahl 2019 gegründet.

Nach: Statista, 2021   *©C.C. Buchner Verlag, Daten nach: Europäisches Parlament, 2023*

RECHTSPOPULISTISCHE PARTEIEN

Der Begriff kommt vom lateinischen Wort "populus", das heißt auf Deutsch „das Volk" oder „die Leute". Populisten sind Menschen, die von sich behaupten, dass nur sie für das ganze Volk sprechen können und auch nur sie das Volk vertreten. Dabei schüren sie Ängste und Vorurteile. Populisten tun so, als gebe es selbst für sehr schwierige Probleme immer ganz einfache Antworten und Lösungen. [...]. Populisten lehnen die Zusammenarbeit der Staaten ab. Sie lehnen deshalb Organisationen ab, die eine staatenübergreifende Politik verfolgen. Dazu gehört zum Beispiel die EU.

Toyka-Seid, Christiane / Schneider, Gerd: Populismus. In. www.hanisauland.de, Abruf am 03.05.2023

M16   Lohnt es sich für die europäische Idee zu kämpfen?

Karsten Lucke ist Studienleiter des Europahauses in Bad Marienberg und erklärt im Interview, warum es sich trotz Krisen lohnt, für die europäische Idee zu kämpfen.

Seit 2016 gibt es „Pulse of Europe" als überparteiliche Bürgerinitiative mit dem Ziel „den europäischen Gedanken wieder sichtbar und hörbar
5 zu machen". Ist das wirklich nötig? Muss man für Europa auf die Straße gehen?

Lucke: Europa steht im Kern für Demokratie, Menschenrechte, Freiheit,
10 Gleichheit und Rechtsstaatlichkeit. Wenn neu aufkeimender Nationalismus, Rassismus und Populismus wieder anfängt, Menschen auszugrenzen, sich über andere zu erheben und Frei-
15 heitsrechte zu beschneiden, dann ist das Wertefundament der EU, und damit die EU an sich in Gefahr. Dies ist einer der Gründe, für die es sich geradezu gebietet, auf die Straße zu gehen. Demokratie
20 ist kein Naturzustand und muss jeden Tag von allen Bürgerinnen und Bürgern neu erkämpft und bewahrt werden. Ein zu sorgloser Umgang mit diesen Werten oder die Annahme, die Errungenschaf-
25 ten der europäischen Integration seien selbstverständlich, sind sehr gefährlich. Das hat uns gerade die deutsche Geschichte schmerzhaft gelehrt.

Europa wurde in den vergangenen Jahren von heftigen Krisen erschüt- 30 tert. Der vollzogene Brexit im Januar 2020 und die Coronakrise zwangen die EU dazu, sich abermals zu bewähren. Gibt es denn überhaupt noch Hoffnung für die europäische 35 Idee?

Lucke: Geflüchtetenkrise, Finanzkrise, Brexit, Klimakrise, neuer Nationalismus und Populismus, Corona, all diese Krisen haben die EU vor schwere Her- 40 ausforderungen gestellt oder prüfen sie noch heute und doch steht die EU heute genauso erfolgreich da wie zuvor. Die Frage müsste sein, wie würden die einzelnen Nationalstaaten heute dastehen, 45 wenn sie diese Krisen nicht in der europäischen Familie erlebt hätten, sondern sie alleine hätten stemmen müssen. [...]. Bei allen Defiziten, die es auch in der europäischen Politik gibt, bleibt im Er- 50 gebnis, dass Europa ein unvergleichliches Erfolgsprojekt ist.

Lucke, Karsten: Demokratie ist kein Naturzustand, im Interview mit Philippe Hillenbrand, 28.12.2020

Europahaus
Die Europahäuser sind außerschulische Bildungseinrichtungen oder Organisationen der Zivilgesellschaft, die sich für den europäischen Gedanken und die internationale Völkerverständigung in Europa einsetzen.

M17   Pulse of Europe-Kampagne zur EU-Wahl: Verteidige das Herz Europas

Kampagne der Bürgerinitiative Pulse of Europe zur Europawahl 2019

H zu Aufgabe 2b
Die Fraktionen „Europäische Konservative und Reformer", „Europa der Freiheit und der direkten Demokratie" und „Identität und Demokratie" gelten als die politisch rechten Fraktionen des Europaparlaments.

F zu Aufgabe 5
Stelle einen Bezug zu Inhalten des Interviews mit Karsten Lucke her.

AUFGABEN

1. a) Formuliert Gedanken zu dem Wahlplakat der AfD (**M14**).
    b) Analysiere das Wahlplakat in **M14** (→ **Methode, S. 26**) und beurteile, inwiefern derartige Wahlwerbung rechtspopulistischen Parteien Aufwind geben können. ⟳

2. a) Analysiere die Stimmenanteile rechtspopulistischer Parteien in einzelnen Mitgliedstaaten (**M15A**). ⟳
    b) Analysiere die Entwicklung rechtspopulistischer Parteien im EU-Parlament (**M15B**). ⟳
    c) Beurteile, ob der Rückgang der Stimmenanteile rechtspopulistischer Parteien nach der Europawahl im Jahr 2019 als Sieg für die Demokratie gewertet werden kann (**M15B**).

3. Erkläre den Begriff „Rechtspopulismus" (**#Rechtspopulistische Parteien**).

4. Lest das Interview mit Karsten Lucke aufmerksam durch (**M16**) und erklärt, welche Bedeutung er der Bürgerinitiative „Pulse of Europe" zuschreibt.

5. a) Analysiere die Plakate der Kampagne „Pulse of Europe" und erläutere die Kernaussagen der drei Plakate.
    b) Entwerft eigene Plakate, um für die Idee der EU/die nächste Europawahl zu werben. Bezieht auf euch weitere Werte der EU (**M16**) und stellt diese in den Fokus der Plakate. Hängt diese in der Schule aus (**M17**).

WAS FORDERT DIE EU HERAUS?

DIE GEMEINSAME AUSSEN- UND SICHERHEITSPOLITIK DER EU

←··· M2-M3

Die GASP beschreibt die Zusammenarbeit der Mitgliedstaaten, um international mit einer Stimme zu sprechen. Die außenpolitischen Leitlinien legen einen Schwerpunkt auf die internationale Verständigung sowie auf Konfliktlösung. Vorschläge zur Festlegung gemeinsamer politischer Ziele werden durch Hohe Vertreter der Union, die für die Außen- und Sicherheitspolitik der EU verantwortlich sind, dem Europäischen Parlament vorgestellt. Ebenso wirken der Europäische Rat, der Ministerrat und das politische und sicherheitspolitische Komitee bei der GASP mit.

DER BREXIT

←··· M5-M8

Der Brexit beschreibt den Austritt Großbritanniens aus der Europäischen Union. Im Vertrag von Lissabon ist festgeschrieben, dass jedes Land die Möglichkeit hat, aus der EU auszutreten. Dazu sind bestimmte Fristen und Abläufe einzuhalten. Es wird ein Vertrag zwischen der EU und dem Austrittsland erarbeitet, der Regelungen für die Zeit nach dem Austritt festlegt.

DIE KOPENHAGENER KRITERIEN

←··· M9

Möchte ein Land in die EU aufgenommen werden, muss durch einen Antrag die Bereitschaft signalisiert werden. Einigt sich der Europäische Rat darauf, dem Land den Status „Beitrittskandidat" zu gewähren, werden die Rahmenbedingungen geprüft. Um der EU beitreten zu dürfen, muss das beitrittswillige Land die Kopenhagener Kriterien erfüllen:

- Garantie institutioneller, demokratischer Stabilität
- Verpflichtung zur Schaffung einer funktionsfähigen Marktwirtschaft
- Übernahme aller Rechte und Pflichten, die sich aus der Mitgliedschaft ergeben.

DIE NACHHALTIGE EU

←··· M11-M13

Ziel der Europäischen Union ist es, bis 2050 klimaneutral zu werden. Dazu hat die EU-Kommission mit dem „Green Deal" einen Maßnahmenkatalog zusammengestellt, um eine klimafreundliche Wirtschaft zu realisieren. Der Investitionsplan wird mit mehreren Milliarden Euro gefördert.

RECHTSPOPULISTISCHE PARTEIEN

←··· M14-M17

In der Flüchtlingskrise, während des Brexit oder der Corona-Krise mussten sich Politiker:innen der EU verstärkt mit europakritischen Stimmen auseinandersetzen. Rechtspopulistische oder nationalistische Parteien wurden gewählt und erhalten bei den Bürger:innen Zuspruch.

M1   Die EU muss Vertrauen zurückgewinnen

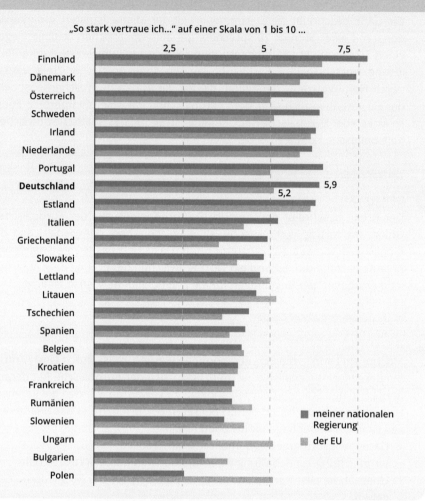

Das Vertrauen in die EU und in die nationale Regierung im Vergleich
Stand: 2020

„So stark vertraue ich…" auf einer Skala von 1 bis 10 …

Länder (von oben nach unten): Finnland, Dänemark, Österreich, Schweden, Irland, Niederlande, Portugal, **Deutschland** (5,2 / 5,9), Estland, Italien, Griechenland, Slowakei, Lettland, Litauen, Tschechien, Spanien, Belgien, Kroatien, Frankreich, Rumänien, Slowenien, Ungarn, Bulgarien, Polen

Legende:
■ meiner nationalen Regierung
■ der EU

Nach: Hans-Böckler Stiftung, Datenquelle: Eurofound 2020

AUFGABEN

1. Fälle ein Spontanurteil zu der Aussage: „Die EU muss Vertrauen zurückge-winnen."

2. Fasse zentrale Aussagen der Umfrage zusammen. ⟳

3. Begründe auf Grundlage des Erlernten aus dem Kapitel, warum in man-chen Ländern das Vertrauen in die EU größer ist und in manchen kleiner.

4. Schreibe ein Essay zu der Thematik „Die EU muss Vertrauen zurückgewin-nen." Achte darauf, das dein Essay eine Einleitung, einen Hauptteil und einen Schluss hat. ⟳

Ⓗ **zu Aufgabe 4**
- Einleitung: Benenne das Thema.
- Hauptteil: Erläutere strukturiert Pro- und Kontra-Argumente
- Schluss: Stelle deine eigene Meinung dar und zeige Lösungsmöglich-keiten auf.

In diesem Kapitel hast du dich mit dem Integrationsprozess der Europäischen Union beschäftigt. Du hast gelernt, welche Rolle die EU in deinem Alltag spielt und wie du dich an politischen Entscheidungsprozessen beteiligen kannst. Schließlich hast du dich mit der Funktionsweise des politischen Systems der EU auseinandergesetzt und analysiert, vor welchen Herausforderungen die EU steht. Hier kannst du überprüfen, was du kannst und was du noch üben musst.

Ich kann ...	Das klappt schon ...	Hier kann ich noch üben ...
... erklären, wo mir die EU im täglichen Leben begegnet.	👍 ✋ 👎	Kap. 4.1: M1-M3, Grundwissen
... den europäischen Integrationsprozess beschreiben.	👍 ✋ 👎	Kap. 4.1: M4-M10, Grundwissen
... Solidarität und Kompromissbereitschaft als Prinzipien der EU erläutern.	👍 ✋ 👎	Kap. 4.1: M11-M14, Grundwissen
... Aufgaben von politischen Institutionen der EU und deren Zusammenspiel darstellen.	👍 ✋ 👎	Kap. 4.2: M2, Grundwissen
... die Entstehung eines europäischen Gesetzes erklären.	👍 ✋ 👎	Kap. 4.2: M9-M11
... den Ablauf und Rahmenbedingungen der Europawahl beschreiben.	👍 ✋ 👎	Kap. 4.2: M4, M5
... die Machtverhältnisse im Europäischen Rat diskutieren.	👍 ✋ 👎	Kap. 4.2: M14, M15, Grundwissen
... Partizipationsmöglichkeiten von Bürgerinnen und Bürgern beschreiben.	👍 ✋ 👎	Kap. 4.2: M16-M18, Grundwissen
... die Vorzüge und Schattenseiten des EU-Binnenmarktes darstellen.	👍 ✋ 👎	Kap. 4.3: M1-M9, Grundwissen
... die Grundzüge der Europäischen Wirtschaftsunion beschreiben.	👍 ✋ 👎	Kap. 4.4: M1-M3, Grundwissen
... die Aufgaben der Europäischen Zentralbank erklären.	👍 ✋ 👎	Kap. 4.4: M7-M10, Grundwissen
.... die Bedeutung einer europäischen Identität für die Entwicklungen und Herausforderungen der EU beurteilen.	👍 ✋ 👎	Kap. 4.5: M8-M17, Grundwissen

Panzer und Kriegsflugzeuge im Einsatz

Hilfsgüter werden an Bedürftige verteilt.

Der russische Präsident Putin spricht mit dem französischen Präsidenten Macron.

Wie kann Frieden erreicht werden?

Austauschschülerinnen und Austauschschüler posieren zusammen für ein Foto.

Der Sicherheitsrat der Vereinten Nationen (UN) tagt.

Menschen demonstrieren für Frieden.

Was weißt du schon?

1. Was ist aus eurer Sicht die größte Bedrohung für den Frieden auf der Welt? Erstellt eine (digitale) Wortwolke in der Klasse.
2. Diskutiert eure Antworten.
3. Sammelt anhand der Fotos Ideen, wie Frieden geschaffen werden kann.

#Krieg und Frieden: Herausforderungen für die Sicherheit im 21. Jahrhundert

Die Welt wandelt sich schneller als je zuvor. Bedrohungen des Friedens nehmen neue Formen an. Konflikte entflammen und Bemühungen werden gestartet, sie wieder beizulegen. Schnell wirken sich Krisen an einem bestimmten Ort auf den Rest der Welt aus. Frieden ist keine Selbstverständlichkeit, sondern muss geschaffen und bewahrt werden. Bleibt eine friedliche Welt nur eine Wunschvorstellung?

Was lernst du in diesem Kapitel?

... Zustände von Krieg, Frieden und menschlicher Sicherheit zu erläutern.
... globale Sicherheitsrisiken zu beschreiben.
... die besondere Rolle der jungen Generation für den Frieden herauszustellen.
... Szenarien einer sich wandelnden Weltordnung zu beurteilen.
... einen aktuellen Konflikt zu analysieren.
... Maßnahmen zur Konfliktlösung zu beurteilen.

Wir erstellen eine digitale Wandzeitung zu internationaler Konfliktlösung ⌐MK⌐

Worum geht es?

Analysiert in Kleingruppen einen aktuellen oder einen bereits beigelegten internationalen Konflikt. Schaut euch dabei insbesondere die Möglichkeiten zur Lösung des Konfliktes an. Stellt eure Ergebnisse in einer digitalen Wandzeitung zusammen und präsentiert sie in eurer Klasse und/oder der Schulöffentlichkeit, z. B. anlässlich des Tags der offenen Tür oder eines Projekttages.

Geht dabei so vor:

Start

1 Recherchiert aktuelle Konflikte auf der Welt. Wählt in Kleingruppen einen konkreten Konflikt aus, über den ihr euch genauer informieren möchtet (→ Kap. 5.1: M2, M3).

4 Informiert euch in eurer Gruppe gegenseitig über die Ergebnisse zu den einzelnen Schritten der Konfliktanalyse. Klärt mit eurer Lehrkraft, ob ihr genügend und zuverlässige Informationen gewonnen habt, und lasst euch bei Verständnisschwierigkeiten von ihr weiterhelfen.

2 Sammelt Informationen (Texte, Bilder, Karten, Statistiken, Nachrichtenbeiträge etc.) über den Konflikt im Internet und in Tageszeitungen oder Zeitschriften. Arbeitet heraus, um welche Konfliktart es sich handelt und welche Ursachen zugrunde liegen (→ Kap. 5.1: M2a, M6). Wichtig: Achtet auf das Datum der Veröffentlichung und auf eine seriöse Quellenauswahl. Bei privaten Social-Media-Seiten und Videos als Quelle ist Vorsicht geboten!

3 Sichtet die gesammelten Informationen und prüft sie anhand der Teilschritte 1-3 einer „Konfliktanalyse" (→ Methode, S. 217). Prüft, welche Informationen euch noch fehlen und recherchiert diese arbeitsteilig.

5 Stellt als letzten Punkt gemeinsam heraus, ob und wie der Konflikt gelöst werden kann. Beurteilt die verschiedenen Optionen zur Konfliktlösung anhand der Konzepte negativer/positiver Frieden sowie Sicherheit/menschliche Sicherheit (→ Kap. 5.1: M2b, M4, M8, M10, Kap. 5.2: M7, M8).

6 Verfasst zusätzlich Empfehlungen an die Konfliktparteien, wie ein erneuter Konflikt in der Zukunft am besten verhindert werden kann (→ Kap. 5.1: M7).

7 Überlegt euch, wie ihr die Informationen digital aufbereiten möchtet, um sie ausstellen und präsentieren zu können. Es kommen hier z. B. eine digitale Präsentation oder Pinnwand infrage. Ein oder mehrere analoge Plakate zu erstellen, ist natürlich auch in Ordnung.
Wichtig: Entwickelt einen passenden Titel und eine klare Gliederung mit Untertiteln.

Hilfreiche Links zu Schritt 7 und 8

70079-104

8

Ziel

Erstellt abschließend noch ein Quiz zu eurem Konflikt oder verfasst einige Fragen für eine Diskussion, um euer Publikum mit einzubinden.

5.1 Frieden und Sicherheit: als Ziel erreichbar?

▶ Wann ist Krieg, wann herrscht Frieden?

In der Welt wächst die Anzahl gewalttätiger Konflikte und Kriege. Zahlreiche Länder greifen zum Mittel der Aufrüstung, wie zuletzt im 20. Jahrhundert. Angesichts einer Vielzahl von Bedrohungen wünschen sich die Menschen nichts sehnlicher als Frieden. Aber wie werden Krieg und Frieden definiert und wo auf der Welt findet man was?

M1   Zitate zu Krieg und Frieden

1 Krieg ist manchmal gerechtfertigt!

2 Wir sind eine gewaltfreie Schule!

3 Jeder will Frieden!

4 Krieg sollte immer die letzte Lösung sein!

5 Kriege lassen sich auch konfliktfrei lösen!

6 In meiner Heimat herrscht Frieden!

7 Wenn man sich gewaltbereit zeigt, braucht man keinen Krieg!

8 Jeder sucht seinen inneren Frieden!

Bearbeiter

M2   Wie werden Krieg und Frieden definiert? ○

a) Wann herrscht Krieg?

Unter Krieg wird der Versuch von Staaten, staatsähnlichen Gebilden oder gesellschaftlichen Gruppen verstanden, ihre politischen, wirtschaftlichen oder
5 weltanschaulichen Ziele mittels militärischer Gewalt durchsetzen. Zwei Merkmale müssen gemeinhin zutreffen, wenn man von Krieg sprechen will. Erstens, in einem Krieg müssen reguläre
10 und zentral gesteuerte Streitkräfte beteiligt sein. Zweitens darf es sich nicht um spontane Zusammenstöße, sondern um dauerhafte Aktivitäten unter stra-
tegischer Leitung handeln. Die Art der Kriege hat sich in den letzten Jahrzehn- 15 ten gewandelt. Sogenannte „neue Kriege" finden nicht mehr zwischen Staaten statt, sondern sind innerstaatliche gewaltsame Konflikte. Dabei geht es z. B. um die Kontrolle von Ressourcen und 20 Macht. (Internationale) Terrornetzwerke nutzen beispielsweise Gewaltakte mitten in der Gesellschaft, um die staatliche Ordnung oder ethnische Gruppen zu bekämpfen. 25

Bearbeiter

b) Wann herrscht Frieden?

Es gibt viele Definitionen von Frieden. Der norwegische Wissenschaftler Johan Galtung unterscheidet zwischen positivem und negativem Frieden. Negati-
5 ver Frieden bedeutet, dass kein Krieg,
kein gewaltsamer Konflikt herrscht. Positiver Frieden geht noch ein Stück weiter. Zur Abwesenheit von Krieg oder gewaltsamen Konflikten müssen zusätzlich Gleichheit und Gerechtigkeit herr- 10

Informationen zu aktuellen Auseinandersetzungen

70079-105

schen und eine positive Entwicklung dieser gesellschaftlichen Kriterien vorliegen. Kennzeichnend für positiven Frieden ist somit die Verwirklichung von sozialer Gerechtigkeit auf hohem Niveau und ein Minimum an Gewalt. Nach Galtungs Verständnis ist Frieden erst dann erreicht, wenn Häuser und Infrastruktur wieder aufgebaut und Strukturen entwickelt sind, die zu mehr sozialer Gerechtigkeit und Entwicklung für alle Menschen in den betroffenen Ländern führen.

Bearbeiter

M3 Krisenherde im Jahr 2022

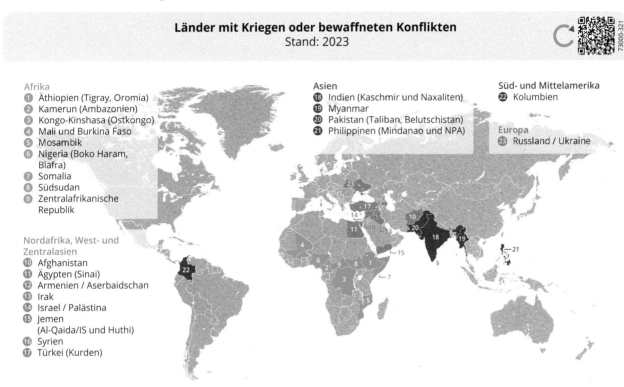

Länder mit Kriegen oder bewaffneten Konflikten
Stand: 2023

Afrika
1. Äthiopien (Tigray, Oromia)
2. Kamerun (Ambazonien)
3. Kongo-Kinshasa (Ostkongo)
4. Mali und Burkina Faso
5. Mosambik
6. Nigeria (Boko Haram, Biafra)
7. Somalia
8. Südsudan
9. Zentralafrikanische Republik

Nordafrika, West- und Zentralasien
10. Afghanistan
11. Ägypten (Sinai)
12. Armenien / Aserbaidschan
13. Irak
14. Israel / Palästina
15. Jemen (Al-Qaida/IS und Huthi)
16. Syrien
17. Türkei (Kurden)

Asien
18. Indien (Kaschmir und Naxaliten)
19. Myanmar
20. Pakistan (Taliban, Belutschistan)
21. Philippinen (Mindanao und NPA)

Süd- und Mittelamerika
22. Kolumbien

Europa
23. Russland / Ukraine

© C.C. Buchner Verlag, aktuelle Daten nach: Arbeitsgemeinschaft Kriegsursachenforschung Hamburg (Datenerhebung: 2022; Grafikerstellung: 2023)

M4 Wie kann Frieden weitergedacht werden?

Das Konzept der menschlichen Sicherheit (engl. Human Security) ist ein von den Vereinten Nationen (UN) verbreitetes Konzept, das den Begriff „Sicherheit" stärker mit den Menschenrechten verknüpft. Es stehen nicht Staaten oder andere Konfliktparteien im Vordergrund, sondern Individuen und ihre Gemeinschaften, welche sich in Notsituationen befinden und zu schützen sind. Neben dem Schutz vor direkten (körperlichen) und indirekten (z.B. wirtschaftlichen) Bedrohungen sollen jene gleichzeitig in ihren Rechten und Fähigkeiten gestärkt werden (engl. Empowerment). Diese Stärkung der Rechte und Fähigkeiten kann insbesondere durch Bildung erfolgen.

Folgende Schutzsituationen können laut UN unterschieden werden:

... in Flucht- und Verfolgungssituationen, z. B. wegen Armut, Krieg oder Menschenrechtsverletzungen

... in gewaltsamen Konflikten. Dies schließt auch die Verbreitung von Waffen ein.

... in Nachkriegssituationen, einschließlich des Prozesses des Wiederaufbau der von Krieg zerstörten Regionen und Gesellschaften. Dies schließt auch den gesellschaftlichen Aussöhnungsprozess mit ein.

Menschliche Sicherheit: Schutz und Empowerment von Menschen und Gemeinschaften ...

... durch die Schaffung einer intakten Umwelt, z. B. Zugang zu und nachhaltige Nutzung von natürlichen Ressourcen wie Wasser, Luft, Boden sowie Vorsorge vor Naturkatastrophen. Außerdem der Zugang zu Bildungsangeboten.

... bei nicht ausreichender Gesundheitsvorsorge. Dabei soll z. B. der Zugang zu medizinischer Grundversorgung gefördert werden. Außerdem sollen verbreitete Infektions- und andere Krankheiten bekämpft werden.

... die in Armut leben, z. B. aufgrund fehlender gesetzlicher Mindeststandards und sozialer Sicherung.

Basierend auf: Compasito. Handbuch zur Menschenrechtsbildung mit Kindern. Bonn: Bundeszentrale für politische Bildung 2009, S. 256

AUFGABEN

H zu Aufgabe 2
Regionale Schwerpunkte: In welchen Regionen/Kontinenten gibt es besonders viele Konflikte?

F zu Aufgabe 2
Beschreibe mithilfe der Informationen hinter dem QR-Code bei **M2** verschiedene Konflikte in der Welt: Wo findet der Konflikt statt? Wer ist daran beteiligt? Worum geht es den Beteiligten?

1. a) Erkläre die Zitate in **M1**.
   b) Diskutiert dann darüber in der Klasse.
   c) Denke dir mit deiner Sitznachbarin/deinem Sitznachbarn eigene Zitate aus und stellt sie in der Klasse vor.

2. a) Gib in eigenen Worten wieder, was unter „Krieg" verstanden wird (**M2a**).
   b) Erkläre den Unterschied zwischen „negativem" und „positivem" Frieden (**M2b**). ⟲

3. Arbeite anhand von **M3** regionale Schwerpunkte von Kriegen und Konflikten heraus.

4. a) Nenne die Merkmale von „menschlicher Sicherheit" (**M4**).
   b) Stelle in einer Tabelle „menschliche Sicherheit" und „Frieden" nach Galtung gegenüber (**M2b**, **M4**).
   c) Kann dich ein Konzept mehr überzeugen? Nimm Stellung zu dieser Frage.

5. Krieg oder Frieden: Beurteile die Situation in Deutschland und in Europa (**M2**, **M3**).

▶ Was sind Kriegsursachen und wie kann Frieden erreicht werden?

In vielen Regionen der Welt herrschen Kriege oder Konflikte. Was sind die Gründe für diese Auseinandersetzungen? Ist der Mensch von sich aus kriegerisch oder friedlich? Und welche Möglichkeiten gibt es, um Kriegen vorzubeugen?

M5   Der Mensch – ein friedliches Wesen?

„Der Mensch ist ein Wolf für den Menschen."

Thomas Hobbes

Hobbes, Thomas: Grundzüge der Philosophie. Zweiter und dritter Teil: Lehre vom Menschen und vom Bürger. Übersetzt und herausgegeben von Max Frischeisen-Köhler. Leipzig: Verlag von Felix Meiner 1918, S. 63

„Wenn wir wahren Frieden in der Welt erlangen wollen, müssen wir bei den Kindern anfangen."

Mahatma Gandhi

Zitat von Mahatma Gandhi. In: www.gutezitate.com, Abruf am 26.06.2023

M6   Ursachen von Konflikten und Kriegen

A **Ideologie**, z. B. konkurrierende Werte und Weltanschauungen, politisches System (Demokratie oder Diktatur)

B **Natürliche Ressourcen**, z. B. Streit um Bodenschätze, fruchtbares Land, Zugang zu Wasser

C **Religion**, z. B. Durchsetzung religiöser Vorstellungen teilweise auch durch Gewalt („Religionskriege")

D **Grenzen**, z. B. Nichtanerkennung von Staatsgrenzen und -gebieten

F **Zugehörigkeit**, z. B. zu konkurrierenden Ethnien (Volksgruppen)

E **Äußere Bedrohung**, z. B. Aufrüstung und militärische Drohungen zwischen Nachbarstaaten

H **Benachteiligung**, z. B. Diskriminierung oder Unterdrückung von Bevölkerungsgruppen

G **Innenpolitische Probleme**, z. B. Ablenkung von Missständen im Inland durch aggressive Außenpolitik

I **Vormachtstellung**, z. B. Kampf um die regionale oder globale Führungsrolle eines Staates

Bearbeiter

M7   Politische und zivile Strategien für einen dauerhaften Frieden

Gewaltprävention	Konfliktberatung/ -Schlichtung	Konfliktnachsorge
Bildungs- und Wirtschaftsförderung	Verhängung von Sanktionen (Strafmaßnahmen), z. B. durch UN	Friedenserziehung, z. B. durch Kirchen
Friedensdienste und -missionen	Humanitäre Hilfe, z. B. Deutsches Rotes Kreuz, UNHCR	Umfassende rechtliche Regelungen
Diplomatische Vermittlung zwischen Konfliktparteien	Beseitigung von Kriegsfolgen	Internationale Zusammenarbeit, z. B. Wirtschafsabkommen
Werte der Demokratie im Volk aufbauen, z. B. durch Schulen	Unterwerfung unter ein Schiedsgericht	Verständidungs- und Versöhnungsarbeit

*Kaibel, Marcel/Zettl, Kerstin/Ringe, Johanna/Özkan, Ewin: Was kann man gegen die Gewalt tun?
In: Mach's klar. Politik einfach erklärt. Konflikte, Krisen, Kriege ... keine Chance für den Frieden?
02/2015. Landeszentrale für politische Bildung Baden-Württemberg, S. 3*

M8   Friedensbildung bei Kindern

[D]ie Bildung des Kindes [muss] darauf gerichtet sein [...], das Kinde auf ein verantwortungsbewusstes Leben in einer freien Gesellschaft im Geist der Ver-
5 ständigung, des Friedens, der Toleranz, der Gleichberechtigung der Geschlechter und der Freundschaft zwischen allen Völkern und ethnischen, nationalen und religiösen Gruppen sowie Ureinwohnern vorzubereiten. 10

UN-Kinderrechtskonvention, Art. 29d

AUFGABEN

1. Beschreibe die Zitate Gandhis und Hobbes' mit eigenen Worten (**M5**).
   - Wo sieht Hobbes die Entstehung von Krieg?
   - Welche Möglichkeit der Friedensbildung unterstützt Ghandi?
2. Erläutere Gründe und Ursachen für Konflikte und Kriege (**M6**). ◌
3. a) Benenne verschiedene Strategien für einen dauerhaften Frieden (**M7**).
   b) Begründe, mit welchen Strategien (**M7**) welche Ursachen von Kriegen (**M6**) bekämpft werden können.
4. Beurteile, ob es durch Friedensbildung bei Kindern in Zukunft weniger Gewalt und Kriege geben könnte (**M8**).

F **zu Aufgabe 4**
Entwickelt Ideen, wie Kinder am besten lernen können, Konflikte ohne Gewalt zu lösen.

▶ Unsichere, ungleiche Welt: Können Staaten uns noch beschützen?

In der Corona-Pandemie ab dem Jahr 2020 kamen Staaten an ihre Grenzen als sie ihre eigene Bevölkerung schützen sollten. Die Schwächsten in der Bevölkerung sind meist zugleich die am stärksten Betroffenen. Gleichzeitig sind globale Krisen wie die Pandemie auch eine sicherheitspolitische Herausforderung.

M9   Corona und andere Sicherheitsrisiken

Karikatur: Burkhard Mohr, 2022

 SICHERHEITSPOLITIK

Sicherheitspolitik bezieht sich auf die Maßnahmen und Strategien, die von Regierungen und internationalen Organisationen ergriffen werden, um die Sicherheit ihres Landes oder einer bestimmten Region zu gewährleisten. Es geht darum, Bedrohungen zu identifizieren, Risiken zu minimieren und die Stabilität und das Wohlergehen der Menschen zu schützen. Sicherheit hat für die Staaten der Welt im 21. Jahrhundert eine neue Bedeutung bekommen. Es geht immer weniger um die Bedrohung durch andere Staaten. Stattdessen steht der Schutz der inneren Ordnung an vorderer Stelle.

M10 Was sind Herausforderungen für die Sicherheitspolitik?

A **Fundamentalismus/Terrorismus**

Konflikte zwischen ethnischen oder religiösen Gruppen, bei denen es um die (gewaltsame) Durchsetzung bestimmter Weltanschauungen und Gesellschaftsordnungen geht

B **Ressourcenverknappung**

Streit um immer knapper werdende und überlebenswichtige Güter wie Wasser und Land, zunehmend auch Rohstoffvorkommen (z. B. in der Arktis)

C **Hunger und Armut**

Naturkatastrophen, Klimawandel, politisches Versagen und Gewalt führen immer wieder dazu, dass Bevölkerungsteile oder ganze Gesellschaften in Not geraten. Zunehmende Migration ist eine Folge davon.

D **Organisierte Kriminalität**

Internationale kriminelle oder terroristische Netzwerke sind nicht an Staatsgrenzen gebunden, fordern die Staatsgewalt heraus und gefährden die innere Sicherheit.

E **Cyber War**

Gesellschaften sind zunehmend digital organisiert und vernetzt. Über das Internet lassen sich kritische Infrastrukturen oder militärische Kommandostrukturen des Gegners stören oder ganz ausschalten.

F **Massenvernichtungswaffen**

In der Hand von Terroristen oder despotischen Staaten sind sie ein schwer zu kontrollierendes Sicherheitsrisiko.

despotischer Staat
Es beschreibt einen Staat, in dem das Staatsoberhaupt uneigeschränkte Macht hat und diese mit Gewalt und Willkür ausübt.

G **Instrumentalisierung der digitalen Medien**

Die Vereinnahmung der eigenen wie der gegnerischen Medien ist wichtiger Bestandteil der Kriegsführung. Die Digitalisierung der Medien führt zu einer undurchschaubaren Flut von Informationen, Meinungen und Falschmeldungen.

Basierend auf: Von Bredow, Wilfried (2006): Neue Herausforderungen. In: Sicherheitspolitik im 21. Jahrhundert. Informationen zur politischen Bildung 291, S. 7 f.

M11 Fallbeispiel: Die Corona-Pandemie und Sicherheitspolitik

Die Corona-Pandemie hat seit dem Frühjahr 2020 weltweit mehrere Millionen Todesopfer gefordert und viele Staaten in wirtschaftliche Krisen
5 gestürzt. Der UN-Generalsekretär bezeichnete die Pandemie als die größte Bewährungsprobe für die Welt seit dem Zweiten Weltkrieg. Ein Sonderbericht der Münchener Sicherheitskonferenz von Ende 2020 erklärt die sicherheits-10 relevanten Folgen der Pandemie. Einige Folgen sind:

A **Armut steigt:**

- Millionen von Menschen werden arbeitslos und geraten in Existenznot.
- Die Zahl der Hungernden nimmt wieder deutlich zu.
- Arme Staaten sind in der Pandemiebekämpfung überfordert und auf sich allein gestellt.

B **Zunahme von Gewalt:**

- Durch Corona neu entstandene Konflikte oder durch Corona wieder aufgeflammte Konflikte fordern eine große Zahl an menschlichen Opfern.
- Im Internet häufen sich extremistische und gewalttätige Inhalte, gerade in Regionen mit Ausgangsbeschränkungen.
- Populismus und Nationalismus sind in den meisten Staaten auf dem Vormarsch und setzen Demokratien unter Druck, teils mit Straßengewalt.
- Staaten setzen schneller Gewalt gegen die Bevölkerung ein, um Demonstrationen aufzulösen und Lockdowns durchzusetzen.

C **Weniger Bildung:**

- Viele Schulschließungen und Unterrichtsausfall weltweit
- Gefahr vieler frühzeitiger Schulabbrüche besonders in Entwicklungsländern

Basierend auf: Eisentraut, Sophie/Miehe, Luca/Hartmann, Laura/Kabus, Juliane: Die Polypandemie in Zahlen. In: „Polypandemie: Sonderausgabe des Munich Security Report". München: Münchner Sicherheitskonferenz November 2020, S. 12 f.

AUFGABEN

1. Analysiere die Karikatur in **M9** (→ **Methodenglossar**). ⟳
2. Stelle heraus, wodurch bzw. durch welche Akteure die Sicherheit von Staaten im 21. Jahrhundert gefährdet wird (**M9**, **M10**).
3. Analysiere die Ergebnisse der Münchener Sicherheitskonferenz (**M11**):
   a) Nenne Herausforderungen, welche die Corona-Pandemie für die Sicherheit von Staaten und ihrer Bevölkerungen birgt.
   b) Erkläre, warum die Pandemie ein unterschiedlich großes Sicherheitsproblem, je nach Staat, ist.
4. Nimm aus deutscher Sicht Stellung zur aktuellen Sicherheitslage (**M9**-**M11**).

H zu Aufgabe 1
Benenne zuerst die dargestellten Gefahren und die Person.

▶ Kann eine andere Weltordnung für mehr Sicherheit sorgen?

Spätestens mit dem russischen Angriffskrieg gegen die Ukraine ist klar: Die europäische Friedens- und Sicherheitsordnung muss neu gedacht werden. Russland beansprucht einen anderen Platz in der Weltordnung.

M12   Die Weltordnung im 21. Jahrhundert

Karikatur: Burkhard Mohr, 2022

 # WELTORDNUNG

Die Weltordnung wird von der Vormacht eines oder weniger Staaten bestimmt (Weltmächte). Sehr mächtige Staaten können in weiten Teilen der Welt direkt (z. B. politisch, militärisch) oder indirekt (z. B. über Handelsbeziehungen) Einfluss ausüben. In den letzten drei Jahrzehnten hat sich die Machtstruktur zwischen den Staaten gewandelt. Nach dem Ende des Kalten Krieges ist die alte Weltordnung, bei der sich die USA und die Sowjetunion als die beiden unbestrittenen atomaren Supermächte gegenüberstanden, in eine von den USA dominierte Weltordnung übergegangen. Das Aufstreben neuer Mächte wie China, Indien oder Brasilien sowie die Großmachtbestrebungen Russlands fordern die USA zunehmend in ihrer Führungsrolle heraus.

M13   Wirtschaftliche und militärische Macht ⟳

Der Einfluss und die Macht eines Staates werden oft an seiner wirtschaftlichen und militärischen Stärke gemessen.

a) Die wirtschaftsstärksten Staaten (inkl. EU) 2023

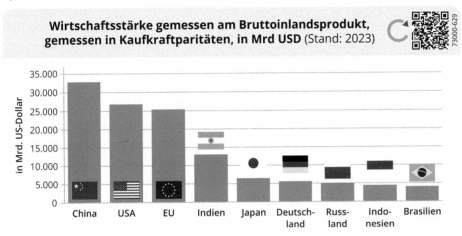

©*C.C. Buchner Verlag, aktuelle Daten nach: IMF (Datenerhebung: 2023; Grafikerstellung: 2023)*

b) Die Staaten mit den höchsten Verteidigungsausgaben 2021

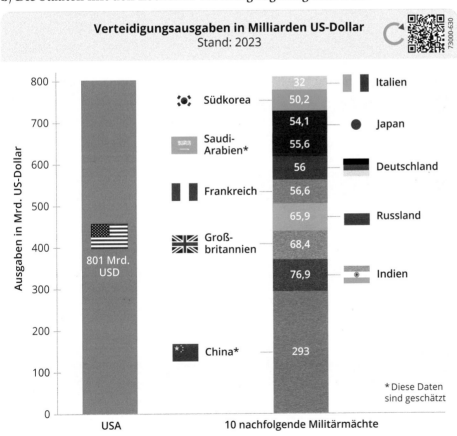

Die folgenden Länder in der Grafik besitzen Atomwaffen:
USA, Großbritannien, Frankreich, Russland, Indien, China

©*C.C. Buchner Verlag, aktuelle Daten nach: SIPRI Yearbook (Datenerhebung: 2021; Grafikerstellung: 2023)*

M14   Weltmächte von morgen?

Die Weltführungsrolle der USA ist in den letzten Jahren in Wanken geraten und Mächte wie Russland und China machen ihren Anspruch auf eine Führungsposition geltend. Die USA, China und Russland sind Großmächte, die sowohl militärisch, als auch wirtschaftlich viel Macht besitzen. Europäische Staaten sind oft zu klein, um alleine eine führende Rolle in der Weltordnung einzunehmen. Der Zusammenschluss in der Europäische Union ermöglicht den europäischen Staaten jedoch eine wichtige Rolle in der Weltpolitik. Wie wird sich die Weltordnung in den nächsten Jahren entwickeln?

A Europa kann mehr Verantwortung übernehmen

Ausgangssituation

Während die USA, Russland und China klassische Großmachtpolitik betreiben, ist die Europäische Union zurzeit vor allem mit sich selbst beschäftigt. (5)

Die Corona-Pandemie, das Brexit-Chaos, erstarkender Populismus und Nationalismus, die Migrationskrise an den EU-Außengrenzen – all dies (10) schwächt die globale Stellung der Europäischen Union. Im russischen Angriffskrieg gegen die Ukraine muss sie ihre Handlungsfähigkeit beweisen.

Die EU-Flagge in Brüssel

Handlungsmöglichkeiten (15)

Militärisch hat die Europäische Union den (militärischen) Großmächten USA, China oder Russland nur wenig entgegenzusetzen. Politisch (besonders außenpolitisch) spricht die Europäische Union nur selten mit einer (20) Stimme.

Wirtschaftlich ist sie neben den USA und China wegen ihres gemeinsamen Marktes aber eine Supermacht. (25)

Ordnungsvorstellungen für die Welt

Die Europäischen Union kann z. B. ihre wirtschaftliche Stärke nutzen und über ihre Handelsbeziehungen (30) demokratische Werte verbreiten, den Respekt der Menschenrechte einfordern und für bessere Lebensverhältnisse in den ärmeren Partnerstaaten sorgen. (35)

B USA könnten führende Weltmacht bleiben

Ausgangssituation

Unter Präsident Trump haben die USA ihre Rolle als Garant einer westlich-demokratisch geprägten Weltordnung aufgegeben. Die hohen Kosten, (5) diese Weltordnung aufrechtzuerhalten und die langen Kriege im Irak und in Afghanistan haben die USA kriegsmüde gemacht. Sie konzentrieren sich nun stärker auf ihr nationales Eigeninteresse. Die Krisen der letzten Jahre (10) haben die Gesellschaft stark gespalten. Darunter leiden auch die Politik und die Wirtschaft des Landes.

Handlungsmöglichkeiten

15 Die USA sind die älteste Demokratie der Welt und die wohl stärkste Militär- und Wirtschaftsmacht in der Weltgeschichte. Wenn die USA unter 20 dem aktuellen Präsidenten Biden die Weltführungsrolle wieder einnehmen möchten, dann können sie dies erreichen.

Die Flagge der USA vor dem Kapitol in Washington D.C.

Ordnungsvorstellungen für die Welt

25 Seit dem Zweiten Weltkrieg hat der Westen unter amerikanischer Führung die Ideen einer liberalen Weltordnung vorangetrieben. Krisen gab es auch schon früher. Im Zentrum 30 stehen der Schutz der Menschenrechte, Demokratie und Freihandel. Die Frage ist, ob die USA die Konkurrenz durch eine andere aufstrebende Weltmacht einfach hinnehmen würden. 35

C Eine chinesische Weltordnung

Ausgangssituation

Chinas militärische und wirtschaftliche Macht wächst. Die Corona-Pandemie wurde scheinbar wirtschaft-5 lich besser überstanden als anderswo. Nach innen scheint das autokratisch-kommunistische System unter Xi Jinping gefestigt. Gleichzeitig profitiert China von der Globalisierung.

Die chinesische Flagge auf dem Platz des Himmlischen Friedens in Peking

Handlungsmöglichkeiten

10 Chinas Anspruch wird nirgendwo deutlicher als im Südchinesischen Meer. Die Volksrepublik versucht nicht nur die USA aus der Regi-15 on zu drängen, sondern auch seinen Nachbarstaat Taiwan sowie wichtige Schifffahrtsrouten und Rohstoffvorkommen unter seine Kontrolle zu bringen. Im militärischen Vergleich 20 mit den USA ist es aber noch unterlegen.

In Afrika zeigt sich die Handelsmacht China als zuverlässiger Wirtschaftspartner und Investor. Geschätzt wird dort, dass es sich aus innenpolitischen 25 Angelegenheiten heraushält.

Ordnungsvorstellungen für die Welt

China scheint an einer Weltordnung interessiert zu sein, in welcher je 30 nach Interessensphäre miteinander verhandelt wird. Die Einhaltung von Menschenrechten und Demokratie sind dabei keine Voraussetzungen für die Bildung von Partnerschaften. 35

D Russland: Rückkehr zur Weltmacht?

Ausgangssituation

Russland zeigt sich unter Präsident Putin zunehmend als autokratischer Staat mit einer mächtigen und reichen Elite. Meinungsfreiheit und Andersdenkende werden unterdrückt und strafrechtlich verfolgt.

Die Beziehungen der USA und der EU zu Russland sind seit Beginn der militärischen Auseinandersetzungen in der Ukraine 2014 in einer Krise. Seit dem Start des russischen Angriffskrieges gegen die gesamte Ukraine im Frühjahr 2022 stehen sie sich feindlich gegenüber. Die politische und militärische Einmischung in den Nachbarstaaten ist für Russland Teil seiner Großmachtpolitik.

Die russische Flagge vor dem Kreml in Moskau

Handlungsmöglichkeiten

Russlands militärisches und wirtschaftliches Fundament ist für eine Weltmachtstellung eher zu schwach. Die Sanktionen der westlichen Staaten sorgen für eine weitere Schwächung. Russland wird weiterhin versuchen, seinen Einflussbereich zu vergrößern und strategische Partnerschaften zu bilden, z. B. mit China.

Ordnungsvorstellungen für die Welt

Auch Russland arbeitet für eine Alternative zur westlich-demokratisch geprägten Weltordnung, die aus mehreren Machtzentren besteht. Ähnlich wie bei den chinesischen Ordnungsvorstellungen spielt auch hier die Einhaltung von Menschenrechten und Demokratie keine große Rolle.

Bearbeiter

---

autokratischer Staat
Dies bezeichnet einen Staat, in dem alle Staatsgewalt in den Händen einer Person liegt.

H **zu Aufgabe 1**
Benenne zuerst die dargestellten Personen bzw. Länder und Organisationen.

H **zu Aufgabe 3**
Unterscheidet dabei Idee und Wirklichkeit der Weltmachtansprüche.

AUFGABEN

1. Analysiere die Karikatur in **M12** (→ **Methodenglossar**) mit einem besonderen Fokus auf das Thema „Weltordnung". ⟳

2. Vergleiche die heute bestehenden Machtverhältnisse auf der Welt (**M13**, **#Weltordnung**).

3. a) Analysiert in Kleingruppen die Möglichkeiten der mächtigen Staaten USA, China, Russland sowie der EU, Einfluss auf die Weltordnung zu nehmen (**M14**).

   b) Stellt heraus, welche „Spielregeln" ihr in der Weltordnung für wichtig haltet. Nehmt dabei auch zur möglichen Rolle Deutschlands innerhalb der Weltordnung Stellung.

4. Positioniert euch mithilfe der 4-Ecken-Methode zu der Frage, welche Ordnungsvorstellungen (**M14**) sich durchsetzten werden, und diskutiert anschließend eure Positionen.

WIE KÖNNEN FRIEDEN UND SICHERHEIT ERREICHT WERDEN?

 KRIEG UND FRIEDEN

←·· M1-M3

Unter Krieg wird ein Zustand verstanden, bei dem eine Konfliktpartei versucht, ihre Interessen mit Gewalt gegen eine andere Konfliktpartei durchzusetzen. Dafür müssen reguläre Streitkräfte eines Landes beteiligt sein und der Zustand über längere Zeit andauern. Frieden kann einerseits verstanden werden als Abwesenheit von offener Gewaltanwendung (negativer Frieden). Ein anderes Verständnis von Frieden beinhaltet die Abwesenheit von Gewalt und zusätzlich die Einhaltung von Menschenrechten und ein freiwilliges Zusammenleben in einer staatlichen Ordnung, ohne dass Zwang ausgeübt wird (positiver Frieden).

 MENSCHLICHE SICHERHEIT

←·· M4

Menschliche Sicherheit (Human Security) ist eine von den Vereinten Nationen geprägte Sichtweise auf Frieden, wobei die Bedürfnisse und Nöte von Menschen und Gemeinschaften in Kriegs- und Gewaltsituationen genauer betrachtet werden. Menschen und Gemeinschaften sollen geschützt und gleichzeitig gestärkt (Empowerment) werden.

 SICHERHEITSPOLITIK

←·· M9-M11

Staaten haben die Verpflichtung, ihre Bevölkerungen vor Gefahren und Gewalt zu schützen. Die Sicherheitsrisiken der Staaten haben sich in den letzten Jahrzehnten jedoch stark verändert. Gefahr droht immer weniger durch Kriege zwischen den Staaten, sondern mehr durch Gefahren im Inneren (z. B. Aufstände, Bürgerkriege) sowie durch internationale Terrornetzwerke. Auch über das Internet können weitreichende Angriffe auf die Infrastruktur von Staaten ausgeübt werden (Cyber War). Hinzu kommen die sich immer deutlicher abzeichnenden Umwelt- und Klimakrisen. Die Corona-Pandemie hat zudem gezeigt, dass die neuen Gefahren nicht mehr an Staatsgrenzen Halt machen.

**WELTORDNUNG**

←·· M12-M14

In der Weltordnung dominieren nur einige Staaten, welche große wirtschaftliche und militärische Mittel haben. Sie können weltweiten Einfluss ausüben und Bündnisse schmieden. Als letzte traditionelle Weltmacht gelten die USA, welche sich für demokratische und freiheitliche Werte einsetzen. Chinas Aufstieg macht den USA Konkurrenz, insbesondere in Asien und Afrika. Russland wünscht sich einen erneuten Weltmachtstatus und die EU gilt zumindest als wirtschaftliche Weltmacht. Die Frage ist, wie sich die Weltordnung in den kommenden Jahren verändern wird und ob die USA ihre dominante Rolle behalten können und wollen.

5.2 (K)eine friedliche Zukunft für Europa? Der russische Angriffskrieg gegen die Ukraine

▶ Was sind die Hintergründe und der Verlauf des Krieges?

Am 24. Februar 2022 marschieren russische Truppen in das ukrainische Staatsgebiet ein. Außerdem gibt es russische Luftangriffe auf verschiedene ukrainische Städte. Damit beginnt Russland einen großangelegten Angriffskrieg gegen die gesamte Ukraine. Wie kam es dazu?

M1   Von der Krim-Annexion zum Angriffskrieg

Massenproteste im Winter 2013/2014 auf dem Maidanplatz in der ukrainischen Hauptstadt Kiew. Die zunächst friedlichen Proteste mündeten 2014 in gewaltsame Auseinandersetzungen, bei denen rund 100 Menschen starben.

Im März 2014 annektierte Russland die ukrainische Halbinsel Krim nach einer bewaffneten Intervention durch russische Streitkräfte.

2014 hatten pro-russische Separatisten in den Gebieten Donezk und Luhansk „unabhängige Volksrepubliken" ausgerufen. In dem folgenden bewaffneten Konflikt sterben mehr als 13.000 Menschen.

Annexion
einseitig erzwungene Eingliederung eines Territoriums

Ein durch Angriffe der russischen Armee vollkommen zerstörtes Gebäude in Mariupol, 26.03.2022. Menschenrechtsorganisationen sprechen von Kriegsverbrechen.

Nach rund vier Wochen Krieg waren bis Ende März 2022 bereits knapp vier Millionen Ukrainer:innen aus ihrem Heimatland geflohen, vor allem Frauen und Kinder.

5.2 (K)eine friedliche Zukunft für Europa? Der russische Angriffskrieg gegen die Ukraine

213

M2   Die Ukraine und Russland seit 1991 ⟳

1 **1991: Referendum über die Unabhängigkeit der Ukraine von der Sowjetunion**
Die Ukraine löste sich damit aus dem Staatenbund der UdSSR.

2 **1994: Budapester Memorandum**
Die Ukraine verzichtete auf Atomwaffen und erhielt von Russland, den USA und Großbritannien die Garantie, als unabhängiger Staat mit eigenem Territorium zu bestehen.

Sowjetunion
(oder: UdSSR) Staatenbund aus 12 kommunistischen Gliedstaaten unter Führung Russlands, (1922-1991)

3 **2004: Orangene Revolution**
Massenproteste nach Wahlbetrug führten zu einer Absetzung von Präsident Janukowytsch. Nach Neuwahlen bildete sich eine pro-westliche Regierung unter Präsident Juschtschenko.

4 **2010: Wiederwahl Janukowytschs**
Das Land befand sich im Reformstau und die Regierung war zerstritten. Der 2004 abgewählte pro-russische Wiktor Janukowytsch gewann die Wahlen.

**pro-russisch,
pro-westlich**
außenpolitischen Orientierungen der Regierenden nach Russland bzw. nach „Westen"/ zur EU und den USA

Assoziierungsabkommen mit der EU
sollten die wirtschaftlichen und politischen Beziehungen zur EU stärken

5 **2013-2014: „Euromaidan"-Revolution**
Janukowytsch stoppte (unter russischem Druck) die Verhandlungen mit der EU über ein Assoziierungsabkommen. Proteste auf dem Unabhängigkeitsplatz in Kiew (auch Maidan genannt) folgten. Die zunächst friedlichen Proteste mündeten Anfang 2014 in gewaltsamen Auseinandersetzungen. Janukowytsch floh ins Ausland und wurde anschließend vom Parlament abgesetzt. Die Übergangsregierung unterschrieb das Assoziierungsabkommen mit der EU.

6 **März 2014: Russland annektierte die Halbinsel Krim**
Nicht markierte russische Truppen besetzten die Regierungsgebäude auf der Halbinsel Krim und andere strategisch wichtige Gebäude und Plätze. Die neu eingesetzte Regierung gliederte die Halbinsel nach einem illegalen Referendum ins russische Staatsgebiet ein. Russland brach damit das Völkerrecht. Die EU-Staaten und die USA verhängten Wirtschaftssanktionen gegen Russland.

7 **Frühjahr 2014: Krieg in der Ostukraine**
Ähnlich ging Russland im Osten der Ukraine vor. Um das Land zu destabilisieren, wurden pro-russische Separatisten unterstützt. Sie riefen die Volksrepubliken Donezk und Luhansk aus. Es kommt seitdem zu Kämpfen zwischen dem ukrainischen Militär und den von Russland finanziell und militärisch unterstützten pro-russischen Separatisten.

8 **2015-2021: Verhandlungsversuche scheiterten**
Das Minsker Abkommen von 2015 und weitere Bemühungen schafften nur kurzzeitige Entspannung. Dabei ging es um einen Waffenstillstand, Gefangenenaustausch und den Zurückerhalt des abgespaltenen Gebietes in der Ostukraine.

9 **2021: Russischer Truppenaufmarsch**
Unter dem Vorwand von Militärmanövern positionierte Russland an den Grenzen zur Ukraine Truppen und Ausrüstung. Die Besorgnis über einen möglichen Einmarsch wuchs. Russland fordert von der NATO Sicherheitsgarantien.

Sicherheitsgarantien
hier: Das Versprechen die NATO nicht weiter nach Osten zu erweitern und den Abzug der NATO-Truppen aus Ostmitteleuropa.

10 21.02.2022: Unabhängigkeit der „Volksrepubliken" Luhansk und Donezk

Der russische Präsident Putin erkennt die Unabhängigkeit und Souveränität der „Volksrepubliken" Luhansk und Donezk an. Damit brach Russland die Vereinbarungen des Minsker Abkommens.

Bearbeiter

11 24.02.2022: Russland begann den Krieg gegen die gesamte Ukraine

Unter dem Titel einer „militärischen Spezialoperation" und dem Vorwand, die russischstämmige Minderheit in den zuvor anerkannten Volksrepubliken zu schützen, begann Russland mit Luftangriffen im ganzen Land und einer Bodenoffensive. Die westliche Welt reagiert geschlossen mit mehreren Sanktionspaketen gegen Russland sowie Waffenlieferungen und humanitärer Hilfe für die Ukraine.

M3   Unterschiedliche Ansichten zur Kriegsursache

A Wolodymyr Selenskij, ukrainischer Präsident am 22.02.2022:

„Ihnen sagt man, die Ukraine könne zur Bedrohung für Russland werden. Das war noch nie in der Geschichte der Fall und es ist heute nicht so. Es wird auch in Zukunft nicht so sein."

Aus dem Russischen von Volker Weichsel: Ansprache des ukrainischen Präsidenten Volodymyr Zelens'kyj an das russische Volk. In: www. zeitschrift-osteuropa.de, 23.02.2022

B Sergei Lawrow, russischer Außenminister am 18. Juli 2022:

„Heute lösen die Streitkräfte Russlands und die Volkswehr der Volksrepubliken Donezk und Lugansk [Luhansk] sicher Aufgaben im Rahmen der militärischen Sonderoperation, beenden die eklatante Diskriminierung und den Genozid [Völkermord] der Russen und beseitigen die direkten Sicherheitsbedrohungen für die Russische Föderation."

Artikel des Außenministers der Russischen Föderation, Sergej Lawrow, für das Multimedia-Informationszentrum „Iswestija": Zu Inszenierungen als Methode der Politik des Westens. In: www. mid.ru/de, 18.07.2022

H zu Aufgabe 1
Wer ist beteiligt? Welche Gründe hat er? Welche Ziele? Welche Folgen?

F zu Aufgabe 2
Führe die Zeitleiste fort, indem du die weiteren Ereignisse des Krieges recherchierst.

AUFGABEN

1. Sammelt in Kleingruppen anhand der Bilder euer Vorwissen über den russischen Angriffskrieg gegen die Ukraine (**M1**).

2. a) Nenne historische Ereignisse in der Ukraine seit 1991 (**M2**).
   b) Erläutere, wie es 2022 zum russischen Angriffskrieg gegen die gesamte Ukraine gekommen ist.

3. Erläutere, welche Gründe für Konflikte und Kriege (**Kap 5.1**, **M6**) auf den Angriffskrieg gegen die Ukraine zutreffen.

4. Vergleicht in Partnerarbeit die Zitate in **M3**. Welche Kriegsursache(n) werden jeweils genannt?

5. Nimm Stellung: Gibt es gerechtfertigte Kriege?

5.2 (K)eine friedliche Zukunft für Europa? Der russische Angriffskrieg gegen die Ukraine

215

▶ # Unabhängig und doch abhängig? Die Ukraine im Interessenfeld Russlands, der NATO und der EU

Die Ukraine verteidigt sich gegen den russischen Angriff. Sie wird von vielen Seiten politisch, wirtschaftlich und militärisch unterstützt. Dies geschieht aus Solidarität, aber es sind noch mehr Interessen im Spiel.

M4 Die geographische und geopolitische Lage der Ukraine in Europa

Die Ukraine liegt in Osteuropa und grenzt dort im Norden an Belarus und im Norden und Osten an Russland. Im Süden grenzt das Land an das Asowsche und das Schwarze Meer. Im Westen sind Moldau, Rumänien, Ungarn, die Slowakei und Polen Nachbarländer. Die Ukraine ist ca. 600km von Deutschlands Ostgrenze entfernt.

Die Lage der Ukraine in Europa
(Stand: 2023)

■ NATO-Mitglieder
▨ NATO-Beitritt 2022 beantragt
⸴⸴⸴ Ehemaliger Grenzverlauf der Union sozialistischer Sowjetrepubliken (UdSSR)

NATO
(engl. North Atlantic Treaty Organization) Ein nordamerikanisches und europäisches Verteidigungsbündnis (→ Kap. 6.2)

©C.C. Buchner Verlag, Daten nach: NATO HQ, 2023

M5 Unterschiedliche Interessen: Putin, die NATO und die EU

a) Russland

Russlands Präsident Putin betont immer wieder die enge Verbindung zwischen Russland und der Ukraine. Die Orientierung der Ukraine in Richtung
5 EU und NATO gilt aus russischer Sicht als erheblicher Machtverlust. Die Unterstützung der Ukraine durch den Westen ordnet er als westlichen Angriff auf Russlands Souveränität ein und sieht
10 seine globale Bedeutung als Weltmacht bedroht. Dabei geht es dem russischen Präsidenten nicht nur um Gebietsansprüche. Er kämpft gegen die Verbreitung der westlichen Wertevorstellungen, z.B. der Demokratie und der
15 freiheitlichen demokratischen Werteordnung. Diese stellen aus seiner Sicht eine Gefahr für das autoritäre Regime in Russland dar.

Bearbeiter

Flagge Russlands

autoritär
hier stark eingeschränkte demokratische Rechte

Flagge der NATO

b) Die NATO

Viele osteuropäische NATO-Mitgliedstaaten haben Sorge, dass Russland auch sie in Konflikte verwickelt und sich der Krieg auf ihr Territorium und
5 somit auf NATO-Territorium ausweitet. Die NATO will verhindern, dass Russland seinen Einfluss in Richtung Westen ausbreitet. Der Ukraine war 2008 ein Beitritt im Prinzip in Aussicht ge-
10 stellt worden. Angesichts der offenen Drohungen Russlands, einen NATO-Beitritt der Ukraine mit allen Mitteln zu bekämpfen, und der Tatsache, dass seit 2014 Krieg im Land herrscht, reagiert die NATO zurückhaltender auf 15 die Beitrittsambitionen der Ukraine. Generalsekretär Stoltenberg bekräftigt die Unterstützung der Ukraine durch Waffenlieferungen durch NATO-Mitgliedstaaten, schließt aber ein direktes 20 militärisches Eingreifen aus. Es gilt, die Sicherheit der eigenen Mitgliedsstaaten zu gewährleisten und eine weitere Eskalation des Krieges zu vermeiden.

Bearbeiter

Flagge der EU

c) Die Europäische Union

Die EU steht für viele Jahrzehnte Frieden in Europa. Seit Mitte der 1990er Jahre gibt es enge Verbindungen zwischen der EU und der Ukraine. Durch
5 das Assoziierungsabkommen (seit 2017 in Kraft) werden engere politische und wirtschaftliche Bindungen gefördert. Auch die Achtung gemeinsamer europäischer Werte wird vorangebracht.
10 Dadurch werden die politische Stabilität und die Sicherung des Friedens in Osteuropa vorangebracht. Nach dem Beginn des Angriffskrieges auf die gesamte Ukraine leistet die EU umfang-
15 reiche Unterstützung für die Ukraine (einige EU-Staaten auch in Form von Waffenlieferungen) und verhängt massive Sanktionen gegen Russland. Am 23. Juni 2022 erhielt die Ukraine zudem den offiziellen Status eines EU-Bei- 20 trittskandidaten. Ein schneller Beitritt der Ukraine gilt jedoch als unwahrscheinlich. Die EU möchte die eigenen Mitgliedsstaaten schützen und den wirtschaftlichen Schaden begrenzen. 25 Außerdem soll die innere Stabilität der EU erhalten bleiben.

Bearbeiter

H zu Aufgabe 4
Beachte auch die politischen Entwicklung der Ukraine seit 1991 (**M2**) sowie M8 in Kap. 4.5.

H zu Aufgabe 5
Beurteile aus der Perspektive Russlands, der NATO und der EU.

AUFGABEN

1. Beschreibe die Lage der Ukraine zwischen NATO und Russland (**M4**).
2. Nenne die Ziele Russlands in dem Angriffskrieg gegen die Ukraine (**M5a**).
3. Erkläre, warum die NATO-Staaten (u. a. Deutschland) ihre Unterstützung für die Ukraine abwägen müssen (**M5b**).
4. Erläutere, warum die Ukraine lange kein Beitrittskandidat der EU war und plötzlich im Jahr 2022 geworden ist (**M5c**).
5. Beurteile, warum die Ukraine ein politisch und geostrategisch wichtiger Staat in Europa ist (**M4, M5**).

Eine Konfliktanalyse durchführen

Worum geht es?

Internationale Konflikte sind häufig schwer zu überblicken. Es gibt oft eine Vielzahl von Akteuren mit verschiedenen Interessen. Der Verlauf eines Konflikts ist außerdem dynamisch. Das heißt, die Situation und die Konstellation in einem Konflikt kann sich schnell verändern. Um einen Konflikt dennoch untersuchen zu können, ist es notwendig, den Konflikt systematisch zu analysieren. Alle internationalen Konflikte sind unterschiedlich. Es gibt aber einige Aspekte, die immer betrachtet werden können.

Geht dabei so vor:

1. Schritt: Konfliktakteure und -inhalt erfassen

Zunächst geht es darum, den Konflikt näher zu bestimmen und herauszufinden, wer welche Position ergreift. Hierbei kann es sich um Staaten, Gruppen oder einzelne Personen handeln.

Leitfragen:
- Wer ist am Konflikt beteiligt?
- Worum geht es bei dem Konflikt?

2. Schritt: Konfliktursachen erforschen

Hier ist es wichtig die Vorgeschichte des Konflikts zu betrachten und die Positionen der Konfliktparteien zu erklären. Die Vorgeschichte kann dabei helfen, die Argumente der Konfliktparteien besser zu verstehen.

Leitfragen:
- Wie ist der Konflikt entstanden?
- Welche Interessen stehen sich gegenüber?
- Mit welchen Argumenten werden die Interessen jeweils vertreten?

3. Schritt: Die Machtverhältnisse analysieren

Die Machtverhältnisse und deren Folgen für den Konflikt sollen genauer beleuchtet werden. Hierbei kann zwischen politischen, ökonomischen und militärischen Mitteln unterschieden werden.

Leitfragen:
- Mit welchen Mitteln versuchen die Akteure, ihre Interessen durchzusetzen?
- Welche Folgen entstehen daraus und für wen?

4. Schritt: Konfliktlösungen suchen

Dieser Schritt erfordert einerseits, Kompromisse zu suchen und zu beurteilen, andererseits, die Ergebnisse zu beschreiben und eine eigene Bewertung durchzuführen.

Leitfragen:
- Welche Konfliktlösungen sind möglich?
- Welche Ergebnisse wurden ggf. schon erzielt?
- Wie ist eine mögliche Lösung oder ein bereits erzieltes Ergebnis zu beurteilen?

▶ (Wie) Kann ein dauerhafter Frieden erreicht werden?

Gibt es das Rezept, um einen Krieg schnell zu beenden? Die Ziele im russischen Angriffskrieg gegen die Ukraine und die Bereitschaft für Friedensverhandlungen veränderten sich mehrmals. Um den Frieden wiederherzustellen, benötigt es die richtigen Maßnahmen zur richtigen Zeit.

M6   Zitate zu Friedensmöglichkeiten

A Dmitri Peskow, Kreml-Sprecher:

„Es wird keinen Frieden geben, wenn das Abkommen nicht die moderne Realität anerkennt. [...] Die neuen Regionen müssen Teil von Russland bleiben. [...] Alle Vorschläge, die das nicht berücksichtigen, sind kein Friedensplan."

Moskau verlangt besetzte Gebiete für Friedensabkommen. In: www.n-tv.de, 28.12.2022

Neuen Regionen
Hiermit sind die Regionen in der Ostukraine gemeint, die Russland in den ersten Kriegswochen besetzt hatte: Cherson, Donezk, Luhansk, Saporischschja

B Wolodymyr Selenskyj, Präsident der Ukraine:

„Dieser russische Krieg gegen die Ukraine, gegen das ganze freie Europa, hat mit der Krim begonnen und muss mit der Krim enden, mit ihrer Befreiung."

Selenskyj, Wolodymyr: Krieg beginnt und endet mit Krim. In: www.zdf.de, 10.08.2022

C Robin Wagener, Leiter der deutschen Delegation zur Parlamentarischen Versammlung der Organisation für Sicherheit und Zusammenarbeit in Europa:

„Ein nachhaltiger Frieden in Osteuropa gelingt nur mit einer Mischung aus sehr starker Unterstützung der Ukraine und Druck auf Russland. Das Putin-Regime muss verstehen, dass die Pläne, die Ukraine zu zerstören und zu unterwerfen, nie gelingen werden. Nur so können echte Friedensverhandlungen beginnen."

Wagener: Frieden nur durch Unterstützung der Ukraine und Druck auf Russland. In: www.bundestag.de, 14.03.2023

M7   Mögliche politische Lösungsansätze

A Waffenstillstand

Könnte der Krieg nicht auch "eingefroren" werden, um möglichst schnell die Gewalt zu beenden? Dies ist schwierig zu bewerten, denn zum einen bleiben die Gebietsverluste bestehen. Zum anderen würde eine Situation geschaffen, die von vielen nur als vorübergehend angesehen würde. Die Kriegsgefahr wäre

5   damit nicht dauerhaft gebannt und möglicherweise würde das Einfrieren nur als Pause angesehen, in der man seine militärischen Kapazitäten wieder aufbaut.

219

5.2 (K)eine friedliche Zukunft für Europa? Der russische Angriffskrieg gegen die Ukraine

B Verhandlungsfrieden

Als Minimalziel des Krieges aus der Sicht der westlichen Verbündeten gilt, dass die Ukraine als souveräner Staat weiterbesteht. Inwiefern es dabei zu territorialen Verlusten kommen dürfe, ist unklar. Ebenso müssen alle Seiten für Verhandlungen bereit sein und mit realistischen Bedingungen antreten.

C Präventiver Ansatz

Hätte der Krieg auch vermieden werden können? Diese Frage ist nicht klar zu beantworten. Eine Möglichkeit den Konflikt diplomatisch beizulegen, wäre gewesen, dass die Ukraine ein neutraler Staat wird und dafür Sicherheitsgarantien bekommen hätte. Ob dies einen russischen Angriff verhindert oder nur verzögert hätte, ist allerdings Spekulation.

Basierend auf: Münkler, Herfried: „Die Ukraine wird unter die Räder kommen, wie immer die Sache ausgeht". In: wwww.nzz.ch, 19.05.2022

M8   Helfen Waffenlieferungen, den Krieg zu beenden? ⟳

Kurz nach dem Kriegsbeginn im Jahr 2022 entfachte sich in Deutschland eine gesellschaftliche und politische Debatte um direkte militärische Unterstützung der Ukraine durch Waffenlieferungen. Die Bundesregierung zögerte zunächst, schwere Waffen zu liefern, und setzte sich damit der Kritik der NATO-Partnerstaaten und der Ukraine aus. Auch wenn die Waffenlieferungen schließlich beschlossen wurden, gibt es noch immer unterschiedliche Sichtweisen zu ihrer Wirksamkeit:

a) Kontra: Gegen Waffen für die Ukraine

[Es] ist zunächst darauf hinzuweisen, dass Waffenlieferungen den Konflikt nicht lösen, sondern allenfalls die Bedingungen für eine Verhandlungslösung verändern können. In diesem Sinne wäre es zumindest denkbar, dass der anhaltende Widerstand der Ukraine Russland dazu zwingt, von seinen Maximalzielen Abstand zu nehmen und sich aus der Ukraine zurückzieht. Dann wäre es verantwortbar und sogar geboten, diese Ertüchtigung mit westlichen Waffenlieferungen zu unterstützen.

Moderne und komplexe Waffensysteme bedürfen jedoch Ausbildung und logistischer Unterstützung. Das heißt, die Vorstellung, wir schicken eine Lieferung und haben dann damit nichts mehr zu tun, ist abwegig. Zudem besteht das reale Risiko, dass Waffenlieferungen von Russland angegriffen werden [...]. Insofern ist zu erwarten, dass der Krieg dadurch entweder nur blutiger und länger wird, am Ausgang aber nichts ändert oder aber zu einer militärischen Auseinandersetzung mit Russland eskaliert. [...]

[Es gilt], um fast jeden Preis einen offenen Krieg mit Russland verhindern, der außer Kontrolle geraten und auch nuklear eskalieren könnte. [...] Immer mehr Waffenlieferungen wären aber ein Schritt in diese Richtung.

Nach: Varwick, Johannes: Contra: Gegen Waffen für die Ukraine. In: www.zdf.de, 08.05.2022

b) Pro: Für Waffen für die Ukraine

Nachrichten über Filtrationslager, Deportationen, Erschießungen, Vergewaltigungen und andere Erniedrigungen der ukrainischen Bevölkerung
5 durch die russischen Besatzer zeigen nicht nur die moralische Entgleisung des Regimes Putin, sondern entlarven den Krieg als das was er von Anfang an war: ein Vernichtungs- und Erobe-
10 rungskrieg um Lebensraum. [...] Diesem Regime wird man nur militärisch beikommen [...]. [Russland] selbst wird mit jedem gelungenen Eroberungskrieg stärker, selbstgerech-
15 ter und wagemutiger. [...] Daher ist es so wichtig, dass die Ukraine diesen Krieg nicht verliert. Das ist ohne die Unterstützung durch den Westen nicht möglich.
20 Die ukrainische Rüstungsindustrie [...] ist nach zwei Monaten Krieg und Raketenangriffen weitgehend zerstört. [...] Das weiß auch der Kreml,

daher auch das Getöse um den Atomkrieg. 25

Doch auch Moskau muss eine nukleare Eskalation zu Ende denken. Solange die eigene Armee in der Ukraine gebunden ist, hat man schlichtweg nicht die Kräfte, einen Krieg gegen 30 die Nato anzufangen, weder konventionell noch nuklear. [...]

Die Ukraine [...] führt einen legitimen Verteidigungskrieg im Einklang mit der Charta der Vereinten Natio- 35 nen. Der Ukraine keine Waffen zu liefern, würde erstens bedeuten, sie der Vernichtung preiszugeben, zweitens den russischen Vorstellungen einer allein auf militärischer Vormachtstel- 40 lung beruhenden Oberhoheit in Europa Vorschub zu leisten.

Nach: Gressel, Gustav: Pro: Für Waffen für die Ukraine. In: www.zdf.de, 08.05.2022

AUFGABEN

1. Benenne die Bedingungen der verschiedenen Positionen für einen Friedensschluss (**M6**).

2. Stelle Wege dar, die zu einem nicht-militärischen Ende des Krieges führen können (**M7**).

3. a) Arbeitet in Partnerarbeit aus den beiden Texten (**M8a+b**) Pro- und Kontra-Argumente von Waffenlieferungen heraus.
   b) Nehmt eine Gewichtung der Argumente vor, indem ihr sie auf einer Achse von „vollkommen berechtigt" bis „vollkommen unberechtigt" eintragt. ⟳

4. Verfasse ein begründetes Urteil (→ **Methodenglossar**) zu der Frage, ob (deutsche) Waffenlieferungen an die Ukraine helfen, einen dauerhaften Frieden zu erreichen.

WIE SIEHT EINE FRIEDLICHE ZUKUNFT IN EUROPA AUS?

UKRAINE IN EUROPA

←·· M4

Die Ukraine ist seit 1991 (Zerfall der Sowjetunion) ein unabhängiger Staat, der eine Anbindung in Europa sucht. Gab es über längere Zeit eine politische Ausrichtung nach Russland, so änderte sich dies in den 2000er-Jahren mit der Orangenen und 2013 mit der Euromaidan-Revolution. Seither strebt die Ukraine einen Anschluss an NATO und EU an. Aber es gibt auch Gruppen im Land, die eine nach Osten ausgerichtete Politik unterstützen.

AKTEURE IM KONFLIKT

←·· M2, M5

Russland versucht durch den Krieg seinen Einfluss auf die Ukraine auszudehnen, die NATO-Staaten und die EU wollen die Ukraine stärker an sich binden und unterstützen sie mit Waffen und Geld. Im Mai 2022 hat die Ukraine den Beitrittskandidatenstatus der EU erhalten. Die russische Regierung spricht in der Ukraine nicht von einem Krieg, sondern von einer „militärischen Spezialoperation" und setzt gezielt falsche Informationen ein, um die Unterstützung der eigenen Bevölkerung nicht zu verlieren. Währenddessen verhängen die NATO- und die EU-Staaten Wirtschaftssanktionen gegen Russland und sehen sich dadurch einer Energie- und Wirtschaftskrise gegenüber.

KONFLIKTLÖSUNG

←·· M6, M7

Ein baldiges Ende des Krieges ist unwahrscheinlich, so lange es keine ernsthaften Verhandlungsbemühungen gibt. Dies bedeutet einen verlustreichen und langanhaltenden Abnutzungskrieg. Es besteht die Gefahr, dass die NATO-Partnerstaaten dort mit hineingezogen werden können, sollte die Lage eskalieren. Aus europäischer Sicht ist ein diplomatischer Frieden erstrebenswerter. Hierfür müssen sich die Konfliktparteien jedoch von ihren Kriegszielen ein Stück weit verabschieden und sich kompromissbereit zeigen. Es ist fraglich, ob die Ukraine dabei ohne Gebietsverluste wegkommt und ob sie ihre politische Ausrichtung in Richtung EU und NATO beibehalten kann. Zudem besteht die Gefahr eines „eingefrorenen" Konflikts, der einen dauerhaften Frieden erschwert.

WAFFENLIEFERUNGEN

←·· M8

In Deutschland wurde die Frage von Waffenlieferungen als Unterstützung der Ukraine gegen Russland anfangs sehr kontrovers diskutiert. Die Bundesregierung entschloss sich relativ spät dazu, als die anderen NATO-Partnerstaaten dies bereits umsetzten. Abzuwägen ist zwischen der Solidarität mit der Ukraine und ihrem Recht auf Selbstverteidigung und den eigenen Interessen Deutschlands und Europas. Letztere müssen berücksichtigen, dass Deutschland nicht mit in den Krieg hineingezogen werden soll.

M1 Bedrohungen von Sicherheit und Frieden

... ... **Sicherheitsrisiken** ... ...

M2 Reaktionen auf den Kriegsbeginn in der Ukraine

Jens Stoltenberg

Ursula von der Leyen

A **Jens Stoltenberg, Generalsekretär der NATO:** Die NATO wird alles Notwendige tun, koste es was es wolle, um ihre Alliierten (Bündnisstaaten) zu schützen und zu verteidigen. Als Antwort auf Russlands bedeutende militärische Aufrüstung in den letzten Monaten, haben wir bereits unsere Bündnisverteidigung gestärkt, mit mehr Truppen, Flugzeugen und Schiffen der USA und vieler anderer Alliierter.

Gemeinsame Presseerklärung von NATO-Generalsekretär Stoltenberg, EU-Kommissionspräsidentin von der Leyen und EU-Ratspräsident Michel vom 24.02.2022 (Übersetzung: André Kost)

B **Ursula von der Leyen, Präsidentin der EU-Kommission:** Schon von den ersten Tagen des Maidan (= Euromaidan-Revolution 2013) an hat sich die Ukraine Russlands Aggression mutig entgegengestellt. Sie ging durch Repressionen und erlebte einen Aufstand. [...] Die Geschichte unserer [Europäischen] Union ist geprägt von jungen Demokratien, die gemeinsam stärker werden. [...] Und das nächste Kapitel wird heute geschrieben, von den tapferen Menschen in der Ukraine, und von uns allen, die sie auf ihrem europäischen Weg begleiten müssen. Wieder schlägt die Stunde Europas. Und wir müssen die Gunst der Stunde nutzen.

Rede von EU-Kommissionspräsidentin von der Leyen vor dem Europäischen Parlament am 22.06.2022

AUFGABEN

1. Fülle das Brainstorming zu den „Sicherheitsrisiken" in deinem Heft aus (**M1**).
2. Beurteile auf der Grundlage von **M1**, ob geschützte staatliche Grenzen noch eine Garantie für die Sicherheit der Bevölkerung eines Landes sind.
3. Erkläre anhand der Zitate (**M2**), welche Interessen und Absichten der NATO und der EU (gegenüber der Ukraine, gegenüber Russland) bei Kriegsbeginn zum Ausdruck kommen.

In diesem Kapitel hast du viel darüber gelernt, wann Krieg herrscht und was Frieden ist und wie ein Konflikt analysiert werden kann. Die folgende Tabelle hilft dir dabei herauszufinden, welche Fähigkeiten du schon erworben hast und wie du bei Bedarf noch weiter üben kannst.

Ich kann ...	Das klappt schon ...	Hier kann ich noch üben ...
... Konfliktschwerpunkte in der Welt beschreiben.	👍 👉 👎	Kapitel 5.1: M2
... Krieg und verschiedene Arten von Frieden unterscheiden.	👍 👉 👎	Kapitel 5.1: M3, Grundwissen
... das Konzept von „Menschlicher Sicherheit" erläutern.	👍 👉 👎	Kapitel 5.1: M4, Grundwissen
... Ursachen von Konflikten und Kriegen benennen.	👍 👉 👎	Kapitel 5.1: M6
... Maßnahmen zur Friedensschaffung und Konfliktlösung erläutern und bewerten.	👍 👉 👎	Kapitel 5.1: M7
... die Bedeutung der Friedensbildung von Kindern und Jugendlichen beurteilen.	👍 👉 👎	Kapitel 5.1: M8
... aktuelle sicherheitspolitische Herausforderungen für Staaten benennen.	👍 👉 👎	Kapitel 5.1: #Sicherheitspolitik, M9, M10, Grundwissen
... sicherheitspolitische Folgen der Corona-Pandemie benennen.	👍 👉 👎	Kapitel 5.1: M11
... den Begriff der „Weltordnung" erklären.	👍 👉 👎	Kapitel 5.1: #Weltordnung, Grundwissen
... die sich ändernde Weltordnung beschreiben.	👍 👉 👎	Kapitel 5.1: M12-M14
... die Hintergründe des russischen Angriffskrieges gegen die Ukraine erläutern.	👍 👉 👎	Kapitel 5.2: M1-M3, Grundwissen
... verschiedene Interessen der Akteure im russischen Angriffskrieg gegen die Ukraine analysieren.	👍 👉 👎	Kapitel 5.2: M4, M5, Grundwissen
... einen Konflikt systematisch analysieren.	👍 👉 👎	Kapitel 5.2: Methode „Konfliktanalyse"

Plakat: Detlef Surrey

Artikel 5

Verbot der Folter

Artikel 10

Anspruch auf ein faires Gerichtsverfahren

Artikel 16

Eheschließung, Familie

Artikel 26

Recht auf Bildung

Artikel 21

Allgemeines und gleiches Wahlrecht

Was weißt du schon?

1. Erkläre deiner Partnerin bzw. deinem Partner, was du unter dem Begriff „Menschenrechte" verstehst. Sammelt euer Vorwissen dazu.
2. Erstellt in der Klasse eine (digitale) Wortwolke zum Thema „Menschenrechte".
3. Ordne den einzelnen Bestandteilen des Wimmelbildes den passenden Menschenrechtsartikel zu.
4. Notiere und erkläre weitere Menschenrechte, die du im Wimmelbild erkennst. Eine Liste aller Menschenrechte findest du auf Seite 228 f.

6

#Friedenspolitik und Menschenrechte im 21. Jahrhundert

Die Menschenrechte sind ein sehr wichtiges Thema in der internationalen Politik. Es geht dabei um die grundlegenden Rechte, die jeder Mensch auf der Welt haben sollte. Dazu gehören zum Beispiel das Recht auf Leben, das Recht auf Freiheit und das Recht auf Gleichheit. Diese Rechte sind in vielen Ländern in der Verfassung oder anderen Gesetzen verankert.

Menschenrechte werde aber nicht überall eingehalten. Zum Beispiel werden Menschen gefoltert, unterdrückt oder diskriminiert. Um diesen Missständen entgegenzuwirken, gibt es verschiedene Organisationen der internationalen Sicherheits- und Friedenspolitik. Diese Organisationen setzen sich dafür ein, dass die Menschenrechte weltweit geachtet und geschützt werden.

Was lernst du in diesem Kapitel?

... Menschenrechte zu benennen und die Chancen und Herausforderungen ihrer Einhaltung zu erörtern.

... Möglichkeiten zum Schutz der Menschenrechte durch internationale Organisationen und NGOs zu beurteilen.

... den Stellenwert der Vereinten Nationen und ihrer Charta zu beurteilen.

... Möglichkeiten und Grenzen der internationalen Friedenssicherung zu beschreiben.

Eine Talkshow durchführen: zwischen Krieg und Frieden: Menschenrechte im 21. Jahrhundert – ein Kampf gegen Windmühlen?

Worum geht es?

Menschenrechte sollen alle Menschen auf der Welt schützen. Viele Organisationen und Institutionen unterstützen die Einhaltung der Menschenrechte weltweit. Oft scheint diese Aufgabe jedoch unmöglich. In Form einer Talkshow erarbeitet ihr die Rollen der verschiedenen Organisationen und diskutiert, ob der Einsatz für Menschenrechte zum Erfolg führen kann.

Geht dabei so vor:

1

Teilt eure Klasse in fünf Gruppen auf. Jede Gruppe übernimmt eine der folgenden Rollen:
- Moderation
- Vertretung der NGO Amnesty International
- Vertretung der Vereinten Nationen
- Vertretung der NATO
- Vertretung der Bundeswehr

2

Erarbeitet eure Rollen:
- **Moderation:** Überlegt euch Fragen für die Vertretung der unterschiedlichen Organisationen:
    - Was tun sie für die Einhaltung der Menschenrechte?
    - Welchen Schwierigkeiten stehen sie gegenüber?
    - Welche spezifischen Fragen werden wem gestellt?
- **Vertretung der NGO Amnesty International:** Erarbeitet das Material des Kapitels 6.1
    - Wie haben sich die Menschenrechte entwickelt?
    - Welche Menschenrechtsverletzungen finden im 21. Jahrhundert statt?
- **Vertretung der Vereinten Nationen:** Erarbeitet das Material M1-M9 aus Kapitel 6.2:

- Welche Hauptziele haben die Vereinten Nationen?
- Warum sind die SDGs so wichtig?
- Welche Chancen und Herausforderungen gehen vom UN-Sicherheitsrat aus?
- **Vertretung der NATO:** Erarbeitet das Material M10-M14 aus Kapitel 6.2:
    - Welche Aufgaben hat die NATO im 21. Jahrhundert?
    - Welche Sichtweisen gibt es zum Bestehen der NATO?
- **Vertretung der Bundeswehr:** Erarbeitet das Material M15-M18 aus Kapitel 6.2:
    - Welche Aufgaben hat die Bundeswehr?
    - Wie wirkt die Bundeswehr zur Friedenssicherung mit anderen Organen zusammen?

4

Führt die Talkshow durch:

- Gestaltet das Klassenzimmer als Talkshow Studio:
  10 Stühle stehen in einem Halbkreis vorne in der Klasse. Hier nehmen die Teilnehmenden der Talkshow Platz. Die restlichen Stühle werden für das Publikum in Reihen aufgebaut.
- Sucht aus jeder Gruppe zwei Personen aus, die aktiv an der Talkshow teilnehmen. Alle anderen sind das Publikum und aktive Beobachtende.
- Die Moderation leitet in die Talkshow ein. Sie verweist dabei nochmal auf das Thema *„Zwischen Krieg und Frieden: Menschenrechte im 21. Jahrhundert – ein Kampf gegen Windmühlen?"* und bitte jede Vertretung zunächst um eine erste kurze Vorstellung und Stellungnahme.

- Danach wird das Thema diskutiert (unter der Leitung der Moderation).
- Zum Abschluss zieht die Moderation ein inhaltliches Fazit.
- **Während der Talkshow machen sich die Beobachtenden Notizen zu folgenden Fragen:**
  - Welche Person findet sich besonders gut in ihre Rolle ein?
  - Welches Argument war inhaltlich besonders stark? Begründet.
  - Welche Beispiele wurden zur Unterstützung angebracht?
  - Wer geht wie auf die Vorredner:innen ein?

3

Erarbeitet für eure Gruppe und unter Berücksichtigung eurer Rolle eine Stellungnahme. Diese sollte sich auf das Thema der Talkshow beziehen und die Sichtweise eurer Organisation darlegen.

Ziel

5

Reflektiert die Erfahrungen eurer Talkshow:

- Wie haben sich die Teilnehmenden in ihren Rollen gefühlt?
- Wer hat die eigene Rolle besonders gut ausgefüllt?
- Wie haben die Teilnehmenden den Umgang mit Gegenargumenten empfunden?

6.1 Was sind Menschenrechte und wie können sie geschützt werden?

▶ Ein Menschenrecht: Was ist das eigentlich?

Schon 500 v. Chr. gab es Bestrebungen, Grundrechte für Menschen festzulegen und als allgemein gültig zu deklarieren. Wie haben sich die Menschenrechte entwickelt und was haben wir davon?

M1   Wenn Rechte eingeschränkt sind ...

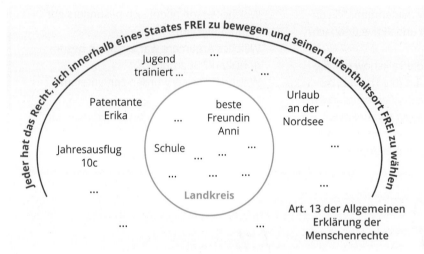

Simulation:

1. Notiere innerhalb des Kreises alle Aktivitäten + Kontakte, die du innerhalb deines Landkreises, in dem du wohnst, unternehmen kannst.
2. Notiere außerhalb des Landkreises Aktivitäten + Kontakte, für die du ihn verlassen musst.
3. Streiche alle Aktivitäten + Kontakte, die außerhalb des Landkreises liegen.
4. Beschreibe, wie sich dein Leben verändern würde, wenn du deinen Landkreis nicht verlassen dürftest.

Nach: Petra Reiter-Mayer, Politik betrifft uns 6/2011, S. 4

M2   Welche Menschenrechte gibt es?

1 Alle Menschen sind frei und gleich an Würde und Rechten.

6 Jeder hat Rechte, egal wo er ist.

2 Verbot von Diskriminierung

7 Gleichheit vor dem Gesetz

3 Recht auf Leben, Freiheit und Sicherheit

8 Anspruch auf Rechtsschutz

4 Verbot von Sklaverei

9 Schutz vor willkürlicher Verhaftung und Ausweisung

5 Verbot von Folter

10 Anspruch auf ein gerechtes und öffentliches Verfahren

6.1 Was sind Menschenrechte und wie können sie geschützt werden?

229

11 Unschuldsvermutung

12 Privatsphäre des Einzelnen

13 Recht auf Bewegungsfreiheit

14 Recht auf Asyl

15 Recht auf Staatsangehörigkeit

16 Recht auf freie Ehe und Familie

17 Recht auf Eigentum

18 Gedanken-, Gewissens- und Religionsfreiheit

19 Meinungs- und Informationsfreiheit

20 Versammlungs- und Vereinigungsfreiheit

21 Allgemeines und gleiches Wahlrecht

22 Recht auf soziale Sicherheit

23 Recht auf Arbeit, freie Berufswahl, gerechte Arbeitsbedingungen und gleichen Lohn

24 Recht auf Erholung und Freitzeit

25 Recht auf sicheren Lebensstandard

26 Recht auf Bildung

27 Recht auf Kultur und den Schutz von Urheberrechten

28 Anspruch auf Verwirklichung dieser Rechte

29 Pflicht zur Wahrung der Rechte und Freiheiten anderer

30 Unwiderrufbarkeit dieser 30 Rechte

Vereinte Nationen: Allgemeine Erklärung der Menschenrechte, 10.12.1948

MENSCHENRECHT

Menschenrechte sind Regeln, die dafür sorgen, dass alle Menschen fair und gleich behandelt werden. Das bedeutet, dass jeder Mensch auf der Welt diese Rechte hat, egal wie alt er ist, welche Hautfarbe er hat oder wo er lebt. Die Menschenrechte sind sehr wichtig, damit alle Menschen ein glückliches und gutes Leben führen können. Es ist wichtig, dass wir uns dafür einsetzen, dass diese Rechte überall auf der Welt eingehalten werden.

M3   Der lange Weg der Menschenrechte ○

Der Gedanke, dass Menschenrechte für alle Menschen Gültigkeit besitzen und durch die Einbettung in Gesetze geschützt werden müssen, hat sich stückweise entwickelt. Schon im Mittelalter gab es erste Gesetzte, die vor willkürlicher Macht der Herrschenden schützten.

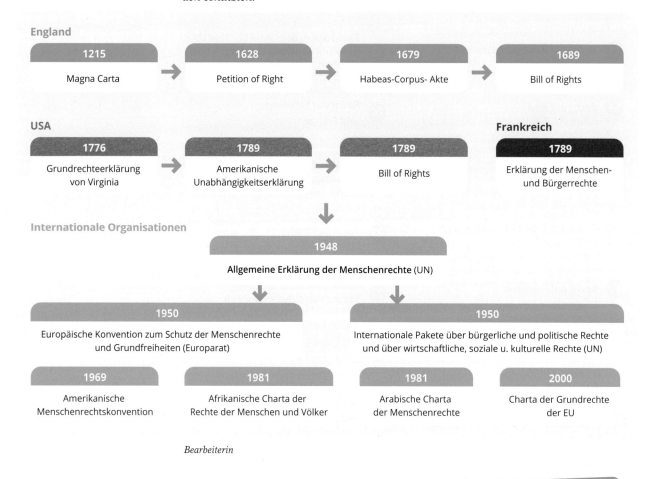

England

1215		1628		1679		1689
Magna Carta	→	Petition of Right	→	Habeas-Corpus- Akte	→	Bill of Rights

USA   **Frankreich**

1776		1789		1789		1789
Grundrechteerklärung von Virginia	→	Amerikanische Unabhängigkeitserklärung	→	Bill of Rights		Erklärung der Menschen- und Bürgerrechte

Internationale Organisationen

1948
Allgemeine Erklärung der Menschenrechte (UN)

1950	1950
Europäische Konvention zum Schutz der Menschenrechte und Grundfreiheiten (Europarat)	Internationale Pakete über bürgerliche und politische Rechte und über wirtschaftliche, soziale u. kulturelle Rechte (UN)

1969	1981	1981	2000
Amerikanische Menschenrechtskonvention	Afrikanische Charta der Rechte der Menschen und Völker	Arabische Charta der Menschenrechte	Charta der Grundrechte der EU

Bearbeiterin

AUFGABEN

1. Führe die Simulation in **M1** durch.

2. Welche Menschenrechte sind dir besonders wichtig (**M2**)?
   a) Wähle für dich die wichtigsten Rechte aus.
   b) Einigt euch in einer Gruppe auf fünf Rechte, die für eure kleine Gemeinschaft wichtig sind.
   c) Vergleicht euer Gruppenergebnis mit anderen Gruppen.

3. a) Erkläre, wie die Menschenrechte sich weltweit entwickelt haben (**M3**).
   b) Stelle Vermutungen an, warum die Menschenrechte immer wieder neu und in anderen Formen niedergeschrieben wurden.

4. „Die Menschenrechte sind geschichtlich gesehen noch ziemlich jung". Erkläre, was mit dieser Aussage gemeint ist (**M3**).

F **zu Aufgabe 3a**
Recherchiert arbeitsteilig, welche Rechte in den einzelnen Dokumenten (**M3**) niedergeschrieben wurden.

6.1 Was sind Menschenrechte und wie können sie geschützt werden?

231

▶ Die Menschenrechte: ständiger Schutz für alle?

Durch die Festschreibung der Menschenrechte haben sie einen besonderen Stellenwert bekommen und sind auf der ganzen Welt für alle Menschen gültig. Aber ist das tatsächlich so?

M4 Sind die Menschenrechte geschützt?

UN-Menschenrechtsrat
Der Menschenrechtsrat ist ein Organ der UN. Zu seinen Aufgaben gehören der Schutz und die Förderung der Menschenrechte auf der ganzen Welt. Er setzt sich aus Vertreter:innen verschiedener Länder zusammen und tagt regelmäßig, um über Menschenrechtsfragen zu diskutieren und Empfehlungen abzugeben.

Karikatur: Gerhard Mester, 2010

M5 Beispiele für Menschenrechtsverletzungen

a) Verfolgung und Unterdrückung

Laut einem Bericht der Menschenrechtsorganisation Amnesty International hat die Taliban nach ihrer Machtübernahme in Afghanistan im Sommer 2021 schwere Menschenrechtsverletzungen begangen. Laut dem Bericht verfolgt die radikalislamische Regierung Minderheiten, unterdrückt Frauen und geht gewaltsam gegen friedliche Proteste vor. Theresa Bergmann, Asien-Expertin bei Amnesty International in Deutschland, sagt, dass ein Jahr nach dem öffentlichen Versprechen der Taliban, die Menschenrechte im Land zu schützen und zu fördern, die menschenrechtliche Bilanz katastrophal sei. Laut Bergmann gehören willkürliche Inhaftierungen, Folter, Verschwindenlassen und Hinrichtungen im Schnellverfahren zum Alltag. Besonders betroffen seien zudem die Rechte der Mädchen und Frauen. Ihnen werde die Teilhabe am öffentlichen Leben und der Zugang zu Bildung systematisch verwehrt.

Basierend auf: Pressemitteilung: Afghanistan unter den Taliban: Massive Gewalt und gebrochene Versprechen. In: www.amnesty.de, 15.08.2022

b) Todesstrafe und Hinrichtungen

©*C.C. Buchner Verlag, aktuelle Daten nach: Amnesty International (Datenerhebung: 2022; Grafikerstellung: 2023)*

c) Bericht zur Menschenrechtssituation in Deutschland

Junge Menschen mit Behinderungen: anerkannte Berufsausbildung statt Sonderwege

In Deutschland werden die Menschenrechte von Menschen mit Behinderungen in Bezug auf den Zugang zur beruflichen Bildung verletzt. Obwohl die UN-Behindertenrechtskonvention den Staat dazu verpflichtet, alle Menschen diskriminierungsfrei zu behandeln und ihnen den gleichen Zugang zur beruflichen Bildung zu gewährleisten, haben junge Menschen mit Behinderungen immer noch Schwierigkeiten, eine anerkannte Berufsausbildung zu absolvieren. Stattdessen werden sie in "Sonderformen" ausgebildet, die sie oft nicht auf den regulären Arbeitsmarkt vorbereiten. Damit bleibt ihnen der Zugang zu gut bezahlten und langfristigen Arbeitsplätzen verwehrt. Eine anerkannte Berufsausbildung ist der Schlüssel zu einem erfolgreichen Arbeitsleben.

Wenn jedoch junge Menschen mit Behinderungen nicht die gleichen Möglichkeiten wie ihre nichtbehinderten Altersgenossen haben, kann dies zu einer Verletzung ihrer Menschenrechte führen. Durch die Einschränkung des Zugangs zu anerkannten Berufsausbildungen werden ihre Chancen auf eine erfolgreiche Karriere beeinträchtigt. Das kann zu einer finanziellen Instabilität und Abhängigkeit von staatlichen Leistungen führen. Darüber hinaus beeinträchtigt die Einschränkung des Zugangs zur Bildung auch ihre Fähigkeiten und Talente voll auszuschöpfen und somit einen wertvollen Beitrag zur Gesellschaft zu leisten.

Basierend auf: Deutsches Institut für Menschenrechte: Entwicklung der Menschenrechtssituation in Deutschland Juli 2019 – Juni 2020. Bericht an den Deutschen Bundestag gemäß § 2 Absatz 5 DIMRG. Berlin 2020, S. 40 ff.

6.1 Was sind Menschenrechte und wie können sie geschützt werden?

233

d) Saima: Das traurige Schicksal einer Kinderbraut

Das Foto zeigt die 16-jährige Saima und ihren 36-jährigen Eheman Mohammad Ramzan. Es zeigt ein Mädchen, dass resigniert schaut. Es scheint, als hätte sie
5 akzeptiert, dass sie niemals die Freiheit haben wird, über ihr eigenes Leben zu bestimmen. Saimas Vater hatte beschlossen Saima schon mit 14 Jahren zu verheiraten. Das Schicksal des Mäd-
10 chens ist kein Einzelfall: Laut einer Studie des Kinderhilfswerks Unicef werden in Saimas Heimatland Pakistan viele Jugendliche vor ihrem 18. Geburtstag verheiratet: Von den 20-24-jährigen Frau-
15 en, waren 18 % verheiratet bevor sie 18 waren, (bei den Männern waren es knapp 5 %,) und 3 % bevor sie 15 Jahre alt waren. Diese Zahlen spiegeln den weltweiten Durchschnitt wider. Armut,
20 mangelnde Bildung und religiöse Überzeugungen spielen bei dieser menschen-

Saima wurde von ihrem Vater mit Mohammad Ramzan verheiratet

rechtsverachtenden Tradition eine Rolle.
Kinderhochzeiten sind nicht nur eine Verletzung der Menschenrechte, son- 25 dern führen auch zu Problemen wie frühen Schwangerschaften und damit verbundenen Todesfällen.

Basierend auf: Becker, Claudia: Saima – das traurige Schicksal einer Kinderbraut. In: www.welt.de, 01.01.2017

Unicef
Das Kinderhilfswerk der Vereinten Nationen (United Nations Children's Fund, UNICEF) ist eines der entwicklungspolitischen Organe der Vereinten Nationen. Es arbeitet vor allem in Entwicklungsländern und unterstützt in ca. 190 Staaten Kinder und Mütter in den Bereichen Gesundheit, Familienplanung, Hygiene, Ernährung sowie Bildung und leistet humanitäre Hilfe in Notsituationen.

AUFGABEN

1. Analysiere die Karikatur (→ **Methodenglossar**). Auf welches Problem macht der Karikaturist aufmerksam (**M4**)?

2. Führt ein Gruppenpuzzle durch (→ **Methode, S. 114**):
   a) Arbeitet in 4er Gruppen und teilt das Material **M5a-d** untereinander auf.
   b) Notiert zu eurem Material, wo und wie Menschenrechte verletzt werden.
   c) Vergleicht eure Ergebnisse mit den Mitschüler:innen der anderen Gruppen, die dasselbe Material gewählt haben.
   d) Setzt euch wieder in euren Ausgangsgruppen zusammen und füllt gemeinsam die folgende Tabelle aus.

	Welche(s) Menschenrecht(e) wird bzw. werden verletzt?	Wie werden die Menschenrechte verletzt?
Material 5a		
Material 5b		

F zu Aufgabe 2
Formuliere Gründe, warum es auf der Welt auch heute noch zu Menschenrechtsverletzungen kommt.

3. Recherchiere, in welchen Länder es weitere Beispiele für Menschenrechtsverletzungen gibt. Gestalte dazu ein Plakat.

▶ (Wie) Können Menschenrechte geschützt werden?

Die Frage, ob Menschenrechte geschützt werden können, beschäftigt die Menschen schon seit langem. Trotz der Anerkennung von Menschenrechten gibt es immer wieder Verletzungen. Doch wer setzt sich überhaupt für die Einhaltung der Menschenrechte ein und welche Maßnahmen können ergriffen werden, um eine bessere Umsetzung der Menschenrechte zu erreichen?

M6   Organisationen für Menschenrechte

Es gibt viele verschiedene Organisationen, die sich weltweit für den Schutz der Menschenrechte einsetzen. Von einigen hast du vielleicht auch schon mal gehört. Hier findest du eine Auswahl:

M7   Kann der Internationale Strafgerichtshof Menschenrechte schützen?

Der Internationale Strafgerichtshof (kurz: IStGH) nahm am 1. Juli 2002 seine Arbeit auf. Das Ziel war es, unabhängig von Staaten, Kriegsverbrechende dort anzuklagen und zu verurteilen.

a) Wie ist der Internationale Strafgerichtshof aufgebaut?

Bearbeitergrafik

6.1 Was sind Menschenrechte und wie können sie geschützt werden?

235

b) Wie sieht die Bilanz des IStGH nach zwanzig Jahren aus? ⟳

Am 1. Juli 2002 hatte der Internationale Strafgerichtshof, kurz IStGH, zum ersten Mal seine Arbeit aufgenommen. Ein großer Schritt für die internationale Strafgerichtsbarkeit. Und groß waren
5 auch die Hoffnungen in das Gericht: Kriegsverbrecher sollten in Den Haag angeklagt und verurteilt werden, international unabhängig, transparent und fair. [...] Doch nur eine Handvoll Ge-
10 richtsurteile gibt es bislang, die Verurteilten stammen aus eher kleinen Ländern. Das Gericht arbeite langsam und ineffizient, wird kritisiert. Und Staaten
15 wie die USA, Russland oder China machen gar nicht erst mit. Doch ausgerechnet der Krieg in der Ukraine könnte nun der Idee von einem internationalen Strafrecht neue Relevanz verleihen. An-
20 ders als am Internationalen Gerichtshof, an dem Staaten einen anderen Staat verklagen, richten sich die Verfahren am Internationalen Strafgerichtshof spezifisch gegen eine Person, der min-
25 destens eine Völkerstraftat nachgewiesen werden muss. Verfolgt werden folgende Straftaten:
- Verbrechen gegen die Menschlichkeit
- Völkermord
30 - Kriegsverbrechen zwischen mehreren Staaten und innerhalb einzelner Staaten

[...] Der Internationale Strafgerichtshof ist keine Einrichtung der UN, alle Staaten müssen gesondert beitreten. 123 ha-
35 ben das inzwischen getan. Von den fünf ständigen Mitgliedern des UN-Sicherheitsrates haben die USA, Russland und die Volksrepublik China den Internationalen Strafgerichtshof bisher allerdings
40 nicht ratifiziert. Eigentlich ein großes Manko, das den Einsatz des Strafgerichtshofs aber nicht völlig verhindert.

Nach: Bädorf, Marc: Kriegsverbrecher vor Gericht –
Der Internationale Strafgerichtshof in Den Haag.
In: www.swr.de, 17.03.2023

Ratifiziert
Einen Vertrag gültig machen

M8 Amnesty fordert Staaten zur Unterstützung auf

Die Hilfsorganisation Amnesty International hat die Staatengemeinschaft aufgefordert, die Ermittlungen des Internationalen Strafgerichtshofs gegen
5 Russland zu unterstützen. „Es ist gut, dass der internationale Strafgerichtshof nun dennoch wegen Kriegsverbrechen ermittelt", sagte der Generalsekretär von Amnesty International Deutsch-
10 land, Markus N. Beeko [...]. Der völkerrechtswidrige Einmarsch russischer Truppen in der Ukraine gehe mit zahlreichen Verstößen gegen das humanitäre Völkerrecht einher und verlet-
15 ze die Menschenrechte von Millionen von Menschen. „Amnesty Internatio-
nal hat dokumentiert, dass russisches Militär Wohngebiete und zivile Objekte wie Krankenhäuser oder Schulen an-
20 gegriffen und dabei auch weit geächtete Streumunition eingesetzt hat", sagte Beeko [...]. „Diese Angriffe, bei denen Zivilpersonen und auch Kinder starben, bewertet Amnesty als Kriegsver-
25 brechen, und sie sind auf das Schärfste zu verurteilen."

Nach: Mendgen, Alisha: Amnesty fordert Staaten zur
Unterstützung der Ermittlungen gegen Russland auf.
In: www.rnd.de, 08.03.2022

NICHTREGIERUNGSORGANISATION

Eine Nichtregierungsorganisation (englisch: NGO – non governmental organization) ist ein nicht-staatlicher Interessenverband, der unabhängig von staatlicher Förderung arbeitet.
Ihr Ziel ist es, ihre Anliegen bekannt zu machen und darauf hinzuwirken, dass sich bestimmte Dinge in der Gesellschaft oder in der Politik verändern. Typische Themen sind z. B. der Schutz der Menschenrechte, Tierschutz, Umwelt und Natur, soziale Gerechtigkeit und Ernährung.

M9   Kritik an NGOs

Auch wenn NGOs keiner politischen Partei zuzuordnen sind und sie für sich in Anspruch nehmen, allgemeine Gesellschaftsinteressen zu vertreten, gibt
5 es dennoch Kritik an einer zu starken Stellung der NGOs:
So können die Defizite bei der Legitimation globaler Politik nicht hinreichend durch NGOs ausgeglichen werden, da
10 diese ebenfalls nicht demokratisch legitimiert sind. Selbst die NGOs, die sich für mehr Demokratie auf globaler Ebene einsetzen, sind nicht gewählt und damit nicht ermächtigt, im Namen des Volkes zu agieren.   15

Zudem sind NGOs auch intern nicht immer demokratisch strukturiert und ihre Spendenabhängigkeit kann in Widerspruch zu ihrer Glaubwürdigkeit stehen.   20

Bundeszentrale für politische Bildung: NGOs – Nicht-Regierungsorganisationen. In: www.bpb.de, 01.10.2017

AUFGABEN

H   **zu Aufgabe 1**
Nutze dazu die Internetseiten der jeweiligen Organisationen.

1. a) Benenne die Organisationen in **M6**. Welche kennst du bereits?
   b) Erkläre, wie die Organisationen die Menschenrechte schützen möchten (**M6**).
   c) Sammelt in der Klasse weitere Organisationen, die sich für den Schutz der Menschenrechte einsetzen.

2. a) Erläutere Chancen und Probleme des Internationalen Gerichtshofs (**M7**).
   b) Nimm zur folgenden Aussage auf einer (digitalen) Positionslinie Stellung: Kann der Internationale Strafgerichtshof Menschenrechte schützen?

3. a) Erläutere kurz in eigenen Worten, was eine NGO ist (**#Nichtregierungsorganisation**).
   b) Lies die Texte in **M8** und **M9** und erstelle anschließend eine Pro- und Kontra-Liste über den Einfluss von NGOs.
   c) Diskutiert in der Klasse: Ist die Kritik an NGOs (**M9**) berechtigt?

WAS SIND MENSCHENRECHTE UND WIE KÖNNEN SIE GESCHÜTZT WERDEN?

MENSCHENRECHTE

← M2, M3

Auf Menschenrechte hat jeder von uns Anspruch. Schon im Mittelalter gab es erste Gesetzte, die vor der willkürlichen Macht der Herrschenden schützten. Im Laufe des Jahrhunderte wurden immer wieder in verschiedenen Ländern unterschiedliche Rechte aufgeschrieben. Die Menschenrechte, wie wir sie heute kennen, gehen aus der Allgemeinen Erklärung der Menschenrechte hervor. Diese Rechte wurden 1948 von der Generalversammlung der Vereinten Nationen verabschiedet. Die damals 56 Mitgliedstaaten haben sich auf einen Katalog von Menschenrechten geeinigt und sich dazu verpflichtet, diesen in ihren Ländern umzusetzen, zu wahren und zu schützen. Zu diesen Rechten gehören beispielsweise der Schutz der Menschenwürde, das Recht auf Leben und Freiheit, die Gleichheit vor dem Gesetz, der Anspruch auf ein faires Gerichtsverfahren, Schutz des Privatlebens, das Recht auf Gedanken-, Meinungs-, Eigentums- und Religionsfreiheit.

ALLGEMEINE GÜLTIGKEIT VON MENSCHENRECHTEN

← M4, M5

Die Idee der Menschenrechte ist mit der Vorstellung verbunden, dass die Menschenrechte für alle Menschen in allen Staaten gelten sollen, egal, welche Religion oder Kultur dort vorherrscht. Es gibt jedoch Staaten, die dies ablehnen, vor allem dann, wenn die Gemeinschaft gegenüber dem einzelnen Menschen als wichtiger angesehen wird (z. B. China).

SCHUTZ VON MENSCHENRECHTEN

← M6-M9

Staaten können Menschenrechte schützen, indem sie diese in ihre jeweiligen Gesetze einfließen lassen. In Deutschland wurde dies mit den Artikeln 1-19 des Grundgesetzes umgesetzt.

Wenn gegen Menschenrechte verstoßen wird, gibt es die Möglichkeit, gerichtlich vorzugehen. Auf internationaler Ebene gibt es dafür den Internationalen Strafgerichtshof (IStGH). Er wird bei Völkermord, schweren Kriegsverbrechen sowie Verbrechen gegen die Menschlichkeit aktiv. Er ist jedoch nur dann zuständig, wenn die jeweiligen Staaten nicht selbst in der Lage sind, gerichtlich gegen die Verbrechen vorzugehen. Der IStGH kann aber nicht von sich aus aktiv werden, sondern muss von einem Mitgliedsland angerufen werden. Angeklagt werden dann Einzelpersonen, aber nur, wenn das jeweilige Land, in dem das Verbrechen begangen wurde, auch dem Gerichtshof beigetreten ist. Darüber hinaus kämpfen weltweit auch NGOs (Non Governmental Organizations) für die Einhaltung und Umsetzung von Menschenrechten. Diese finanzieren sich durch Spenden und sind nicht auf Gewinn ausgerichtet. Die Organisationen können sich speziell für eine bestimmte Bevölkerungsgruppe (UNICEF: Kinder, Terre des Femmes: Frauen) oder auch ganz allgemein für Menschenrechtsverletzungen jeglicher Art einsetzen (Human Rights Watch).

6.2 Die UN, NATO und Bundeswehr: Garanten für Frieden, Sicherheit und Menschenrechte?

▶ Welche Ziele verfolgen die Vereinten Nationen?

Die Vereinten Nationen (UN, oder auch UNO) sind eine globale Organisation mit dem Ziel, Frieden und Zusammenarbeit zwischen Nationen zu fördern. Doch welche Ziele verfolgen die Vereinten Nationen genau?

M1 Die Skulptur Non-Violence

Diese Skulptur mit dem Namen „Non-Violence" (deutsch: gewaltfrei) oder auch „The Knotted Gun" (deutsch: die verknotete Pistole) steht vor dem Hauptsitz der Vereinten Nationen in New York City.

M2 Was sind die Aufgaben und Ziele der UN?

Die Vereinten Nationen setzen sich folgende Ziele, die in der UN-Charta (Gründungsvertrag der UN aus dem Jahr 1945) niedergeschrieben sind:

1 den Weltfrieden und die internationale Sicherheit zu wahren und zu diesem Zweck wirksame Kollektivmaßnahmen zu treffen, um Bedrohungen des Friedens zu verhüten und zu beseitigen, Angriffshandlungen und andere Friedensbrüche zu unterdrücken und internationale Streitigkeiten oder Situationen, die zu einem Friedensbruch führen könnten, durch friedliche Mittel nach den Grundsätzen der Gerechtigkeit und des Völkerrechts zu bereinigen oder beizulegen;

2 freundschaftliche, auf der Achtung vor dem Grundsatz der Gleichberechtigung und Selbstbestimmung der Völker beruhende Beziehungen zwischen den Nationen zu entwickeln und andere geeignete Maßnahmen zur Festigung des Weltfriedens zu treffen;

3 eine internationale Zusammenarbeit herbeizuführen, um internationale Probleme wirtschaftlicher, sozialer, kultureller und humanitärer Art zu lösen und die Achtung vor den Menschenrechten und Grundfreiheiten für alle ohne Unterschied der Rasse, des Geschlechts, der Sprache oder der Religion zu fördern und zu festigen;

4 ein Mittelpunkt zu sein, in dem die Bemühungen der Nationen zur Verwirklichung dieser gemeinsamen Ziele aufeinander abgestimmt werden.

Charta der Vereinten Nationen, Artikel 1

6.2 Die UN, NATO und Bundeswehr: Garanten für Frieden, Sicherheit und Menschenrechte?

239

M3 Wie wurden die Ziele im 21. Jahrhundert weiterentwickelt?

Im Jahr 2015 verabschiedeten die Vereinten Nationen ein Dokument mit einem Plan, der die Welt bis zum Jahr 2030 nachhaltig gestalten soll. Alle 193 Staaten der Vereinten Nationen haben sich auf diesen Plan geeinigt:

Die 17 Nachhaltigkeitsziele

 VEREINTE NATIONEN

Die Vereinte Nationen (kurz UNO: United Nations Organization, UN: United Nations oder VN: Vereinte Nationen) sind ein Zusammenschluss von derzeit 193 Staaten zur Erhaltung des Friedens und der Sicherheit auf der Welt.

Vor dem Hintergrund des zweiten Weltkrieges entstand die Organisation im Jahr 1945. Handlungsgrundlage der Organisation bildete die Charta (Verfassung), die unter anderem den Verzicht auf Gewalt festlegt. Ausnahmen sind das Recht zur Selbstverteidigung oder Maßnahmen, die der Sicherheitsrat der Vereinten Nationen gegen diejenigen beschließt, die den Frieden bedrohen.

AUFGABEN

1. Beschreibe die Skulptur und erkläre ihre Bedeutung (**M1**).
2. Nenne die Ziele der Vereinten Nationen (**M2**).
3. Erkläre, welchen Stellenwert die UN Charta für das internationale Zusammenleben hat (**M2**).
4. Bewerte, inwiefern das Erreichen der 17 Nachhaltigkeitsziele das Ziel des Weltfriedens unterstützt (**M3**).

F **zu Aufgabe 2**
Beurteile, ob die Ziele der UN heute erreicht sind.

▶ Wie sind die Vereinten Nationen aufgebaut?

Die Vereinten Nationen werden von einer Generalsekretärin oder einem General-sekretär geleitet. Darüber hinaus hat die UNO zahlreiche Unterorganisationen, die sich jeweils um bestimmte Bereiche kümmern. Wenn es um Frieden, Sicherheit und Menschenrechte geht, dann sind die Generalversammlung und der Sicherheitsrat die wichtigsten Organe.

M4   Eine Stimme für jedes Mitglied – ein gerechtes Prinzip?

Stimmenverteilung in der UN im Verhältnis zur Bevölkerung und finanziellem Beitrag am Beispiel (Stand: 2020)			
Mitgliedstaat	**Einwohnerzahl**	**Anteil am UN-Haushalt**	**Stimmen in der Generalversammlung**
USA	ca. 328 Millionen	22 %	1
Deutschland	ca. 83 Millionen	6,1 %	1
Bahamas	ca. 0,4 Millionen	< 0,1 %	1

Bearbeiter

M5   Die Generalversammlung

Sitzungssaal der Generalversammlung der Vereinten Nationen

Die Generalversammlung ist das wichtigste Beratungsorgan der Vereinten Nationen. Die Delegierten (Beauftragte) der Mitgliedstaaten treffen sich hier jährlich von September bis Dezember. Sie diskutieren weltpolitische Fragestellungen und halten Beschlüsse in Resolutionen fest, die politische Forderungen enthalten. Sie beschließen den Haushalt, d.h. sie bestimmen darüber, 15 wofür wie viel Geld ausgegeben wird. Außerdem ernennen sie die Generalsekretärin oder den Generalsekretär, wählen die nichtständigen Mitglieder des Sicherheitsrates und entscheiden über die Aufnahme neuer Mitglieder. 20 Jeder Mitgliedstaat hat eine Stimme in der Generalversammlung. Für wichtige Entscheidungen wird eine Zwei-Drittel-Mehrheit benötigt. Sehr häufig wird aber auch im Konsens, also einstimmig, 25 entschieden. Die Resolutionen und Beschlüsse der Generalversammlung sind nicht bindend für die Mitgliedstaaten. Weil aber die Mehrheit aller Staaten hinter den Entscheidungen steht, haben 30 sie ein politisches Gewicht.

Bearbeiterin

M6   Die Generalsekretärin bzw. der Generalsekretär

Als Chefin oder Chef des UN-Sekretariates koordiniert die Generalsekretärin bzw. der Generalsekretär die tägliche Arbeit der Vereinten Nationen. Ernannt wird sie oder er auf Vorschlag 5 des Sicherheitsrates für fünf Jahre von der Generalversammlung. Eine Wiederwahl ist möglich. Die Aufgaben beste-

6.2 Die UN, NATO und Bundeswehr: Garanten für Frieden, Sicherheit und Menschenrechte?

241

hen darin, den Haushaltsplan aufzustellen, an Sitzungen der UN-Hauptorgane teilzunehmen, diesen Bericht über die Arbeit der UN zu erstatten, die Hauptorgane bei ihrer Arbeit zu unterstützen und die UN nach außen zu repräsentieren. Zudem kann sie oder er den Sicherheitsrat auf friedensgefährdende Angelegenheiten aufmerksam machen und als diplomatische:r Vermittler:in Friedenspläne aufstellen.

Bearbeiterin

M7   Der Sicherheitsrat

Die Hauptaufgabe des Sicherheitsrates ist die Wahrung des Weltfriedens und der internationalen Sicherheit. Dazu darf der Sicherheitsrat Maßnahmen und Sanktionen beschließen und auch militärisch in Konflikte eingreifen. Seine Beschlüsse sind bindend.

Der UN-Sicherheitsrat
Stand: 2023

73000-280

USA
Großbritannien
Frankreich
Russland
China
Mosambik
Gabun
Ghana
Japan
Vereinigte Arabische Emirate
Ecuador
Brasilien
Schweiz
Malta
Albanien

5 ständige Mitglieder
15 Mitglieder
10 nichtständige Mitglieder

Die 10 nichtständigen Sitze sind wie folgt auf die Regionalen Gruppen der UN verteilt:

3 Afrikanische Staaten
2 Asiatische Staaten
2 Lateinamerikanische und karibische Staaten
2 Westeuropäische und andere Staaten
1 Osteuropäischer Staat

5 ständige Mitglieder:
• besitzen jeweils ein Vetorecht

10 nichtständige Mitglieder:
• werden jeweils für 2 Jahre von der UN-Generalversammlung gewählt

Voraussetzungen für die Beschlussfassung:
• 9 von 15 Stimmen
• kein Veto

©C.C. Buchner Verlag, aktuelle Daten nach: United Nations (Datenerhebung: 2023; Grafikerstellung: 2023)

AUFGABEN 70079-119

1. Diskutiert in der Klasse, ob die Stimmverteilung in der Generalversammlung gerecht ist (**M4**).

2. Erstelle eine Mindmap (→ **Methodenglossar**) zu den Organen der Vereinten Nationen und ihren Aufgaben (**M5-M7**).

3. Beschreibe die Zusammensetzung des Sicherheitsrates und die Bedeutung des Vetorechts im Zuge der Beschlussfassung (**M7**).

4. Beurteilt in Kleingruppen, wie hoch die Möglichkeiten der Friedenssicherung und Konfliktbewältigung für die einzelnen Organe ist.

▶ Der UN-Sicherheitsrat: ein zahnloser Tiger oder ...?

Der UN-Sicherheitsrat gilt als weltweit mächtigstes Gremium im Kampf gegen Krieg und für internationale Sicherheit. Der UN-Sicherheitsrat kann Beschlüsse zur Friedensbemühungen und Sanktionen fassen. Doch die Struktur des Sicherheitsrates kann eine Entscheidungsfindung auch unmöglich machen.

M8   Nicht immer ist man sich einig

Ⓐ UN-Sicherheitsrat: Russland-Resolution scheitert – China enthält sich

dpa: UN-Sicherheitsrat: Russland-Resolution scheitert – China enthält sich. In: www.zeit. de, 26.02.2022

Ⓑ UN-Sicherheitsrat verlängert Syrien-Hilfen um sechs Monate

Zeit Online: UN-Sicherheitsrat: UN-Sicherheitsrat verlängert Syrien-Hilfen um sechs Monate. In: www.zeit.de, 12.07.2022

Ⓒ Uno-Sicherheitsrat: Russland und China blockieren schärfere Sanktionen gegen Nordkorea

bbr/dpa/AFP: Russland und China blockieren schärfere Sanktionen gegen Nordkorea. In: www.spiegel.de, 27.05.2022

  VETORECHT

Das Vetorecht des UN-Sicherheitsrates ermöglicht es den fünf ständigen Mitgliedern - USA, China, Russland, Großbritannien und Frankreich - eine Entscheidung zu blockieren, auch wenn alle anderen Mitglieder dafür sind.
Dies kann die Effektivität des Sicherheitsrats beeinträchtigen und zu Konflikten führen.

M9   Die Beschlussfähigkeit des Sicherheitsrates in verschiedenen Situationen

a) Sicherheitsrat beschließt einstimmig Resolution

Der UN-Sicherheitsrat hat die in Afghanistan herrschenden Taliban aufgerufen, die von ihnen verhängten Einschränkungen der Frauenrechte im Land sofort wieder aufzuheben.

In einer am Donnerstag in New York einstimmig verabschiedeten Resolution forderten die 15 Mitgliedstaaten des Sicherheitsrates von den radikalislami-
5 schen Machthabern in Kabul, „schnell die Politik und die Praktiken rückgängig zu machen, die Frauen und Mädchen in der Wahrnehmung ihrer Men-
schenrechte und Grundfreiheiten einschränken". Das höchste UN-Gre- 10 mium [...] forderte für die afghanischen Frauen Zugang zu Bildung, Arbeit sowie die gleichberechtigte Möglichkeit zur Teilnahme am öffentlichen Leben. [...] Der Sicherheitsrat beklagte in sei- 15 ner Resolution überdies die „schlimme

6.2 Die UN, NATO und Bundeswehr: Garanten für Frieden, Sicherheit und Menschenrechte?

243

wirtschaftliche und humanitäre Situation" in Afghanistan und die Notwendigkeit, dass UN-Organisationen weiterhin
20 im Land tätig sein können. Der russische UN-Botschafter Vasily Nebenzia erklärte, die Resolution gehe nicht weit genug, und warf den westlichen Staaten vor, eine ehrgeizigere Erklärung ver-

hindert zu haben. Er forderte die west- 25 lichen Staaten auf, die von den USA eingefrorenen Milliardenbeträge der afghanischen Zentralbank dem Land zurückzugeben.

AFP: Per Resolution – Taliban sollen frauenverachtende Politik beenden. In: www.20min.ch, 28.04.2023

b) Keine Handlungsmöglichkeit des Sicherheitsrates

Eine gegen Russlands Einmarsch in die Ukraine gerichtete Resolution ist im UN-Sicherheitsrat wie erwartet am Veto Moskaus gescheitert.

Doch westliche Diplomaten werteten die Abstimmung vor dem mächtigsten UN-Gremium am Freitagabend (Ortszeit) dennoch als Erfolg bei ihrem Ver-
5 such, Russland international zu isolieren und einen Keil zwischen Moskau und Peking zu treiben. Kein anderes Land stimmte mit Russland. China – sonst enger UN-Partner der Rus-
10 sen – enthielt sich genauso wie Indien und die Vereinigten Arabischen Emirate. 11 Staaten stimmten zu, während über 70 weitere nicht stimmberechtigte Länder die Resolution unterstütz-
15 ten. Das Stimmverhalten Chinas wurde dabei als vorsichtige Distanzierung von Russland gewertet. [...] Da Russland im Sicherheitsrat wie auch China,

die USA, Frankreich und Großbritannien ein Vetorecht besitzt, schien eine 20 Annahme von vornherein unmöglich. Die USA und ihre westlichen Verbündeten hofften jedoch, Moskau diplomatisch weitgehend isolieren zu können. Die Verhandlungen dafür dauerten bis 25 in die letzten Minuten vor der Abstimmung an – der Text wurde in der Folge noch einmal geändert, um China von einem Veto abzuhalten und die Zustimmung von Wackelkandidaten zu errei- 30 chen. Letzteres wurde aufgrund der Enthaltungen Indiens und der Vereinigten Arabischen Emirate jedoch nicht erreicht.

dpa: Russland-Resolution scheitert – China enthält sich. In: www.zeit.de, 26.02.2022

AUFGABEN

1. Benenne das Problem, auf das die Schlagzeilen (**M8**) hinweisen.
2. Arbeitet im Partnerbriefing:
   a) Wählt jeweils einen Text aus (**M9a+b**) und lest ihn genau durch.
   b) Notiert euch in Stichpunkten, worum es in dem Text geht und wie die beschriebene Situation ausgeht.
   c) Erläutert eurer Partnerin bzw. eurem Partner, mithilfe eurer Notizen, die Situation, die in eurem Text beschrieben wird.
3. Ist der UN-Sicherheitsrat ein überflüssiges Gremium? Nehmt ausgehend von euren Ergebnissen aus Aufgabe 2 Stellung zu dieser Frage.
4. Erläutere die Chancen und Risiken des Vetorechtes (**#Vetorecht**, **M9**).

 zu Aufgabe 3 & 4
Entwickelt in Kleingruppen Reformideen für den UN-Sicherheitsrat (M7, M9).

▶ Die NATO: notwendig oder überflüssig?

Lebt man in Friedenszeiten, werden in der Gesellschaft häufig Stimmen laut, ob internationale Verteidigungs- und Militärbündnisse überhaupt noch notwendig sind. Diese Frage kann man unter verschiedenen Gesichtspunkten erläutern.

M10　Aktuelle Herausforderungen der NATO

Karikatur: Heiko Sakurai, 2016

M11　Was macht die NATO aus?

Die NATO war am 4. April 1949 mit dem sogenannten Vertrag von Washington als transatlantische Wertegemeinschaft und im Zuge des Kalten Krieges ins Leben ge-
5 rufen worden. Ihr gehören derzeit 31 Mitgliedstaaten an. Im Nordatlantikvertrag unterstreichen die Vertragsparteien, dass sie entschlossen sind, „die Freiheit, das gemeinsame Erbe und die Zivilisation ih-
10 rer Völker, die auf den Grundsätzen der Demokratie, der Freiheit der Person und der Herrschaft des Rechts beruhen, zu gewährleisten". Im Kern vereinbart das Bündnis in Artikel 5, „dass ein bewaff-
15 neter Angriff gegen eine oder mehrere von ihnen in Europa oder Nordamerika als ein Angriff gegen sie alle angesehen wird". Daraus erfolgt allerdings noch keine automatische Beistandspflicht, son-
20 dern die Mitglieder entscheiden über die Art und Weise ihrer Unterstützung. US-Generäle übernehmen den militärischen Oberbefehl der NATO. Ein Europäer vertritt gleichzeitig die NATO nach
25 außen als Generalsekretär. Alle Entscheidungen werden im NATO-Rat von den Mitgliedern im Konsens getroffen. In seiner Geschichte erlebt die NATO mehrere Zäsuren. Der Warschauer Pakt löste sich
30 im Zuge der Wiedervereinigung Deutsch-

6.2 Die UN, NATO und Bundeswehr: Garanten für Frieden, Sicherheit und Menschenrechte?

245

lands 1990/91 und dem Ende der Sowjetunion auf. Die NATO widmete sich daraufhin neben der Bündnisverteidigung neuen Aufgaben wie dem Krisenma-
35 nagement zu. 1999 und 2011 führte die NATO Militäroperationen in Kosovo und Libyen durch.

Nach den Terroranschlägen vom 11. September 2001 in den USA wurde erstmals
40 der Bündnisfall gemäß Artikel 5 festgestellt. Im War on Terror übernahm die NATO erstmals das Kommando über die 100.000 starke multinationale Streitkraft in Afghanistan.
45 Wegen der Ukraine-Krise beschlossen die NATO-Partner, sich gegen mögliche Bedrohungen aus Russland zu wappnen.

In seiner Amtszeit (2017-2021) drohte US-Präsident Trump mehrmals mit dem Austritt der USA aus der NATO und einem Alleingang und erklärte die NATO als „obsolet", sollten nicht alle Bündnispartner ihre Verteidigungsausgaben erhöhen. Frankreichs Präsident Emmanuel Macron erklärt die Nato daraufhin im Herbst 2019 für „hirn-
60 tot" und forderte, das Europa selbst in der Lage sein müsste, sich zu verteidigen, weil die USA als Schutzmacht nicht mehr verlässlich seien.

Bearbeiter

NATO-Außenminister-Treffen in Washington D.C., April 2019

Bündnisfall
Wenn ein Land der NATO militärisch angegriffen wird, stehen die NATO-Mitgliedstaaten dem Angegriffenen zur Wiederherstellung der Sicherheit zur Seite.

M12 So hat sich die NATO entwickelt ○

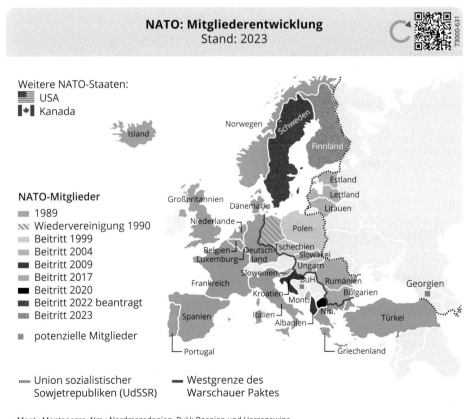

NATO: Mitgliederentwicklung
Stand: 2023

73000-631

Weitere NATO-Staaten:
🇺🇸 USA
🇨🇦 Kanada

NATO-Mitglieder
- ▬ 1989
- ⧹⧹ Wiedervereinigung 1990
- ▬ Beitritt 1999
- ▬ Beitritt 2004
- ▬ Beitritt 2009
- ▬ Beitritt 2017
- ▬ Beitritt 2020
- ▬ Beitritt 2022 beantragt
- ▬ Beitritt 2023
- ▪ potenzielle Mitglieder

⸱⸱⸱⸱ Union sozialistischer Sowjetrepubliken (UdSSR)

▬ Westgrenze des Warschauer Paktes

Island · Norwegen · Schweden · Finnland · Estland · Lettland · Litauen · Großbritannien · Dänemark · Niederlande · Polen · Belgien · Deutschland · Tschechien · Luxemburg · Slowakei · Slowenien · Ungarn · Frankreich · BuH · Rumänien · Georgien · Kroatien · Mont. · Bulgarien · Spanien · Italien · Nm. · Türkei · Albanien · Portugal · Griechenland

Mont.: Montenegro, Nm.: Nordmazedonien, BuH: Bosnien und Herzegowina

©C.C. Buchner Verlag, aktuelle Daten nach: NATO HQ (Datenerhebung: 2023; Grafikerstellung: 2023)

M13   Wie viel investieren die Mitgliedstaaten in die NATO?

a) Genügend Geld für die NATO?

Auf dem NATO-Gipfel in Wales vereinbarten die NATO-Staaten, 2-Prozent ihres Brutto-inlandsproduktes für Verteidigung auszugeben. Der Fokus auf das Bruttoinlandsprodukt (BIP) eines Staates sagt wenig über dessen reale Verteidigungsleistungen als NATO-Mit-glied aus. Griechenland hat beispielsweise in den vergangenen Jahren seinen Verteidi-gungshaushalt mehrfach gekürzt und erfüllt immer noch das Zwei-Prozent-Ziel, weil das griechische BIP immer weiter gesunken ist.

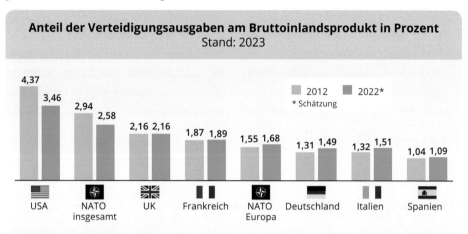

Anteil der Verteidigungsausgaben am Bruttoinlandsprodukt in Prozent
Stand: 2023

Nach: Statista, 2021 und NATO, 2023

b) Abbau der NATO-Truppen

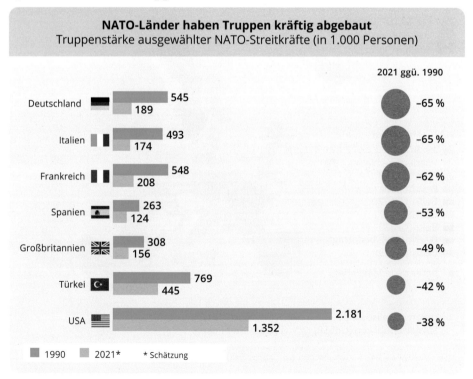

NATO-Länder haben Truppen kräftig abgebaut
Truppenstärke ausgewählter NATO-Streitkräfte (in 1.000 Personen)

Nach: Statista, 2022; Datenquelle: NATO

6.2 Die UN, NATO und Bundeswehr: Garanten für Frieden, Sicherheit und Menschenrechte?

247

M14 Verschiedene Ansichten zur NATO

a) Immer noch ein starker Partner

Der Nato-Beitritt Finnlands ist vollzogen. Der finnische Außenminister Pekka Haavisto überreichte am Dienstag in Brüssel die Beitrittsurkunde seines Landes und schloss damit den Aufnahmeprozess ab.

Nach einem nicht einmal einjährigen Beitrittsprozess ist das nordische Land mit 5,5 Millionen Einwohnern das 31. Mitglied des weltgrößten Verteidigungsbündnisses. [...] Zugleich wird das 1949 gegründete Bündnis durch den Beitritt Finnlands größer und schlagkräftiger.

dpa, ZDF: Finnland ist Nato-Mitglied – was das bedeutet. In: www.zdf.de, 04.04.2023

b) Kritik an der NATO

Die NATO hat in den vergangenen Jahren Länder aufgenommen, die früher zur Sowjetunion und zum Warschauer Pakt gehörten. Estland, Lettland und Litauen sind nun also nicht mehr Verbündete von Russland, sondern Teil der NATO.

Einige kritisieren, dass die NATO Russland so provoziert und dass das Verhältnis zwischen Russland und den Ländern der NATO dadurch schlechter geworden ist. Russland fühle sich dadurch bedroht. Denn diese Nachbarländer Russlands haben nun die mächtige NATO auf ihrer Seite. [...] Andere Kritikerinnen und Kritiker sagen, dass Frieden nicht mit Hilfe des Militärs erreicht werden könne. Auch wenn die NATO-Länder zurzeit keinen Krieg führten, seien sie generell bereit, Gewalt zur Lösung von Konflikten einzusetzen. Sie finden auch, dass viele der NATO-Mitgliedsländer zu viel Geld für ihr Militär ausgeben, statt es in andere wichtige Bereiche zu stecken.

Logo!: Die NATO: 31 Länder sind dabei. In: www.zdf.de, 15.05.2023

AUFGABEN

1. Analysiere die Karikatur in **M10** (→ **Methodenglossar**). Auf welches Problem macht der Karikaturist aufmerksam?

2. Erstelle eine Mindmap (→ **Methodenglossar**) zum Aufbau, der Geschichte und den zentralen Inhalten des Vertrags von Washington, dem Begriff der Wertegemeinschaft und den Besonderheiten der NATO (**M11**).

3. Erläutere die Entwicklung der NATO in den letzten 20 Jahren (**M12**).

4. Analysiere die Grafiken in **M13a+b** (→ **Methode, S. 106**). Welche möglichen Probleme der Nato lassen sich erkennen?

5. a) Arbeitet in Tandemarbeit die Argumente für und gegen die NATO heraus (**M14**).

   b) Ist die NATO notwendig oder überflüssig? Nimm Stellung und begründe deine Meinung unter der Berücksichtigung der Materialien **M11**-**M14**.

▶ Deutsche Außen- und Sicherheitspolitik: Was macht die Bundeswehr?

Die Bundeswehr hat den Auftrag, Deutschland im Angriffsfall zu verteidigen und für den Schutz der Bevölkerung zu sorgen. Doch nach dem Kalten Krieg hat sich das Aufgabenspektrum der Bundeswehr, insbesondere mit Blick auf internationale Zusammenarbeit, stark verändert.

M15   Einsatzorte der Bundeswehr

Hilfe während der Corona-Pandemie: Die Bundeswehr unterstützt bei der Registrierung in einem Impfzentrum.

Eine Einheit der Bundeswehr als Teil eines NATO-Einsatzes in Litauen.

Eine Einheit der Bundeswehr im Einsatz in Mali im Rahmen eines UN-Blauhelm-Einsatzes.

Bundeswehrsoldatinnen und -soldaten errichten eine Behelfsbrücke nach der Flutkatastrophe im Ahrtal, 2021.

Die Bundeswehr als Teil der EU-Mission EU NAVFOR in Somalia.

M16   Was sind die Aufgaben der Bundeswehr?

Berichte von Soldatinnen und Soldaten

70079-123

Die Aufgaben der Bundeswehr lassen sich in vier große Bereiche aufteilen:

Ⓐ Landes- und Bündnisverteidigung

Die Landes- und Bündnisverteidigung ist wieder Kernauftrag der Bundeswehr. Dabei greifen die Fähigkeiten aller Teilstreitkräfte ineinander. Denn wirksame Abschreckung gelingt nur gemeinsam. Egal ob Heer, Luftwaffe, Marine oder andere Bereiche der Bundeswehr: Sie gewährleisten mit ihrem Beitrag die Sicherheit und die Verteidigungsfähigkeit Deutschlands und seiner Bündnispartner. Dabei ist die Bundeswehr im Dauereinsatz – im In- und Ausland, rein national oder eingebunden in Truppenkontingente der NATO und Europäischen Union.

6.2 Die UN, NATO und Bundeswehr: Garanten für Frieden, Sicherheit und Menschenrechte?

249

B Internationales Krisenmanagement

Unter internationales Krisenmanagement fallen alle Maßnahmen, die darauf abzielen, einen bewaffneten Konflikt zwischen Staaten, Bevölkerungsgruppen oder anderen Konfliktparteien zu verhindern, einzudämmen und friedlich zu lösen. Oberste Ziele des internationalen Krisenmanagements sind die Prävention und Eindämmung von Krisen sowie die Stabilisierung betroffener Regionen.

C Nationale Krisenvorsorge

Bei Naturkatastrophen und besonders schweren Unglücksfällen, aber auch bei Großveranstaltungen, berät die Bundeswehr zivile Stellen und stellt auf Anforderung Kräfte zur Verfügung. [...] Bedrohungen früh zu erkennen, ist ein wesentlicher Bestandteil der nationalen Risiko- und Krisenvorsorge der Bundeswehr. Sie übernimmt beispielsweise zum Schutz und zur Sicherheit deutscher Staatsangehöriger im Ausland umfangreiche Aufgaben: von der präventiven Beratung deutscher Auslandsvertretungen bis hin zur Evakuierung aus Krisensituationen.

D Internationale Katastrophenhilfe

Bei Naturkatastrophen und anderen großen Notlagen sichert die internationale Katastrophenhilfe der Bundeswehr das Überleben der betroffenen Menschen. Es werden beispielsweise Lebensmittel, Behelfsunterkünfte oder Medikamente in die betroffenen Gebiete transportiert. Auf diese Soforthilfe folgt eine Nachbetreuung. Diese zielt darauf ab, dass sich Menschen in betroffenen Regionen in absehbarer Zeit wieder selbst helfen können.

Nach: Bundeswehr: Auftrag und Aufgaben der Bundeswehr. In: www.bundeswehr.de, Abruf am 29.06.2023

M17 Wo ist die Bundeswehr im Einsatz? ◌

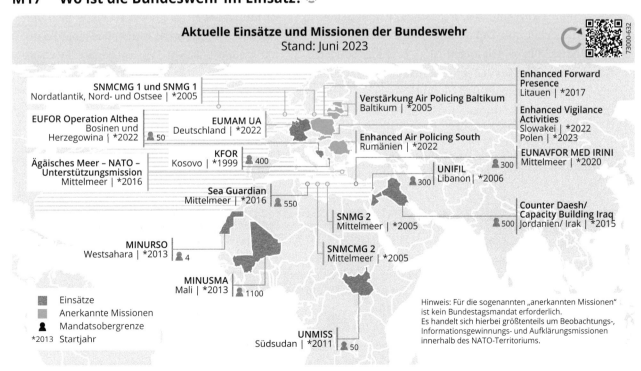

©C.C.Buchner Verlag, aktuelle Daten nach: Bundeswehr (Datenerhebung: 2023; Grafikerstellung: 2023)

M18   Die Verantwortung der Bundeswehr in der Welt?

A **Botschafter a.D. Wolfgang Ischinger: Deutschland muss vom außen- und sicherheitspolitischen Trittbrettfahrer zum Brückenbauer werden**

„Die Bundesrepublik Deutschland muss also jetzt mit der Tatsache umgehen, dass sie erwachsen geworden ist, [...] dass sie selbst für sich verantwortlich sein muss. Und das sie ihre
5 Sicherheit, oder wenigstens wesentliche Teile ihrer Sicherheit nicht mehr verlässlich an den großen Vetter auf der anderen Seite des Atlantiks outsourcen kann. [...] Die Bundesrepublik Deutschland muss sich mit der Tatsache ausei-
10 nandersetzen, dass wir in einer volatilen [instabilen] globalen und auch Europa umfassenden schwierigen Situation sitzen. Innerhalb der Europäischen Union gibt's Bruchstellen. Denken Sie nur an Brexit und die osteuropäischen Pro-
15 bleme. Im transatlantischen Bündnis gibt es erhebliche Bruchstellen." [...] Voraussetzung sei aber, dass sich in Deutschland eine strategische Kultur entwickele, die sowohl werte- als auch interessengeleitet sei. Realismus [Realitätssinn]
20 tue dabei not: Denn ohne militärische Machtmittel bleibe Diplomatie [...] kraftlos, so der langjährige Berufsdiplomat. Abschreckung ist friedenserhaltend und bezieht daraus auch ihre moralische Legitimation [Berechtigung].

Pindur, Marcus: Europa in Gefahr. In: www.deutschlandfunk. de, Abruf am 28.06.2021

B **Prof. Dr. Herbert Wulf: Mehr deutsche Verantwortung in der Welt sollte eine konsequente Politik der militärischen Nichteinmischung bedeuten**

Soll sich Deutschland, nur weil es das wirtschaftlich potenteste [stärkste] Land in der Europäischen Union ist, auf die Übernahme von mehr militärischer Verantwortung in der Welt einlassen? Das genaue Gegenteil wäre notwen-
5 dig: eine konsequente Politik der militärischen Nichteinmischung. Wenn diese Position geradlinig eingehalten und offensiv vertreten wird, dann kann Deutschland wirklich Verantwortung übernehmen: Bei UN-Friedensmissio-
10 nen – notfalls auch militärisch – und nur dort. Deutschland kann dann als ehrlicher [Vermittler] agieren. Es könnte internationale Anerkennung finden, weil eben keine versteckten Interessen hinter diesen Bemühungen stünden [...].
15 Es könnte eine Rolle einnehmen, ähnlich wie es heute Länder wie die Schweiz und Norwegen tun, die in zahlreichen Konflikten erfolgreich vermittelt haben. Auf der Basis klarer nicht-militärisch untermauerter Regeln und einer Politik mit unumstößlichen Werten könnte Deutsch-
20 land mit dem Ansehen einer Mittelmacht eine positive Rolle in Konfliktvermeidung und Konfliktmanagement übernehmen.

Wulf, Herbert: Das permanente Jein. In: www.ipg-journal.de, Abruf am 18.06.2021

AUFGABEN

1. Beschreibe die unterschiedlichen Einsatzorte und Tätigkeiten der deutschen Bundeswehr, die du in den Bildern erkennen kannst (**M15**).

2. a) Fasse die Aufgaben der Bundeswehr in eigenen Worten zusammen (**M16**).
   b) Ordne die Aufgaben (**M16**) den Bildern (**M15**) zu.

3. Diskutiert in der Klasse mithilfe von **M17** und **M18** die Frage, ob Deutschland sich in der Welt stärker engagieren sollte. ⟳

WELCHE ORGANISATIONEN SICHERN DIE MENSCHENRECHTE IN DEUTSCHLAND UND WELTWEIT?

 ### VEREINTE NATIONEN

←·· M1-M9

Die Vereinten Nationen (kurz: UN oder UNO) sind eine zwischenstaatliche Organisation mit dem Ziel, Frieden, Sicherheit und Zusammenarbeit zwischen den Nationen zu fördern. Die Vereinten Nationen setzten sich für Menschenrechte, Demokratie und internationale Zusammenarbeit ein und arbeitet an der Lösung globaler Probleme wie Klimawandel und Armut.

Der Sicherheitsrat der Vereinten Nationen hat die Verantwortung für die Aufrechterhaltung des internationalen Friedens und der Sicherheit. Der Sicherheitsrat kann Friedenssicherung durch Verabschiedung von Resolutionen erreichen. Jedes der fünf ständigen Mitglieder (USA, Russland, China, Frankreich und Großbritannien) hat ein Vetorecht, um eine Entscheidung des Rates zu blockieren. Dies kann jedoch zu Konflikten und Untätigkeit führen, wenn eine Entscheidung nicht einstimmig getroffen wird.

 ### NATO

←·· M10-M14

Die NATO ist ein politisches und militärisches Bündnis, das 1949 gegründet wurde, um die Sicherheit und Verteidigung ihrer Mitglieder zu gewährleisten. In den 1990er Jahren wurde die NATO um ehemalige Warschauer-Pakt-Länder erweitert, was zu Spannungen mit Russland führte. Die Osterweiterung stärkte jedoch auch die Zusammenarbeit und Solidarität zwischen den Mitgliedern.

Kritiker:innen argumentieren, dass die NATO ihre Rolle als Verteidigungsbündnis überschritten hat und in unklare militärische Einsätze verwickelt war. Befürworter:innen betonen jedoch die Bedeutung der NATO als Instrument zur Stärkung der Demokratie und zur Wahrung des Friedens.

 ### BUNDESWEHR

←·· M15-M18

Die Aufgaben der Bundeswehr umfassen die Landesverteidigung, die Beteiligung an internationalen Friedensmissionen und die Hilfeleistung im Inland. Die Bundeswehr verfügt über ein Sondervermögen, das zur Modernisierung und Ausstattung der Streitkräfte genutzt wird.

Ob die Bundeswehr einen Stellenwert in der internationalen Friedenssicherung hat, ist umstritten. Kritiker:innen argumentieren, dass die Bundeswehr in einigen Einsätzen in Konflikte verwickelt war, die nicht unbedingt im nationalen Interesse Deutschlands lagen. Befürworter:innen betonen jedoch die Bedeutung der Bundeswehr als Teil internationaler Bemühungen, Konflikte zu lösen und Frieden zu sichern.

M1 Wie friedlich ist unsere Welt?

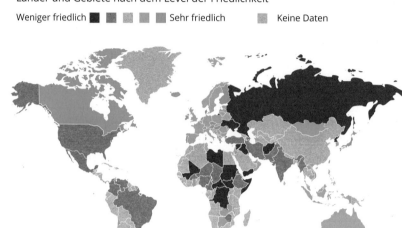

Weltfriedens-Index
Stand: 2023

Länder und Gebiete nach dem Level der Friedlichkeit

Weniger friedlich ▉ ▉ ▉ ▉ Sehr friedlich   Keine Daten

©C.C. Buchner Verlag, aktuelle Daten nach: Global Peace Index/Institute for Economics and Peace (Datenerhebung 2022; Grafikerstellung: 2023); Darstellung: Statista

M2 So viele Tote wie seit 30 Jahren nicht mehr

5 Die Zahl der Todesopfer weltweit durch Konflikte ist so hoch wie seit dem Völkermord in Ruanda vor knapp 30 Jahren nicht mehr. [...] Der Konflikt mit den meisten Opfern war bei Weitem der Tigray-Konflikt in Äthiopien. Dort kamen [...] 2022 mehr als 100.000 Menschen bei Kämpfen ums Leben [...].

Danach folgt der russische Angriffskrieg in der Ukraine. Mindestens 82.000 Menschen verloren den Angaben zufolge 2022 ihr Leben. [...] Die Welt wurde dem Index zufolge 2022 zum neunten Mal in Folge weniger friedlich. 10

Nach: Tagesschau: So viele Tote wie seit 30 Jahren nicht mehr. In: www.tagesschau.de, 28.06.2023

AUFGABEN

1. Analysiere die Grafik (**M1**). Was könnte die Aussage der Grafik für den Stellenwert der Menschenrechte weltweit bedeuten?
2. Erkläre mithilfe von **M2** die Entwicklung des Globalen Friedensindex.
3. Stelle Vermutungen über die Weiterentwicklung des internationalen Friedens an. Beziehe auch dein Wissen über die Chancen und Herausforderungen internationaler Organisationen und Bündnisse mit ein.

In diesem Kapitel hast du viel über die Menschenrechte und internationalen Organisationen gelernt, die zur Friedenssicherung beitragen können. Die folgende Tabelle hilft dir dabei herauszufinden, welche Fähigkeiten du schon erworben hast und wie du bei bedarf noch weiter üben kannst.

Ich kann ...	Das klappt schon ...			Hier kann ich noch üben ...
... erklären, was Menschenrechte sind und wovor sie uns schützen sollen.	👍	👉	👎	Kapitel 6.1: M1, M2, #Menschenrechte, Grundwissen
... die Entstehungsgeschichte der Menschenrechte beschreiben.	👍	👉	👎	Kapitel 6.1: M3
... Probleme der Menschenrechte im 21. Jahrhundert benennen und erläutern.	👍	👉	👎	Kapitel 6.1: M4, M5
... Institutionen und Organisationen zum Schutz der Menschenrechte benennen.	👍	👉	👎	Kapitel 6.1: M6, M7, #Nichtregierungsorganisationen
... den Aufbau und die Arbeit des Internationalen Strafgerichtshofs beschreiben und bewerten.	👍	👉	👎	Kapitel 6.1: M7
... den Einfluss von NGOs auf die Politik zu bewerten.	👍	👉	👎	Kapitel 6.1: M8, M9
... die Ziele und den Aufbau der Vereinten Nationen beschreiben.	👍	👉	👎	Kapitel 6.2: M2-M7, Grundwissen
... die Chancen und Herausforderungen des UN-Sicherheitsrates im Friedensprozess erörtern.	👍	👉	👎	Kapitel 6.2: M8, M9, Grundwissen
... die Aufgaben der NATO benennen.	👍	👉	👎	Kapitel 6.2: M10, M11, Grundwissen
... die Veränderungen der NATO im 21. Jahrhundert erörtern.	👍	👉	👎	Kapitel 6.2: M12, M13, M14, Grundwissen
... die Aufgaben der Bundeswehr erläutern.	👍	👉	👎	Kapitel 6.2: M15, M16, M17, Grundwissen
... Möglichkeiten und Grenzen der internationalen Friedenssicherung zu beschreiben.	👍	👉	👎	Kapitel 6.2: M9, M11, M13, M16

Karikaturen analysieren ⌐MK⌐

Worum geht es?

Eine Karikatur (ital. caricare = „übertreiben", „verzerren") ist eine Darstellungsform, bei der ein Zeichner gesellschaftliche, politische und wirtschaftliche Sachverhalte bewusst überspitzt darstellt. Dabei soll die betrachtende Person nicht nur unterhalten, sondern auch zum Nachdenken über die dargestellten Ereignisse, Entwicklungen, Zustände oder Personen angeregt werden. Um die Aussageabsicht einer Karikatur zu entschlüsseln, muss diese zunächst genau analysiert werden. Für eine vollständige Entschlüsselung von Karikaturen empfiehlt sich folgendes Vorgehen:

Geht dabei so vor:

1. Schritt: Beschreibung

- Wie ist die Karikatur aufgebaut? (Bild-/Textelemente ...)?
- Wen oder was zeigt die Karikatur?
- Was wird thematisiert?
- Welche Darstellungsmittel werden gewählt?

2. Schritt: Deutung

- Welche Bedeutung haben verwendete Symbole?
- Was ist die Kernaussage?
- An wen richtet sich die Karikatur?
- Welchen Standpunkt nimmt die Karikaturistin oder der Karikaturist ein?

3. Schritt: Bewertung

- Worin stimmt ihr zu?
- Was seht ihr anders und wie?
- Wird die Kernaussage der Karikatur deutlich? Begründe.

Bearbeiter

Präsentation in einem Galeriespaziergang

Worum geht es?

So könnt ihr aus eurer Schule eine Galerie machen: Einzelne von euch oder Gruppen stellen Ergebnisse aus, die sie zuvor in einer Arbeitsphase erarbeitet haben. Die anderen haben die Möglichkeit, einen „Galeriespaziergang" zu unternehmen. Dabei könnt ihr an den ausgestellten Ergebnissen vorbeispazieren, die Ergebnisse betrachten und vielleicht auch Fragen dazu stellen.

Geht dabei so vor:

1. Schritt: Vorbereitung

- Nummeriert eure Bilder, damit ihr sie in der Auswertungsphase gut auseinanderhalten könnt.
- Wählt dazu einen Gruppensprecher, der in der Nähe von eurem Bild steht und es bei Bedarf erklären kann. Wechselt euch zwischendrin ab, damit jeder auch die anderen Ergebnisse anschauen kann.
- Verabredet eine Zeit, z. B. 20 Minuten, die ihr für euren Galeriespaziergang nutzen wollt. Haltet diese verabredete Zeit unbedingt ein, damit ihr anschließend gemeinsam ein Auswertungsgespräch führen könnt.

2. Schritt: Eindrücke notieren

Damit ihr im Anschluss an euren Galeriespaziergang nicht alles vergessen habt, ist es sinnvoll, sich ein paar Notizen zu machen (siehe Tabelle in der Randspalte). Ihr könnt weitere Kriterien ergänzen.

3. Schritt: Bilder ausstellen

Hängt nun eure Bilder im Klassenzimmer oder zum Beispiel im Flur eurer Schule aus. Ihr solltet den Platz so wählen, dass er frei zugänglich ist, d. h. jeder sollte sich problemlos davorstellen und die Bilder betrachten können. Der Galeriespaziergang kann beginnen.

4. Schritt: Bilder beurteilen

Nun könnt ihr auf der Basis der eigenen Notizen entscheiden, welche(s) Poster in Bezug auf die Aufgabenstellung besonders gut gelungen ist bzw. sind. Bedenkt, dass einem Urteil immer eine sachliche Begründung zugrunde liegen sollte.

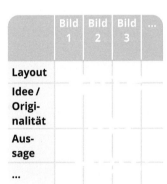

	Bild 1	Bild 2	Bild 3	...
Layout				
Idee / Originalität				
Aussage				
...				

Eine Mindmap erstellen

Worum geht es?

Eine Mindmap (englisch: mind map; auch: Gedanken[land]karte, Gedächtnis[land] karte) erstellen, ist eine Technik, die für das Erschließen oder das visuelle Darstellen eines Themengebietes oft zum Einsatz kommt. Hierbei sollen Gedanken freien Lauf erhalten und so die Fähigkeit des Gehirns zur Kategorienbildung genutzt werden.

Geht dabei so vor:

1. Schritt: Das Thema bestimmen

Zuerst gilt es, ein möglichst konkretes Thema bzw. einen bestimmten Begriff zu bestimmen. Schreibt dieses Thema/diesen Begriff in die Mitte eines Papiers.

2. Schritt: Hauptäste setzen

Zieht Linien/Hauptäste von dem Thema/Begriff in verschiedene Richtungen. Schreibt dann Oberbegriffe in Großbuchstaben am Ende der Hauptäste. Mit diesen Oberbegriffen strukturiert ihr das Thema/den Begriff grundlegend, überlegt hier also genau, welche Begriffe ihr für die Hauptäste wählt.

3. Schritt: Erweiterung und Abschluss

Ergänze nun Nebenarme mit einer zweiten (und evtl. dritten) Gedankenebene.

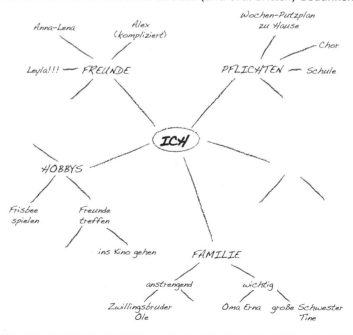

Bearbeiter

World Café

Worum geht es?

Ein Word Café ist eine besondere Form des Gesprächs in kleinen rotierenden Gruppen, in dem man zu unterschiedlichen Aussagen sein Wissen, seine Gedanken und Meinungen austauscht und diskutiert. Jede Gruppe hat dabei eine Gastgeberin bzw. einen Gastgeber, die in das Thema einführt, das Gespräch moderiert und die Ergebnisse zusammenfasst.

Geht dabei so vor:

1. Schritt: Vorbereitung des World Cafés

a. Stellt eure Schultische zu Gruppentischen zusammen.
b. Legt **große Papierbögen** auf die einzelnen **Gruppentische**. Die Tischflächen sollten bestenfalls vollständig bedeckt sein. Ihr benötigt **farbige, dicke Stifte** zum Schreiben.
c. Für jeden Tisch braucht ihr eine Art „**Speisekarte**" mit Informationen zum Ablauf mit Zeitangaben, zu den Regeln und zum Thema.

2. Schritt: Durchführung des World Cafés in mehreren Runden

a. Bildet Gruppen mit vier bis fünf Teilnehmenden. In jeder Gruppe wird ein:e Gastgeber:in (= Moderation) bestimmt.
b. Die Gastgeber:in leitet die Gesprächsrunde an einem Tisch: Sie begrüßt alle, präsentiert das Thema und liest die Diskussionsthese vor. Die Gäste notieren danach ihre Gedanken in 2-3 Minuten auf dem Papier. Anschließend diskutieren alle für z. B. 10 Minuten am Tisch mithilfe ihrer Notizen. Die

Gastgebenden moderieren und fassen die Diskussion zum Schluss mündlich zusammen. Mit einer Verabschiedung endet die erste Gesprächsrunde.
c. Für Runde zwei wechseln die Gruppen (Gäste) die Tische. Nur die Gastgebenden bleiben an ihren Tischen. Sie begrüßen die neue Gruppe und der Ablauf von Schritt 2b. startet von vorn.
d. Das World Café ist beendet, wenn die Gäste an allen Tischen diskutiert haben.

3. Schritt: Auswertung

a. Wenn alle Tische von den Gästen durchlaufen wurden, könnt ihr mit der jeweiligen Gruppe die Ergebnisse der einzelnen Tische auswerten und zusammenfassen.
b. Formuliert gemeinsam mit dem Gastgebenden die wichtigsten Diskussionsergebnisse zu eurer These und stellt sie dem Plenum vor: Welches gemeinsame Abschlussstatement können wir zu unserem Leitthema formulieren?

4. Schritt: Reflexion

Zum Abschluss solltet ihr das World Café reflektieren:
• Wie seid ihr mit der Methode zurechtgekommen?
• Wie haben die Gastgebenden ihre Rolle gemeistert?
• Welche Argumente waren am überzeugendsten?
• Wo waren sich die Gruppen einig und wo gab es vielleicht besonders große Unterschiede?

Bearbeiterin

Ein begründetes Urteil bilden

Worum geht es?

Zu vielen kontroversen tagespolitischen Fragestellungen werden spontan Meinungen gebildet. Dabei lassen wir uns oft von Emotionen leiten und urteilen „aus dem Bauch" heraus.

Um wirklich mitreden zu können, reicht ein solches Bauchgefühl meist nicht aus. Fundierte Urteile entstehen durch Information und Abwägung, durch Auseinandersetzung mit dem jeweiligen politischen Problem. Dieser Prozess wird durch das Wort „Urteilsbildung" beschrieben. Wie genau eine Urteilsbildung funktioniert, erfahrt ihr hier.

Geht dabei so vor:

1. Schritt: Spontanurteil bilden

Formuliert euer „Bauchgefühl" zur Problemfrage und begründet es kurz und knapp in maximal einem Satz. So verdeutlicht ihr eure erste Meinung zur Problemfrage.

2. Schritt: Informationen finden

Für eine fundierte Urteilsbildung braucht ihr mehr Informationen. Um diese zu ordnen, bietet es sich an, dass ihr zunächst gemeinsam in der Klasse nach bedeutsamen Kennzeichen (Kriterien) für die Urteilsbildung sucht.
Geeignete Kriterien für ein Urteil könnten sein:
- Vereinbarkeit mit dem Grundgesetz,
- eigene Wertvorstellungen (Freiheit, Solidarität, Umweltschutz ...),
- soziale Gerechtigkeit,
- Kosten- / Nutzen-Verhältnis,
- Durchsetzbarkeit ...

3. Schritt: Sachverhalte prüfen

Eure Kriterien sollen jetzt mit „Leben" gefüllt werden, d. h. ihr müsst Sachwissen erarbeiten und den Kriterien zuordnen.
Was spricht innerhalb eines Kriteriums für bzw. gegen die aufgestellte Problemfrage? Achtet darauf, stets beide Seiten zu betrachten, damit eure Urteilsbildung ausgewogen ist.

4. Schritt: Detailurteile bilden

Innerhalb jedes Kriteriums solltet ihr jetzt abwägen, welcher Seite (dafür / dagegen) ihr eher zustimmt. Stellt dabei die Argumente beider Seiten gegenüber und überlegt, was euch wichtiger ist oder für euch überzeugender scheint.

5. Schritt: Gesamturteil bilden

Betrachtet alle Detailurteile und bringt sie in eine persönliche Reihenfolge, indem ihr sie nach Relevanz (Wichtigkeit) durchnummeriert. Das soll euch ermöglichen, ein Gesamturteil zu bilden.

Dabei ist es wichtig, dass dieses Gesamturteil nicht dem Detailurteil im für euch wichtigsten Kriterium entsprechen muss. Auch die Anzahl der Pro- bzw. Kontra-Entscheidungen muss nicht ausschlaggebend sein.

Abschließend gilt es, euer Gesamturteil (innerhalb einer Erörterung) zu verschriftlichen.

6. Schritt: Bewertung der Urteile

- Stellt euch abschließend der Kritik eurer Klasse, indem ihr eure Urteile gegenseitig bewertet. Dabei sollte der Weg der Entscheidung im Mittelpunkt stehen, nicht die Entscheidung selbst.
- Reflektiert euer Urteil, indem ihr benennt, wie es zu eurer Entscheidung kam. Weicht sie vom Spontanurteil ab? Welche Kriterien hatten besonderen Einfluss auf eure Urteilsbildung und warum? Welche Argumente waren entscheidend? Fehlen euch noch Informationen für ein abschließendes Urteil?

Nach: Sander, Wolfgang: Fair Urteilen. In: www.egora.uni-muenster.de, Abruf am 01.03.2017

Formulierungshilfen für das Urteil:
- „Die Maßnahme ... mag zwar wirksam sein, sie ist aber abzulehnen, da sie gegen den Grundwert ... verstößt"
- „Würden die Maßnahmen umgesetzt, hieße dies ..."
- „Ich stimme der Forderung nach ... zu / nicht zu, da durch diese vor allem der Grundwert ... gesichert / nicht gesichert wird, der mir am wichtigsten erscheint."
- „Die Behauptung ... trifft zu / nicht zu, da ..."
- „Daraus folgt, dass ..."
- ...

Eine Fishbowl-Diskussion durchführen

Worum geht es?

Diese Methode der Diskussionsführung hat den Vorteil, dass Mitglieder, die sonst in einer großen Gruppe nicht zu Wort kommen, jederzeit ihre Meinung äußern und aktiv mitdiskutieren können. Teilnehmende, die keine Lust mehr haben, aktiv mitzudiskutieren, können aussteigen und von außen zuhören. Dadurch bleibt die Diskussion stets aktiv.

Geht dabei so vor:

---

1. Schritt: Vorbereitung

In einer Fishbowl-Diskussion haben jeweils drei Befürworter:innen und Gegner:innen der Fragestellung wie auch die beiden Moderator:innen feste Plätze am Tisch. Zwei weitere Plätze können zur Diskussion einzelner Aspekte vom fachkundigen Publikum zeitweise besetzt werden, um neue Gesichtspunkte einzubringen oder konkrete Fragen an eine teilnehmende Person zu stellen.

⬇   ⬇   ⬇

---

2. Schritt: Durchführung

1. Macht euch mit dem Thema und der Problemstellung vertraut: Worum geht es genau? Führt in einer Abstimmung ein erstes Meinungsbild herbei und haltet es fest.
2. Bildet Gruppen für die kontroversen Positionen. Es empfiehlt sich, diese Gruppen per Los oder nach dem Zufallsprinzip zusammenzustellen.
3. Mithilfe geeigneter Materialien setzen sich die Gruppen mit „ihren" Positionen auseinander. Dabei werden auch Gegenargumente gewürdigt. Anschließend verständigen sich die Gruppen auf ihre Vertreter in der Fishbowl-Diskussion. Die anderen fungieren als Beobachtende, die sich aber in die Diskussion einschalten können.
4. Zwei bereiten sich auf ihre Aufgabe als Moderator:in (Diskussionsleitung) vor.
5. Für die Durchführung ist es notwendig, eine geeignete Sitzordnung herzustellen (siehe Schaubild).
6. Die Moderator:innen führen in das Thema ein, stellen die Vertreter vor und begrüßen die Zuschauer, erklären den Ablauf, eröffnen die Diskussion, erteilen und entziehen das Wort, achten auf die Zeit und beenden die Diskussion. Daraufhin halten die Gruppensprecher jeweils ein kurzes Eingangsstatement (max. 1 Minute). Anschließend erfolgt in Rede

und Gegenrede der Austausch der Argumente und Gegenargumente (ca. 20 min.).

7. Möchten Beobachtende sich in die Diskussion einschalten, so setzen sie sich auf einen freien Stuhl. Nachdem sie/er das Wort erhalten und ggf. eine Antwort bekommen hat, verlässt sie/er diesen wieder.
8. In der Auswertung fordern die Moderator:innen die Beobachtenden auf, mitzuteilen, welche Argumente sie überzeugt haben und die dahinter stehenden Werte zu reflektieren. Auch den Ablauf der Veranstaltung sollen sie bewerten.
9. Abschließend lösen sich alle von ihren Rollen, und es wird eine zweite Abstimmung durchgeführt. Das Ergebnis wird mit dem ersten Meinungsbild verglichen, Unterschiede werden hinterfragt.

Bearbeiter

Eine strukturierte Kontroverse führen

Worum geht es?

Bei einer strukturierten Kontroverse nehmt ihr ein schwieriges Problem von zwei Seiten in den Blick. Das Besondere an dieser Diskussionsform ist, dass ihr zu Beginn eine Position einnehmt, die nicht unbedingt eurer Meinung entspricht. Ziel der Methode ist es, Argumente von unterschiedlichen Seiten zu finden und besser zu verstehen, um so dein Urteil abschließend besser begründen zu können.

Beispiele für kontroverse Probleme:
- *Darf der Staat Folter androhen, um Leben zu retten?*
- *Darf ein entführtes Flugzeug mit Passagieren abgeschossen werden, wenn Terroristen drohen, es in eine Wohnsiedlung abstürzen zu lassen?*
- *Darf ich einen Freund / eine Freundin verraten, wenn ich weiß, dass sie mit Drogen handeln?*

Geht dabei so vor:

1. Schritt: Vorbereitung der Argumentation

Die Streitfrage wird klar formuliert. Erst in Einzel-, dann in Partnerarbeit notiert ihr Argumente für die Position, die euch per Zufall zugeteilt wurde. Die einen Paare eurer Klasse sammeln Pro-Argumente, die anderen Kontra-Argumente.

2. Schritt: Vorstellung der Argumentation und Diskussion

Je ein Pro- und Kontra-Paar sitzen sich gegenüber. Ein:e per Zufall ausgewählte:r Schüler:in stellt die jeweils eigene Argumentation vor. Die Schüler:innen diskutieren, dürfen aber nur die Position vertreten, die sie vertreten sollen.

3. Schritt: Wechsel der Positionen und Paare

Jedes Paar wechselt nun die inhaltliche Position. Wenn ihr zuvor die Pro-Seite vertreten habt, übernehmt ihr jetzt die Kontra-Seite. Als Paar entwickelt und notiert ihr erneut eine Argumentation. Nun wechselt ihr zu einem neuen Tischpaar, um euch eure unterschiedlichen Positionen wie in Schritt 2 gegenseitig vorzustellen.

4. Schritt: Den eigenen Standpunkt begründen

Nun kann die Gruppe (je 2 Paare) frei über das Problem diskutieren. Anschließend stellt jedes Gruppenmitglied zum Abschluss seine persönliche Position vor. Dabei darf niemand unterbrochen und auch nicht wieder diskutiert werden.

5. Schritt: Methodenreflexion

Hat sich deine Meinung im Laufe der Übung verändert? Bist du argumentativ sicherer geworden? Ist man nachdenklicher über andere Positionen geworden? Wie ging es dir, als du gegen deine Meinung argumentieren musstest?

Bearbeiter

Ein Placemat erstellen

Worum geht es?

Mithilfe der Placemat-Methode könnt ihr in Kleingruppen verschiedene Ideen zu einem Thema mit grafischer Unterstützung zusammenführen. Das Placemat-Verfahren hilft, eigene Arbeitsergebnisse mit Gruppenergebnissen zu vereinen.

Geht dabei so vor:

1. Schritt: Gruppen bilden und Placemat vorbereiten

- Bildet Vierergruppen und versammelt euch an einem Gruppentisch.
- Nehmt ein weißes Blatt Papier und zeichnet die nebenstehende Grafik nach.
- Legt die Grafik mitten auf den Gruppentisch.

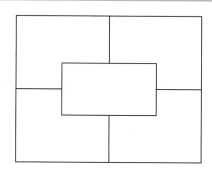

2. Schritt: Durchführung des Placemat-Verfahrens

- Jede Schülerin und jeder Schüler hat einen Außenbereich in der Grafik für sich. In diesen Bereich könnt ihr eure Ideen zu einem bestimmten Thema stichpunktartig eintragen.
- Wenn alle ihre Felder ausgefüllt haben, tauscht euch über eure Einträge aus. Dreht hierfür das Placemat einfach immer ein Stück weiter. So erfahrt ihr die Ideen der anderen.
- Ihr könnt die Ideen der anderen auch mit eigenen Ideen ergänzen.
- Wenn das Placemat wieder in der Ausgangsposition liegt, könnt ihr lesen, was eure Mitschülerinnen und Mitschüler in eure Felder hinzugefügt haben.
- Nun werden die Einträge in der Gruppe diskutiert. Einigt euch auf 3 Ideen/Punkte, die im leeren Feld in der Mitte notiert werden.

3. Schritt: Vorstellung

- Stellt eure Ergebnisse in der Klasse vor.
- Vergleicht eure Ergebnisse mit den Ergebnissen der anderen Gruppen. Gibt es Gemeinsamkeiten oder Unterschiede?

Bearbeiter

Ein eigenes Erklärvideo erstellen ⌐MK⌐

Worum geht es?

Ein Erklärvideo ist ein zwei- bis dreiminütiger Film, der dem Zuschauer – meist mittels animierter Illustrationen, Grafiken oder Icons – ein bestimmtes Thema erklärt. Genutzt werden Erklärfilme für die Vermittlung von Wissen. Sie stellen komplexe Sachverhalte verständlich dar.

Geht dabei so vor:

1. Schritt: Informationen und Ideen sammeln

- Wählt ein Thema für euer Video.
- Recherchiert die Fakten zu eurem Thema.
- Sammelt Ideen und entwickelt daraus eine Geschichte. Hierfür solltet ihr euch Zeit nehmen, denn eine gute Story ist das Herzstück eures Videos.

2. Schritt: Den Sprechertext aufnehmen

Schreibt den Sprechertext. In dem Text erklärt ihr kurz, interessant und motivierend die Animationen im Film. Nehmt anschließend den Sprechertext – am besten in Etappen – auf. Achtet darauf, nicht zu monoton zu sprechen.

3. Schritt: Ein Drehbuch erstellen

- Haltet alles in einem Drehbuch fest und teilt die Szenen ein.
- Sucht passende Grafiken (Schaubilder, Diagramme) zu eurem Thema.
- Ordnet die Szenen eurem Sprechertext zu, sammelt Bildideen und überlegt euch passende Übergänge zwischen den Szenen.

4. Schritt: Das Erklärvideo fertigstellen

- Baut alles mit der geeigneten Software (z. B. My Simpleshow, Rawshort oder Powerpoint) zusammen.
- Fügt außerdem Musik und Soundeffekte hinzu.

5. Schritt: Das Video veröffentlichen und präsentieren

- Präsentiert euer Erklärvideo der Klasse.
- Ihr könnt das Video auch in Absprache mit eurer Lehrkraft auf einer geeigneten Seite online zur Verfügung stellen. Achtet dabei aber auf Datenschutzbestimmungen und das Urheberrecht.

Videotutorial zum Videodreh
Hier findet ihr ein 7-teiliges Videotutorial, in dem ihr Schritt für Schritt erfahrt, was ihr beim Drehen eigener Videos beachten müsst.

70079-520

Bearbeiter

Lexikon für Politik

A

Armut
Von absoluter Armut spricht man, wenn eine Person weniger als 1,25 US-Dollar (ca. 1 Euro) pro Tag zur Verfügung steht. Von relativer Armut spricht man, wenn das Einkommen weniger als 60 % des Durchschnittseinkommens in einem Land (Staat) beträgt.

B

Bund (Bundesstaat)
Der Zusammenschluss mehrerer Staaten zu einem Gesamtstaat, zum Beispiel die Bundesrepublik Deutschland mit allen Bundesländern.

Bundestag
Name des deutschen Parlaments

D

Demokratie
Das Wort stammt aus dem Griechischen und bedeutet Herrschaft des Volkes. Die Beteiligung aller Bürgerinnen und Bürger an allen Abstimmungen kann nur in sehr kleinen Staatsgesellschaften verwirklicht werden (direkte Demokratie). Wo dies nicht möglich ist, wählt das Volk Vertreter (Repräsentanten), die für das Volk handeln (repräsentative Demokratie).

E

Einkommen
Allgemein meint man damit das Arbeitseinkommen für Erwerbstätigkeit (Lohn, Gehalt, Gewinn). Darüber hinaus gibt es auch Einkommen als Entgelt für die Bodennutzung (Miete, Pacht) oder als Entgelt für die Nutzung von Kapital (Sparzinsen, Kreditzinsen).

Exekutive
Die ausführende Gewalt, d. h. Regierung und Verwaltung.

F

Föderalismus
Gliederung eines Staates in Gliedstaaten (in der Bundesrepublik Deutschland die Bundesländer) mit eigener Verfassung, Regierung und Parlament. Bezeichnet auch das Bestreben, die Rechte der Gliedstaaten zu wahren.

G

Gemeinde
Die Gemeinden (Kommunen) bilden das unterste politische Gemeinwesen in der Bundesrepublik Deutschland. Gemeinden besitzen das Recht der Selbstverwaltung (Art. 28 GG) und regeln im Rahmen der Gesetze alle Angelegenheiten
der örtlichen Gemeinschaft in eigener Verantwortung.

Generation
Damit meint man alle innerhalb eines bestimmten Zeitabschnitts geborenen Menschen. Der Abstand zwischen zwei Generationen ist der Abstand zwischen den Geburtsjahren von Großeltern, Eltern und Kindern.

Gerechtigkeit
Einstellung, Prinzip, Zustand, bei dem jede Person das erhält, was ihr zusteht. Wie dieser Zustand zu erreichen ist, ist umstritten. So unterscheidet man Chancengerechtigkeit, Leistungsgerechtigkeit, Bedarfsgerechtigkeit und Teilhabegerechtigkeit.

Gesellschaft
Eine Gesellschaft bezeichnet einen relativ dauerhaften Verbund von Gemeinschaften/Gruppen, die innerhalb einer politischen und wirtschaftlichen Ordnung leben und gemeinsame Normen und Werte teilen.

Gesetz

Ein Gesetz ist eine verbindliche Vorschrift, die das Ziel hat, das Zusammenleben der Menschen zu regeln. Es muss in einem dafür vorgesehenen Verfahren rechtmäßig zustande kommen. Gesetze werden von den Parlamenten (Bundestag, Landtag, Gemeindevertretung) beschlossen.

Gewaltenteilung

Verteilung der drei Gewalten Gesetzgebung (Legislative), Verwaltung (Exekutive) und Gerichtsbarkeit (Judikative) auf verschiedene, voneinander unabhängige Staatsorgane. In der Regel sind dies Parlament, Regierung und Verwaltung und eine unabhängige Richterschaft. In der Bundesrepublik Deutschland ist die klassische Gewaltenteilung teilweise durchbrochen (Gewaltenverschränkung).

Grundgesetz

Das Grundgesetz ist die Verfassung der Bundesrepublik Deutschland. Sie regelt den Aufbau, die Aufgaben und das Zusammenspiel der Staatsorgane. Im Grundgesetz werden auch die Grundrechte garantiert, die jedem Einzelnen gewährt werden, wie zum Beispiel die Meinungsfreiheit, die Versammlungsfreiheit und die Menschenwürde.

Grundrechte

In der Verfassung garantierte Rechte, die für jeden Einzelnen gewährleistet werden, wie zum Beispiel die Meinungsfreiheit, die Versammlungsfreiheit und die Menschenwürde.

Gruppen

Eine Gruppe ist ein „sozialer Verband" von mehreren Menschen, die durch ein bestimmtes „Wir-Gefühl" miteinander verbunden sind. Es gibt Gruppen, in die man hineingeboren wird (Familie), und welche, die man sich nicht aussuchen kann (z. B. Schulklasse), sogenannte Zwangsgruppen. Für Jugendliche ist der Freundeskreis besonders wichtig. Er übt auch Einfluss auf die eigene Entwicklung aus (sog. Peergroup).

Gruppendruck/Gruppenzwang

Er entsteht, wenn die Mitglieder einer Gruppe auf andere Mitglieder der Gruppe Druck ausüben, um das Verhalten oder die Meinung desjenigen zu verändern und an die Gruppe anzupassen. Es kann durchaus passieren, dass man unter dem Gruppendruck Dinge tut, die man eigentlich nicht tun möchte. Dem Gruppendruck zu widerstehen erfordert Mut.

I

Integration

Im allgemeinen Sprachgebrauch versteht man darunter die Eingliederung oder Einbindung eines (fremden) Einzelnen oder einer Minderheit in eine größere Gruppe.

J

Judikative

Die rechtsprechende Gewalt; sämtliche Gerichte der Bundesrepublik Deutschland.

K

Koalition

Zusammenschluss zweier oder mehrerer Parteien, die gemeinsam eine Regierung bilden und Gesetzentwürfe ausarbeiten.

Konflikt

Ein Konflikt ist ein Spannungszustand zwischen zwei oder mehreren Personen. Er entsteht dadurch, dass es zwischen den Personen oder Personengruppen unterschiedliche Zielvorstellungen und Interessen gibt, die zunächst unvereinbar gegenüber stehen. Wenn man einige Regeln beim Streiten beachtet, können Konflikte leichter gelöst werden.

Kredit
Ein Gläubiger überlässt einem Schuldner Geld unter der Voraussetzung der Rückzahlung.

L

Legislative
Die gesetzgebende Gewalt; sie wird in der Bundesrepublik Deutschland von Bundestag und Bundesrat ausgeübt (auf Landesebene von den Länderparlamenten).

M

Massenmedien
Sammelbezeichnung für Presse, Rundfunk, Fernsehen und Internet. Allgemein Kommunikationsmittel, mit denen Informationen durch Schrift, Ton oder Bild einseitig an ein sehr breites Publikum übermittelt werden können.

Migration
Im Laufe der Geschichte haben sich immer wieder kleinere oder größere Gruppen von Menschen oder ganze Völker auf Wanderungen begeben. Dies hatte ganz unterschiedliche Gründe: So wurden die Menschen aus religiösen oder politischen Motiven verfolgt, andere waren arm und sahen für sich und ihre Kinder keine Zukunft mehr in ihrer Heimat. Alle diese Wanderungen (lat. migrare = wandern) nennt man Migration.

N

Nachhaltigkeit
Der Begriff bedeutet, dass man nicht mehr von einem Rohstoff (der Natur) verbrauchen soll, als nachwachsen kann. In Bezug auf die Umwelt heißt das, dass man den Ausgangszustand für die folgenden Generationen bewahren soll und die Umwelt nicht durch Abgase und Müll irreparabel schädigen darf.

P

Parlament
Die Versammlung der vom Volk gewählten Abgeordneten. Das Parlament regt Gesetze an, bewilligt sie und kontrolliert die Regierung. In einer parlamentarischen Demokratie nimmt vor allem die Opposition die Kontrollfunktion wahr, da die Mehrheit im Parlament die Regierung trägt.

Peergroup
Menschen im gleichen Alter haben oft Gemeinsamkeiten, wie zum Beispiel ähnliche Erlebnisse, Probleme und Vorstellungen. Sie bilden eine Peergroup. Peegroups sind wichtige Bezugsgruppen, in denen Menschen eine soziale Orientierung finden.

R

Rassismus
Rassismus ist eine Diskriminierung oder Herabsetzung von Menschen, weil diese anders aussehen oder einer anderen Kultur angehören. Diese Art der Diskriminierung zeigt, wer in einer Gesellschaft die Macht hat.

Rechtsstaat
Ein Rechtsstaat ist ein Staat, in dem die öffentliche Gewalt an eine objektive Rechtsordnung gebunden ist. In einem Rechtsstaat ist die Macht des Staates begrenzt, um die Bürger vor gesetzloser Willkür zu schützen.

S

Sozialstaat
Bezeichnung für einen Staat, der seinen Bürgern ein Existenzminimum sichert, wenn sie in Not geraten sind, und für einen gerechten Ausgleich zwischen Reichen und Bedürftigen

sorgt. In Deutschland geschieht dies z. B. durch staatliche Unterstützung, wie die Sozialhilfe, Kindergeld oder Ausbildungs- und Arbeitsförderung.

Soziales Netzwerk

Der Begriff soziales Netzwerk bezeichnet ein Beziehungsgeflecht, das Menschen mit anderen Menschen verbindet. Menschen sind untereinander zum Beispiel durch Beziehungen in der Familie und Verwandtschaft sowie im Freundeskreis, aber auch mit der Nachbarschaft und in der Arbeitswelt verletzt. Soziale Netzwerke werden zunehmend im Internet gebildet

Staat

Mit dem Begriff bezeichnet man eine Vereinigung vieler Menschen (Staatsvolk) innerhalb eines durch Grenzen bestimmten geografischen Raumes (Staatsgebiet) unter einer unabhängigen (souveränen) Staatsgewalt, die von den Staatsorganen (Regierung, Parlamente, Gerichte, Polizei) ausgeübt wird.

Staatsangehörigkeit

Zugehörigkeit zu einem Staat. Als Staatsbürger besitzt man bestimmte Rechte und Pflichten in dem jeweiligen Land. So darf man wählen oder gewählt werden, muss aber auch Steuern bezahlen oder zum Beispiel Wehr- oder Zivildienst leisten.

Steuern

Steuern sind Zwangsabgaben, die der Staat von seinen Bürgern und Unternehmen ohne eine spezielle Gegenleistung erhebt. Sie sind die Haupteinnahmequelle des Staates.

Subsidiaritätsprinzip

Prinzip, nach dem ein Problem auf der Ebene gelöst werden soll, auf der es entsteht. „Was der Einzel-ne tun kann, sollen nicht andere für ihn tun." Erst wenn auf dieser Ebene keine Abhilfe möglich ist, soll die nächsthöhere Ebene sich des Problems annehmen (Familie, Gemeinde, Land, Bund, EU).

U

Unternehmen

Dauerhafte organisatorische Einheit zur Produktion bzw. zur Erbringung von Dienstleistungen, die mehrere Betriebe umfassen kann. Je nach Träger werden private, öffentliche oder gemeinwirtschaftliche Unternehmen unterschieden, je nach Rechtsform Einzel-, Personen- und Kapitalgesellschaften.

W

Wahlen

Verfahren der Berufung von Personen in bestimmte Ämter durch Stimmabgabe einer Wählerschaft. In Demokratien werden die wichtigsten Staatsämter durch Wahlen besetzt. Demokratische Wahlen müssen die Bedingungen allgemein, frei, gleich und geheim erfüllen. Das genaue Wahlverfahren (Verhältniswahl, Mehrheitswahl) ist meist in Wahlgesetzen geregelt.

Werbung

Im wirtschaftlichen Sinne die Bekanntmachung von Gütern oder Dienstleistungen mit der Absicht, bei den Konsumenten eine Kaufhandlung auszulösen. Wird dies versteckt gemacht, spricht man von Schleichwerbung.

Register

Bildnachweis

Alamy Stock Photo / ART Collection – S. 201; - / GK Images – S. 234 (2); - / Grant Rooney – S. 132; - / ifeelstock – S. 166; - / Mo Peerbacus – S. 238; - / Peter Probst – S. 23, 234; - / SOPA Images Limited – S. 12; Alternative für Deutschland (AfD) – S. 23; Baaske Cartoons / Gerhard Mester – S. 32, 45, 60, 144, 231; - / Burkhard Mohr – S. 66, 203, 206; - / Thomas Plaßmann – S. 116, 130; Bergmoser + Höller Verlag, Aachen – S. 41, 48, 52, 55; Bundesregierung / Steffen Kugler – S. 51; Bundeswehr / Roland Polzin – S. 248; © 2014 Bundeswehr / Wilke – S. 248; Bundeszentrale für politische Bildung / www.bpb.de / CC BY-NC-ND 3.0, Bonn – S. 158, 162; - / www.bpb.de, 2014, CC BY-NC-ND 3.0, Bonn – S. 66; BÜNDNIS 90 / DIE GRÜNEN / www.gruene.de – S. 23; - / nteins – S. 27; CDU Deutschlands – S. 22; - / Laurence Chaperon – S. 27; © Chappatte in Le Temps, Geneva – S. 139; CSU - Christlich-Soziale Union in Bayern e. V. – S. 22; Deutscher Bundestag / Thomas Koehler – S. 49; - / Simone M. Neumann – S. 36; - / photothek.net, Thomas Köhler – Cover, 20, 37; - / Thomas Trutschel, photothek.net – S. 37; DIE LINKE, Bundesgeschäftsstelle Berlin – S. 23, 27; Europäische Kommission / Instagram – S. 137 (2); © FDP – S. 23, 27; Fotolia / Aleix Cortadellas – S. 49; Getty Images Plus / iStock Editorial, Alexandros Michailidis – S. 147; - / iStock Editorial, olrat – S. 147; - / iStockphoto, Alexandrum79 – S. 24; - / iStockphoto, Bestgreenscreen – S. 40; - / iStockphoto, CreativeNature_nl – S. 12; - / iStockphoto, FARBAI – S. 136; - / iStockphoto, fizkes – S. 98; - / iStockphoto, flowgraph – S. 215; - / iStockphoto, Highwaystarz-Photography – S. 165; - / iStockphoto, IlyaNatty – S. 216; - / iStockphoto, Evgenii Korneev – S. 210; - / iStockphoto, kzenon – S. 112; - / iStockphoto, monkeybusinessimages – S. 102; - / iStockphoto, Andriy Nekrasov – S. 158; - / iStockphoto, Irina Nisiforova – S. 12; - / iStockphoto, photojoyful – S. 166; - / iStockphoto, Prostock-Studio – S. 194; - / iStockphoto, rarrarorro – S. 209; - / iStockphoto, RobertCrum – S. 112; - / iStockphoto, Alina Rosanova – S. 12; - / iStockphoto, rui_noronha – S. 40; - / iStockphoto, scanrail – S. 132; - / iStockphoto, SementsovaLesia – S. 108; - / iStockphoto, Studia72 – S. 132; - / iStockphoto, sureshsharma – S. 216; - / iStockphoto, travelshooter – S. 209; - / iStockphoto, vladans – S. 111; - / iStockphoto, vojtechvlk – S. 208; - / iStockphoto, ximacx – S. 36; - / iStockphoto, milosradinovic – S. 40; Michael Hüter, Bochum / Quelle: Stiftung Jugend und Bildung – S. 92, 151; imago images / epd, Steffen Schellhorn – S. 188; - / Hannelore Förster – S. 82; - / Future Image, Christoph Hardt – S. 75; - / IP3press, Vincent Isorex – S. 62; - / IPON – S. 62; - / Italy Photo Press – S. 71; - / Ralph Peters – S. 62; - / photothek, Thomas Imo – S. 43; - / snapshot, F.Boillot – S. 82; - / ZUMA Wire, Sergei Chuzavkov – S. 71; - / ZUMA Wire, Carol Guzy – S. 68; iStockphoto / DLMcK – Cover, 146; © Kumulus e.V. – S. 30; Richard Mährlein – S. 60; Mauritius Images / Alamy Stock Photo, Ana Maria Tudor – S. 201; Ministerium des Inneren des Landes Nordrhein-Westfalen / Screenshot – S. 149; Misereor e. V. – S. 234; PAD / Marcus Gloger – S. 132; picture-alliance / AA, Stringer – S. 212; - / AP Photo, Jean-Francois Badias – S. 82; - / AP Photo, malleruzzo – S. 233; - / AP Photo, Ivan Sekretarev – S. 212; - / Andreas Arnold – S. 132; - / ASSOCIATED PRESS, Petros Giannakouris – S. 132; - / ASSOCIATED PRESS, Uncredited – S. 19; - / Bildagentur-online, Schoening – S. 27; - / blickwinkel, W. G. Allgöwer – S. 12; - / dpa, Matthias Balk – S. 166; - / dpa, Arne Dedert – S. 72; - / dpa, Friso Gentsch – S. 20; - / dpa, Sebastian Gollnow – S. 194; - / dpa, Axel Heimken – S. 149; - / dpa, Henning Kaiser